HUAZHUANGPIN
YINGXIAO
LILUN YU SHIWU

化妆品营销理论与实务

郭全美　丁玉红◎主编

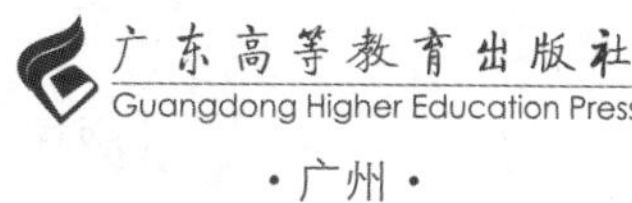
广东高等教育出版社
Guangdong Higher Education Press
·广州·

内 容 简 介

本教材立足大中专院校化妆品营销专业学生及行业的现实需求，从职业教育的规律出发，以市场营销学理论为基底，结合化妆品行业自身的特点进行项目化形式的编写，力求让学习者在具体项目过程中通过完成相应的工作任务来掌握相应的知识与技能，并形成良好的职业态度。

图书在版编目（CIP）数据

化妆品营销理论与实务/郭全美，丁玉红主编. —广州：广东高等教育出版社，2016.8（2022.8 重印）
ISBN 978－7－5361－5656－2

Ⅰ. ①化… Ⅱ. ①郭… ②丁… Ⅲ. ①化妆品－市场营销学 Ⅳ. ① F767.9

中国版本图书馆 CIP 数据核字（2016）第 221601 号

出版发行	广东高等教育出版社 社址：广州市天河区林和西横路 邮编：510500　　营销电话：（020）87553335 http://www.gdgjs.com.cn
印　　刷	广东信源文化科技有限公司
开　　本	787 毫米×1 092 毫米　1/16
印　　张	15.25
字　　数	353 千
版　　次	2016 年 8 月第 1 版
印　　次	2022 年 8 月第 3 次印刷
定　　价	35.00 元

前 言

“爱美之心，人皆有之”，自古以来，人类对美化自身的化妆品就有持续不断的追求。近些年来，随着行业和专业的深度细化发展，各类大中专院校开设的专业也越来越来精细。《市场营销学》这本营销专业类的教材已经不能满足各类专业发展的需求，因此，与房地产、汽车、旅游、服装、珠宝、食品等诸多专业相对应的专业教材也相应编制出版和投入使用。随着化妆品产业规模的不断扩大与发展，行业内特别是大中专院校师生对化妆品营销相关专业教材的需求也在增长。

本教材立足大中专院校化妆品营销专业学生及行业的现实需求，从职业教育的规律出发，以市场营销学理论为基底，结合化妆品行业自身的特点进行项目化形式的编写，力求让学习者在具体项目过程中通过完成相应的工作任务来掌握相应的知识与技能，并形成良好的职业态度。本教材具有以下两个特点。

（1）以行业产业特点和市场需求为出发点。本教材由具备较好营销理论基础的高职院校专业教师和具有丰富化妆品行业实践经验的企业培训师共同合作编著完成，无论是工作项目的设计，还是具体内容的选取，都立足于化妆品行业产业的特点和市场对人才的最新要求，是一本针对化妆品行业的特色教材用书。其中，参与本教材编写的部分专业教师和培训师在营销策划、美容化妆品销售领域有逾10年的行业工作经验。编者们针对行业一线需要的化妆品营销人才的素质要求，专门设计制定了各项与化妆品营销相关的技能训练任务，力求学生在掌握化妆品营销理论知识的同时，能够很好地掌握化妆品营销人才应具备的各项技能素质，以便学生毕业后能更快速地融入行业市场。

（2）教材编写体系科学合理、内容充实、形式丰富。本教材共分为八个项目，从认识营销和化妆品市场出发，分析化妆品市场营销环境、进行化妆品市场分析、制定化妆品产品策略、设计化妆品价格、设计化妆品分销渠道、制定化妆品促销策略，到认识化妆品营销新模式，层层推进，环环相扣。每一个项目以任务导入为起点、目标达成为终点，中间穿插了导入案例、小思考、小讨论、引例、案例分析、项目训练、知识拓展等内容，以此加深学生对知识的理解学习和对技能的掌握。全书内容充实、通俗易懂，专业性强，不仅适用于大中专院校相关专业的学生，也适用于行业相关从业人员。

本教材由广州番禺职业技术学院郭全美和丁玉红担任主编，广州番禺职业技术学院徐剑锋和广东华好集团有限公司杨邦蕊担任副主编。全书由郭全美拟定大纲，确定体例。各项目的具体分工为：郭全美负责项目一、项目二、项目三、项目四的编著任务，徐剑锋和杨邦蕊负责项目五的编著任务，丁玉红负责项目六、项目七和项目八的编著任务。初稿完成后，由郭全美和丁玉红负责修改、统稿和最终定稿。

在本教材的编写过程中，广东华好集团有限公司高级讲师姚丽、朱艳、樊玉凤给予了我们悉心的指点和协助，在此表示衷心感谢。同时，本教材参阅了大量与化妆品及营销相关的书籍和网络资料，其中有些资料已无法查清初始作者和初始出处，在此一并向原作者所付出的辛勤劳动表示感谢！广东高等教育出版社为本书的出版提供了大力支持，我们对此深表谢意！

由于编者水平有限，书中难免有错误和疏漏之处，敬请广大读者批评指正，以便今后教材修订时做进一步的完善。

编　者

2016 年 3 月

目　录

项目一

认识营销和化妆品市场

知识目标

- 掌握市场与市场营销的相关概念。
- 了解营销要素组合的相关概念。
- 掌握市场营销观念的形成与发展历程。
- 了解化妆品工业发展和化妆品市场的概况。

技能目标

- 能对市场有一个较为深刻的认识。
- 能对需求与需要、交换和交易进行正确的区分。
- 能对国内外化妆品市场概况进行全面、综合的描述。

B 大型美容会所连锁机构在 A 市成功运营 6 年，机构以前没有自主研发的产品，现决定旗下专门成立一家化妆品生产销售型公司，同时针对化妆品专业线和日化线的消费者，将化妆品品牌名字拟定为 A 品牌。

任务 1：对国内化妆品市场进行较为全面、深入的分析。

任务 2：针对国内各大化妆品企业的营销模式进行初步的梳理分析。

任务 3：根据国内市场消费者的需求情况，对 A 品牌化妆品进行初步的产品定位。

聚美优品：四大逆袭营销法宝

聚美优品一直上演着一出出励志大戏，从陈欧塑造的MV《光辉岁月——我为自己代言》，到突破传统电商的封锁，逆袭谋划IPO，让人颇为称赞。

据国外媒体《华尔街日报》报道，聚美优品正在推进在美上市工作，该公司IPO或筹6亿美元，公司估值超过30亿美元。此次“301”大促算是其上市前冲击业绩的一次好机会。在这个最初由聚美优品发起并炒红的化妆品网购节上，聚美优品用过哪些成功的营销手段呢？

1. 从“我为自己代言”到“陈欧体”爆红

聚美优品推出的全新励志MV《光辉岁月——我为自己代言》，再次将年轻价值观诠释得淋漓尽致。2013年2月“陈欧体”的爆红，让陈欧的百度指数一度直达一线明星，聚美优品的流量也直接翻了几倍。

随着电视播出和网络上来自各方的良好口碑与赞美推荐，广告迅速在微博、人人网等社交网站以及天涯、百度贴吧等网络社区传播开来。再加上韩庚、孙杨等各界名人都在微博上转发了该广告的视频，这些大V微博用户的粉丝高达千万，有着非常强的号召力。

聚美优品的受众多是年轻群体，他们多半处于人生的起步阶段，难免受到各种条件的限制，但却难以掩盖爱美之心以及青春的朝气。他们渴望像聚美优品一样充满活力，而聚美优品“让美更简单”“青春无敌”，能够给年轻人更多的发展机会。这些足以成就聚美优品在年轻人心中的心理定位。

同样，爆发于2010年的“凡客体”，将互联网品牌广告推向了高潮，这也是凡客在品牌宣传上最重要的一役。将明星拉下“神坛”，还原成平凡之人，以此来打动无数有着平凡梦想的小人物，是凡客一贯的做法。韩寒、黄晓明、李宇春等演艺的“凡客体”，从一开始的“有春天无所畏”，到“我爱你无所畏”，再到后来的“正能量无所畏”，充分地传达了凡客的情感关怀和品牌价值所向。

2.《非你莫属》等“CEO营销”

陈欧在接受采访时表示，企业的CEO创始人是其天然的代言人，你的形象价值观代表企业的价值观，所以自己就站出来了。这样节约了上亿元的广告费，在营销上确实是一个创新的营销方式，获得了一些关注，给公司带来了新的知名度和受众。

陈欧不断出现在湖南卫视的《快乐女生》、天津卫视的《非你莫属》，他还曾与张朝阳等企业家一起参加《天天向上》。在电商推广费用居高不下的情况下，创业者及职业经理人摇身变为明星代言人的做法，确实为聚美优品节省了很大一笔广告费。

通过策划、传播、整合CEO自身各方面的优势资源，塑造一个出色的个人品牌形象，对企业来讲，具有长期性和稳定性的营销传播效果。陈欧的形象、经历非常适合进行CEO营销。作为一个“80后”，有着和消费者类似的人生经历，并且刚满30岁的陈欧依靠自己的努力取得了今天的成就，对于同时代的人来说本身就是一个极大的鼓舞。陈欧曾在微博中表示：“我从没把自己定义成化妆品行业专家，因为那种身份的我们公司有很多。我就是一个创业者，我发现我一讲这方面的事，关注量就很高。”可见他充分意识到自己作为成功创业者的经历对于公众来说是一个亮点，能够引起公众的关注。

3.《女人公敌》的娱乐营销

“轻营销能让电商企业以更小的成本投入获取更多的营销价值回报”，聚美优品市场部相关负责人表示，“《女人公敌》这样的全景式植入尚属首次。当然，这种创新在让聚美优品搭上‘微电影，大营销’快车的同时，不仅节省了大量的广告费，在吸引流量及转化用户上也实现了新的突破，能够确确实实地帮助聚美优品实现用户和订单的转化。”这部2013年6月上映的微电影十分火爆，上线10日，在百度稳居排名第一。影片中提及的河马家产品短时间就宣告售罄。

微电影《女人公敌》与聚美优品的目标用户群体高度吻合。现代年轻人的兴趣多元化，强调个性化的需求，传统的游戏营销理念已很难得到他们的认可，而新媒体内容在营销渠道和形式上的转变与创新，对熟悉并乐于使用新媒体的年轻人来说是个很好的尝试。

陈欧坦言：“娱乐营销能够更深入人性，因此，我们从一开始分析用户在哪里，用户是女性的时尚用户，她关注的是什么节目？偶像剧、综艺节目、新奇特？只要用户关注的，我们就要去尝试，去创新。”聚美优品在营销上第一天就做娱乐性的营销，这成为聚美优品脱颖而出的关键。《女人公敌》是公司做的娱乐营销。公司从《女人公敌》这部剧开始去网剧上尝试怎么提升公司的美誉度，让更多人知道聚美优品，领导层也在思考如何在观众的质疑声和知名度之间找一个平衡。

4.“3.5周年庆”

聚美优品无中生有的“3.5周年庆”，更是将电商的节癖、节瘾演绎得淋漓尽致。“自造”网购节不但是吸引流量之利器，也是创建品牌传播力的法宝。就现阶段而言，无论是节日营销，还是造节营销，其实质依然是价格战加广告战，“毕竟，这是电商跑马圈地较有效的利器之一”。

有网友在微博吐槽，“第一次听过周年庆还有3.5的啊!! 那以后他还可以有3.6周年庆，3.7周年庆，3.71、3.72周年庆。每逢周年庆都会打破底价，让你有意想不到的折扣哟。”仅仅从微博上众多消费者在讨论周年庆还可以是3.5，并笑谈3.5后是不是还有无数个3.x，已经可以窥见一斑。至少，在产品和价格越来越同质化的今天，3.x周年庆已经成功地吸引了消费者的瞩目。

某电商观察员表示，电商的“节癖”“节瘾”表面上是大促的拉锯对抗，而实质却是流量、关注度、供应链及服务的全方位PK。“毕竟，流量、关注度的增长是衡量电商健康度的重要指标，而供应链及服务则是电商可持续发展的内驱内，两手都要抓，两手都要硬。”该人士还称，就目前的市场格局来看，聚美优品已经远远跑在前头，在马太效应的持续发酵下，未来，行业资本及厂商资源只会向少数领先企业集中，而落后者将会被淘汰出局。

从长远来看，低价促销的常态化可以让聚美优品等一线电商企业保持合理的运营节奏，有效控制成本，从而使消费者随时都能买到物美价廉的商品。也只有这样，电商和消费者之间才能实现双赢，电商企业才能进入良性循环。

事实上，无论是之前的“聚美体”“陈欧体”，还是如今的“301”大促，聚美优品都不是为了谋取短期销量，而是为了整合上下游资源给用户展现一个更接地气、更加亲民、更加多元化的平台形象。正因为贴近用户群，营销才能如此成功。

（资料来源：创业邦 http://www.cyzone.cn/ ，略有修改）

【问题引出】

（1）何谓娱乐营销？娱乐营销的魅力体现在哪里？

（2）还有哪些营销手段和方式适合于化妆品公司做品牌推广和宣传？

1.1 市场与市场营销

1.1.1 市场的含义

【小思考】

同学们都听过“市场”这一词，你所理解的市场是什么意思？

市场是指某种产品的现实购买者与潜在购买者需求的总和。站在销售者市场营销的立场上，同行供给者即其他销售者都是竞争者，而不是市场。销售者构成行业，购买者构成市场。亦即市场是对某企业某产品有特定需要和欲望，并愿意且能够通过交换来满足该种需要的所有现实和潜在消费者的集合。

市场包含三个主要因素，即有某种需要的人、为满足这种需要的购买能力和购买欲望。用公式可以表示为：

市场 = 人口 + 购买力 + 购买欲望

市场的这三个因素是相互制约、缺一不可的，只有三者结合起来才能构成现实的市场，才能决定市场的规模和容量。例如，一个国家或地区人口众多，但收入很低，购买力有限，则不能构成容量很大的市场；又如，购买力虽然很大，但人口很少，也不能成为很大的市场。只有人口多，购买力又强，才能成为一个有潜力的大市场。但是，如果产品不适合需要，不能引起人们的购买欲望，对销售者来说，仍然不能成为现实的市场。所以，市场是上述三个因素的统一。市场是指具有特定需要和欲望，而且愿意并能够通过交换来满足这种需要或欲望的全部显在和潜在顾客。因此，市场的大小，取决于那些有某种需要，并拥有使别人感兴趣的资源，同时愿意以这种资源来换取其需要的东西的人数。

【引例 1－1】

中国日化行业规模或达 5 000 亿

中国经济网数据显示，2013 年中国护肤、化妆品类零售规模达 3 000 亿元，已跻身全球第二大化妆品市场，2008—2013 年国内化妆品市场年复合增长 10.41%，位居全球第三，中国化妆品市场拥有着巨大的发展潜力。

化妆品产业在中国依然是朝阳产业。中国是世界第二大经济体，2014 年的人均 GDP 也达到了第 84 位，然而中国人每年在化妆品上的消费人均只有 230 元人民币，而欧美国家的人均消费则达到了 900 多美元。这说明中国人在化妆品上的消费水平还有巨大的提升空间，化妆品市场也是前景无限。分析人士称，在经济持续增长、居民可支配收入提升和城镇化深入等大背景下，国内人均化妆品消费的持续增长和核心化妆品消费人群的快速扩容将共同推动行业的增长，预计未来 5 年国内化妆品行业复合增速在 12% 左右，到 2018 年行业规模将接近 5 000 亿元。

（资料来源：CBO 新闻网 http://www.cbo.cn/，略有修改）

【小讨论】

为什么中国的化妆品市场越来越大？

1.1.2　市场营销的含义

市场营销是指个人和集体通过创造并同别人交换产品和价值以获得其所需所欲之物的一种社会过程。

国内外学者对市场营销有过其他不同的定义。

美国市场营销协会下的定义：市场营销是创造、沟通与传送价值给顾客，及经营顾客关系以便让组织与其利益关系人受益的一种组织功能与程序，是一种最直接有效的营销手段。

菲利普·科特勒下的定义强调了营销的价值导向：市场营销是个人和集体通过创造并同他人交换产品和价值以满足需求和欲望的一种社会和管理过程。

麦卡锡于 1960 年也对微观市场营销下了定义：市场营销是企业经营活动的职责，它将产品及劳务从生产者直接引向消费者或使用者以便满足顾客需求及实现公司利润，同时也是一种社会经济活动过程，其目的在于满足社会或人类需要，实现社会目标。

通俗地讲：市场营销其实就是发现顾客需求、为顾客创造需求并满足顾客需求的一个活动！

【引例1-2】

男性市场成护肤品行业新掘金地

随着生活品质的提高，护肤不再是女性的专利，照顾皮肤也日渐受到男士的推崇。近年来，越来越多护肤品品牌开始瞄准男性客户群体，开发男士护肤系列产品，掘金男士护肤市场。

大润发、沃尔玛等商超，男士护理专柜早已崭露头角，而且家家“门面”不小。欧莱雅、妮维雅、阿迪达斯、曼秀雷敦、碧柔、相宜本草、丹姿等多个品牌都推出了男士护肤系列产品。除了洁面产品外，还包括爽肤水、乳液、润肤霜、眼部凝露、唇膏、面膜、清洁黑鼻贴等脸部护肤、身体护肤产品，产品体系趋于完整。

据全球市场研究公司欧睿信息咨询公司2012年发布的数据，韩国男性购买护肤品的总金额高达4.96亿美元，大约占到了全球护肤品销售总额的21%。业内人士表示，韩国在美容领域的带头作用不可小觑，这一数据预示着一种潮流和一种市场趋势。与此同时，淘宝方面的数据显示，目前男士护理产品市场份额仅占整个化妆品市场的2%左右。业内人士认为，男性护肤市场存在着巨大的潜在需求，这与目前男性护肤品的市场份额形成了巨大的反差。男性护肤市场是一座等待开发的金矿，市场开挖潜力巨大，从近年来不少品牌纷纷进入男性护肤市场、研发男性护肤产品的举动中就可见一斑。

（资料来源：新华网 http://news.xinhuanet.com/，略有修改）

【小讨论】

针对男性护肤品消费者，企业如何更好地进行市场营销活动？

1.2 营销要素与组合

1.2.1 产品

产品是指能够提供给市场，被人们使用和消费，并能满足人们某种需求的任何东西。它分为有形产品与无形产品、物质产品与精神产品。对产品来说，重要的并不是它们的形态、性能和对它们的占有，而是它们所能解决人们因欲望和需要而产生的问题的能力。

【引例1-3】

陈光标南京街头卖空气

2013年2月1日上午，陈光标钻进“易拉罐”走上南京街头，为销售自家生产的空气亲自“站台”，卖力吆喝着“台湾空气”和“井冈山空气”，“来自宝岛台湾的新鲜空

图 1-1　中国慈善大王街头卖空气

气 5 块，大陆井冈山的 4 块。”

陈光标说，全国半数城市最近频繁出现雾霾天气，目前新鲜空气产品供不应求。“就这样深深地吸上三口，能保持一天的神清气爽。放在家里能管一个月。”陈光标亲自打开了一罐示范给周围的市民看，“台湾的新鲜空气闻起来更香。”

在这个环境严重污染、雾霾困扰的时候，陈光标通过看似有些夸张的叫卖新鲜空气的方式宣传环保理念，引来现场不少路人的共鸣。

陈光标表示，若环境持续污染，人们未来出门将佩戴防毒面具，新鲜空气将会成为生活必备品。“就是要唤起大家的环保意识，卖新鲜空气的收益我将全部捐给贫困地区。”陈光标还透露，今年要引进井冈山、新疆等地的有机土壤出售，“初步定价 10 元一公斤，一袋 20 公斤。”

（资料来源：和讯网新闻频道 http://news.hexun.com/，略有修改）

【小思考】

现实生活中，有哪些产品是无形产品或精神产品？

1.2.2　需要、欲望、需求

1. 需要

需要就是身心没有得到基本满足的一种感受状态。市场营销不能创造需要，只能发现并适应它。

2. 欲望

欲望是人们欲获取某种能满足自己需要的东西的心愿，一个人的需要是有限的，但欲望是无穷的。

3. 需求

需求是人们有支付能力做保证的欲望。积极的营销人员会根据具体条件为顾客创造需求。需求对市场营销最具现实意义，企业必须高度重视对市场需求的研究，研究需求的种类、规模、人群等现状，尤其是研究需求的发展趋势，准确把握市场需求的方向和水平。

1.2.3 价值、成本和顾客满意

1. **价值**

价值是顾客从某一特定产品或服务中获得的一组利益，包括产品价值、形象价值、服务价值和人员价值。价值的大小取决于消费者对产品满足各种需要的能力的评价。

2. **成本**

成本是消费者获得、使用和享受产品利益所支付的费用，包括货币成本、时间成本、体力成本和精神成本。注意区别于我们一般所理解的生产成本。

3. **顾客满意**

顾客满意是指一个人通过对一个产品可感知的效果与他的期望值相比较后，所形成的愉悦或失望的感觉状态。

1.2.4 交换、交易和关系

1. **交换**

交换是以某些东西从其他人手中换取所需要产品的行为。人们有了需要且对产品做出满意的评价，但这些还不足以定义营销。只有当人们决定通过交换来取得产品，满足自己的需要时，营销才会发生。交换是定义营销的基础。

2. **交易**

交换是一个过程，而不是一个事件。如果双方正在洽谈并逐渐达成了协议，称为在交换中。如果双方通过谈判达成协议，交易便发生。交易是交换的基本组成部分。

3. **关系**

交易营销是关系营销大观念中的一部分。精明能干的市场营销人员都会重视同顾客、分销商等建立长期、信任和互利的关系。同顾客关系的最终结果是建立起市场营销网络。市场营销网络是企业同它的利益相关者建立的牢固的、互利的业务关系。

1.3 市场营销观念

市场营销观念的演变与发展，可归纳为五种，即生产观念、产品观念、推销观念、

市场营销观念和社会市场营销观念。

1.3.1　生产观念

生产观念是指导销售者行为的较古老的观念之一。这种观念产生于20世纪20年代前。企业经营哲学不是从消费者需求出发，而是从企业生产出发。其主要表现是“我生产什么，就卖什么”。生产观念认为，消费者喜欢那些可以随处买得到而且价格低廉的产品，企业应致力于提高生产效率和分销效率，扩大生产，降低成本以扩展市场。20世纪五六十年代，中国还没有对外开放之际，老百姓只能在市场上买到像蛤蜊油、雪花膏之类的产品，这些产品的花色、规格等种类非常少，但一样有很多人购买。显然，生产观念是一种重生产、轻市场营销的商业哲学。生产观念是在卖方市场条件下产生的。

1.3.2　产品观念

它也是一种较早的企业经营观念。产品观念认为，消费者最喜欢高质量、多功能和具有某种特色的产品，企业应致力于生产高值产品，并不断加以改进。它产生于市场产品供不应求的“卖方市场”形势下。当企业发明一项新产品时，最容易滋生产品观念。此时，企业最容易形成“市场营销近视”，即不适当地把注意力放在产品上，而不是放在市场需要上。企业认为“好酒不怕巷子深”，只要产品好顾客就会盈门，因而经常迷恋自己的产品。像雅霜、友谊、海鸥、爱丽丝，曾经是20世纪国内风靡一时的化妆品品牌，到如今早已消失在人们的记忆中。产品观念在市场营销管理中缺乏远见，看不到市场需求在变化，致使企业经营陷入困境。

1.3.3　推销观念

推销观念或推销导向，是生产观念的发展和延伸。20世纪20年代末，西方国家的市场形势发生了重大变化，特别是1929年开始的经济大萧条，使大批产品供过于求，销售困难，竞争加剧，人们担心的已不是生产问题而是销路问题。于是，推销技术受到企业的特别重视，推销观念成为工商企业的主要指导思想。企业认为：产品滞销的原因来自消费者的购买惰性——缺乏购买积极性和主动性，要加以大力刺激。企业以销售为中心，强调千方百计地采取各种措施兜售产品，各种广告术、推销术应运而生。像20世纪40年代，雅诗兰黛刚刚成立之际，创始人雅诗兰黛夫人每天拿着公司的化妆品走上街头推销，她要求自己每天至少接触50张脸，热情地向他们讲解化妆品，并说服他们购买。

推销观念与生产观念相比较，不同的是：后者是以抓生产为重点，通过增加产量，降低成本来获利；前者则是以抓推销为重点，通过开拓市场，扩大销售来获利。从生产导向发展为推销导向是经营思想的一大进步，但基本上仍然没有脱离以生产为中心、“以产定销”的范畴。因为它只是着眼于既定产品的推销，只顾千方百计地把产品推销出去，至于销售出去后顾客是否满意，以及如何满足顾客需要，达到顾客完全满意的效果，则并未给予足够重视。因此，在科学技术进一步高度发展、产品更加丰富的条件下，它就不能适应客观需要了。推销的正反两面性和虚假广告等，促使消费者为“人权”而抗议。维权运动和维权组织纷纷诞生，且企业产品仍然滞销，这一切证明推销观念的极端错误性。

1.3.4 市场营销观念

市场营销观念是作为对上述诸观念的挑战而出现的一种新型的企业经营哲学。这种观念是以满足顾客需求为出发点的，即“顾客需要什么，就生产什么”。尽管这种思想由来已久，但其核心原则直到20世纪50年代中期才基本定型。当时社会生产力迅速发展，市场趋势表现为供过于求的买方市场，同时广大居民个人收入迅速提高，有能力对产品进行选择，企业之间为实现产品的销售竞争加剧。许多企业开始认识到，必须转变经营观念，才能求得生存和发展。市场营销观念认为，实现企业各项目标的关键，在于正确确定目标市场的需要和欲望，并且比竞争者更有效地传送目标市场所期望的物品或服务，进而比竞争者更有效地满足目标市场的需要和欲望。

【引例1－4】

资生堂：体贴不同岁月的脸

20世纪80年代以前，日本资生堂化妆品公司实行的是一种不对顾客进行细分的大众营销策略，即希望自己的每种化妆品对所有的顾客都适用。80年代中期，资生堂因此遭到重大挫折，市场占有率下降。

1987年，公司经过认真反省以后，决定由原来无差异的大众营销转向个别营销，即对不同顾客采取不同的营销策略。资生堂提出的口号是“体贴不同岁月的脸”，他们对不同年龄阶段的顾客提供不同品牌的化妆品：为十几岁少女提供的是Reciente系列，20岁左右的妙龄女孩可以用Ettusais，40～50岁的中年妇女可选择“长生不老”的Elixir，50岁以上的妇女则可以用防止肌肤老化的资生堂返老还童Rivital系列。

（资料来源：大众网 http://www.dzwww.com，略有修改）

1.3.5 社会市场营销观念

社会市场营销观念是对市场营销观念的修改和补充。它产生于20世纪70年代西方资本主义出现能源短缺、通货膨胀、失业增加、环境污染严重、消费者保护运动盛行的新形势下。因为市场营销观念回避了消费者需要、消费者利益和长期社会福利之间隐含着冲突的现实，社会市场营销观念认为，企业的任务是确定各个目标市场的需要、欲望和利益，并以保护或提高消费者和社会福利的方式，比竞争者更有效、更有利地向目标市场提供能够满足其需要、欲望和利益的物品或服务。社会市场营销观念要求市场营销者在制定市场营销政策时，要统筹兼顾企业利润、消费需要、社会利益三方面的利益，即企业利润、消费者需要的满足和社会利益。日本资生堂曾于1992年制定“资生堂环保政策”和1997年制定“资生堂全球生态标准”来实施所有事业活动中的环保措施，有利地贯彻和执行了社会市场营销观念，使企业能够得到长足的进步和发展。

【小思考】

你认为企业遵循社会市场营销观念有何利弊？什么样的企业更适合奉行这种观念？

1.4 化妆品历史、工业、市场发展概况

1.4.1 化妆品历史发展的五个阶段

1. 古代化妆品时代

在原始社会，一些部落在祭祀活动时，会把动物油脂涂抹在皮肤上，使自己的肤色看起来健康而有光泽，这算是最早的护肤行为了。由此可见，化妆品的历史几乎可以推算到自人类的存在开始。在公元5世纪到公元7世纪期间，各国有不少关于制作和使用化妆品的传说和记载，如古埃及人用黏土卷曲头发，古埃及皇后用铜绿描画眼圈，用驴乳浴身，古希腊美人亚斯巴齐用鱼胶掩盖皱纹等，还出现了许多化妆用具。中国古代也喜好用胭脂抹腮，用头油润发，衬托容颜的美丽和魅力。

2. 矿物油时代

20世纪70年代，日本一名牌化妆品企业，被18位因使用其化妆品而罹患严重黑皮症的妇女联名控告，此事件既轰动了国际美容界，也促进了护肤品的重大革命。早期护肤品、化妆品起源于化学工业，那个时代从植物中天然提炼还很难，而石油、石化、合成工业很发达，所以很多护肤品、化妆品的原料来源于化学工业。截至目前仍然有很多国际国内的牌子在用那个时代的原料，因为价格低廉，原料相对简单，成本低。所以矿物油时代也就是日用化学品时代。但是目前看来，所有护肤品、化妆品中的致癌物、有害物质全部来自那个时代。

3. 天然成分时代

从20世纪80年代开始，皮肤专家发现：在护肤品中添加各种天然原料，对肌肤有一定的滋润作用。这个时候大规模的天然萃取分离工业已经成熟，此后，市场上护肤品成分中慢慢能够找到的天然成分，从陆地到海洋，从植物到动物，各种天然成分应有尽有。有些人甚至到人迹罕至的地方，试图寻找到特殊的原料，创造护肤的奇迹，包括热带雨林。当然此时的天然有很多是噱头，可能大部分底料还是沿用矿物油时代的成分，只是偶尔添加些天然成分，因为这里面的成分混合、防腐等仍然有很多很难攻克的问题。也有的公司已经能完全抛弃原来的工业流水线，生产纯天然的东西，慢慢形成一些顶级的很专注的牌子了。

4. **零负担时代**

2010年前，零负担产品开始在欧美及我国台湾地区流行。以往过于追求植物、天然护肤的产品因为社会的发展，和为了满足更多人特殊肌肤的要求，护肤品中各种各样的添加剂越来越多，所以，导致很多天然护肤产品实际并不一定天然。很多使用天然成分、矿物成分的产品由于成分较多，给肌肤造成了没必要的损伤，甚至过敏，这种情况给护肤行业敲响了警钟，追寻零负担即将成为现阶段护肤发展史中最实质性的变革。2010年后，零负担产品开始诞生，以我国台湾婵婷化妆品为主，一批零负担产品，以减少没必要的化学成分，增加纯净护肤成分为主题，给频繁使用化妆品的女性朋友带了全新的变革。零负担产品的主要特点在于产品减少了很多无用成分。护肤成分（例如玻尿酸、胶原蛋白等）均为活性使用，肌肤直接吸收，产品性能极其温和，哪怕再脆弱的肌肤只要使用妥当，一般就没有问题。

5. **基因时代**

随着人体25 000个基因的完全破译，这其中自然也有跟皮肤和衰老有关的基因被破解，虽然目前才刚刚开始，但是潜藏在大企业之间的并购已经暗流涌动。许多药厂介入其中，罗氏大药厂斥资468亿美金收购基因科技，葛兰素史克用7亿2 000万美金收购Sirtris的一个抗衰老基因技术。还有很多企业开始以基因为概念的宣传，当然也有企业已经进入产品化阶段。这个时代的特点，就是更严密、更科学。因为技术的先进与新奇，必须要有严格的临床和实证检测。基因技术在世界各地都是严格控制的。未来的趋势是每个人的体检都会有基因图谱扫描这一项，根据图谱的变化来验证产品的功效，美国已经在做这方面的工作了。

1.4.2 中国化妆品工业发展史

中国化妆品工业的发展有着漫长的历史。大致分为四个阶段：早期阶段、缓慢发展阶段、快速发展阶段及法制管理阶段。

1. **化妆品工业的早期阶段**

中华民族是世界上较早使用化妆品的民族之一。我国古籍《汉书》中就有画眉、点唇的记载。而《木兰诗》“当窗理云鬓，对镜贴花黄”及《长恨歌》“六宫粉黛无颜色”均为传世佳句，《齐民要术》中介绍了有丁香芬芳的香粉。西晋《博物志》记载公元前“纣烧铅作粉”涂面而美容。后唐《中华古今注》有胭脂的记载：“起自纣，以红兰花汁凝成脂”，产自燕国，故曰胭脂。南宋时期，杭州成为我国化妆品重要生产基地，生产的脂粉久负盛名，被称为“杭粉”。现今看来，此类产品均可归类为美容修饰类化妆品。可以说，化妆品承载着人类自古以来对美丽和美好生活的无限追求。

2. **化妆品工业的缓慢发展阶段**

近代，由于中国长期处于封建社会，工业落后，经济发展缓慢，化妆品生产一直于家庭小作坊状态。19 世纪初期，辽宁、上海、云南和四川开始出现一些专门生产雪花膏的小化妆品厂。鸦片战争后，外国化妆品开始流入中国市场。清朝年间，我国化妆品工业具有较高水平，在国际中占有一定地位。道光十年（1830 年），扬州创建“谢馥春”香粉号，生产香佩、香囊、香珠和熏香等，成为我国化妆品工业的先行者，其产品于 1915 年荣获巴拿马万国博览会银质奖章；同治元年（1862 年），杭州创建“孔凤春”香粉号，生产制造鹅蛋粉、水粉、扑粉和雪花粉，称为“孔凤春贡粉”，专供慈禧太后使用。1898 年，广生行在香港建立了我国第一家采用机械化生产的化妆品工厂，生产“双妹唛”牌花露水和雪花膏，后又在上海、广州和营口等地设厂。

20 世纪后，我国化妆品工业有了长足发展。1916 年，广生行“双妹唛”牌化妆品在美国赛会上荣获金奖。1911 年，中国化学工业社（即现在的上海牙膏厂）在上海建立，后相继建立了上海明星花露水厂、上海家庭工业社、富贝康化妆品厂和宁波风苞化妆品厂等，我国化妆品生产逐步走向工业化。近代化妆品的发展见证了我国风雨飘摇的“美丽”事业的工业化历程。

新中国成立后，各地建立了一些化妆品厂，但是由于人民生活水平不高，而且受“化妆品等于奢侈品”的观念禁锢，化妆品工业发展十分缓慢，产品以雪花膏、蛤蜊油和花露水为主，被称作化妆品的“老三样”。

【小思考】

老字号企业如何做大做强？

3．化妆品工业的快速发展阶段

改革开放迎来了化妆品的春天。20 世纪 80 年代，随着国民经济迅速发展，人民生活水平不断提高，化妆品工业如雨后春笋般蓬勃发展，化妆品行业的体制也从轻工系统向其他系统延伸。“旧时王谢堂前燕，飞入寻常百姓家”，化妆品在人们观念中经历了奢侈品到必需品的历程。就连以前从不问津化妆品的男士，其化妆品的消费量也呈现快速增长的趋势。改革开放为“美丽”事业带来了前所未有的辉煌。如 1976 年，上海仅有化妆品厂 11 家，1986 年就发展为 176 家，增加了 15 倍。广东化妆品生产企业更是从无到有，至 2008 年已经发展为 1 560 家。

4．化妆品工业迈入法制管理阶段

改革开放后，不仅我国化妆品工业增长迅猛，进口化妆品也大量涌入，化妆品市场比较混乱，产品质量参差不齐，品质得不到保证。为规范化妆品企业和产品，整顿化妆品市场，确保消费者使用安全，卫生部会同轻工部组织制定了相关法规和标准。1989 年 9 月，国务院正式批准《化妆品卫生监督条例》，这是我国第一部关于化妆品卫生监督管理的国家法规。它的实施，标志着我国化妆品管理进入了一个新的时期，走上了法制化管理的轨道。

《化妆品卫生监督条例》的实施，加速了我国化妆品工业现代化的进程，迅速提高了化妆品的产品质量，逐步规范了化妆品市场，有力地促进了我国化妆品工业的发展。

1.4.3 全球化妆品市场发展趋势

随着全球化妆品市场的成长以及消费者需求的不断增长，全球化妆品市场出现了一些新的趋势。从国内外化妆品行业的发展情况可以看出，全球化妆品行业正在稳步增长，随着全球化妆品市场发展的不断深入，以下一些全球化妆品市场出现的新的发展趋势值得关注。

1. 产品要环保、绿色、可生物降解

随着全球环保呼声的日益高涨，消费者对化妆品的安全性要求越来越高，产品发展趋势必须是绿色、环保、可生物降解的产品。源自天然成分和原料的化妆品产品将会越来越多地在市场上出现。

2. 产品要对人体绝对安全

化妆品的安全性不仅关系到消费者的身心健康，也关系到企业和行业的生死存亡。在过去几年内，全球化妆品市场在各个地区所暴露出的层出不穷的产品安全性问题，直接引发了化妆品安全性的革新运动。就安全的具体措施而言，首先加强行业的自律，要“遵纪守法”，企业要有“全程”管理化妆品的意识，较之以往要更加重视产品上市后的安全，建立相应的预防和危机处理机制。从行政管理的角度而言，政府部门加强市场监管，改革重审批、轻监管的管理模式。加强对消费者消费行为的引导，研究、开发和生产适合不同地区消费者的不同需求的产品；加强整个行业从业人员的培训和素质教育；进一步强化对化妆品不良反应的研究。

3. 以天然植物尤其是中草药成分为主的功效性产品很有发展潜力

我们在应用中草药方面具有得天独厚的条件。此外，我国素有天然药物王国的盛誉，开发的新产品较容易被消费者接受，在市场推广方面较容易切入。

4. 抗衰老和防晒将是一个趋势

目前人们生活比较安定和谐，对皮肤抗衰老和美容方面的要求越来越高。这类产品在不久的将来将会突破传统的抗皱和保湿的范畴，结合护肤、抗皱、润肤、表皮更新等功效，使用后将会使消费者看起来更具活力。此外，防晒产品的市场前景也非常被看好，是化妆品发展的一个永恒主题，必将贯穿一年四季，防晒概念将逐步深入人心。而皮肤保湿也仍将是护理用品的一个基本性质，对其概念的深入挖掘将继续主导护肤品的重要特性。

5. 功效化妆品将被看好

防晒、祛斑、瘦身、美白、抗粉刺、染发以及防脱发等功效性化妆品的发展也是不可或缺的。

创业是最美好的生活方式

1.“玩”出一个创业者

出生于1983年的陈欧，在扮演聚美优品CEO的角色时有着超越年龄的成熟和理智。16岁时，陈欧便独自一人远赴新加坡，到南洋理工大学学习计算机。那时的陈欧和很多大学生一样爱玩游戏，但唯一不同的是，“我玩游戏是因为有钱、有奖金，我觉得这是挣小钱的一个渠道。”也因为爱玩游戏，2005年刚毕业的时候，陈欧靠自己剩下的奖学金和一些打游戏比赛赢的奖金，在家中自己写程序、自己画图，创办了在线游戏平台Garena，彼时Garena的用户数量已经超过2 000万。因为这段经历，陈欧被冠以“少年天才”的名号。

当他的在线游戏平台Garena即将爬上顶峰的时候，一向强势的父母告诉陈欧，希望他能继续深造。直到有一次去斯坦福读书的机会，父亲的态度更加强硬。斯坦福的学习机会多少也让陈欧有些心动，他算过，如果去斯坦福读书，会有更广阔的视野和更好的平台，更有助于做好自己的公司。陈欧的人生目标一直很清晰，十分懂得自己想要什么。想清楚之后，陈欧放弃了可以证明自己的那第一份事业，毅然去了美国斯坦福大学，父亲对此很高兴。对于最负盛名的斯坦福来说，他们则迎来了年仅24岁的中国MBA学员。

2.“不靠谱”的成功转型

在美国，陈欧看到了无数的机会。“当时美国有一家很成功的游戏内置广告企业，在一年内就实现了年销售额两亿美元的业绩。”这让陈欧觉得很酷，创业的梦想再次被激发。于是，他说服了两位志同道合的朋友刘辉、戴雨森回国创业，希望把这种前沿的游戏广告模式引入国内。

然而，国内外互联网市场的巨大差异，让陈欧完全拷贝美国模式的游戏广告公司吃了一些苦头，忙了一个月，公司收入只有3 000块钱，有80%还得付给游戏公司。这次挫败让陈欧深刻地认识到了市场规则的力量，也开始重新审视和寻找适合国内市场需求的商业模式。电子商务和团购的大热，让陈欧嗅到了机会的味道。

在早期创业的时候，陈欧的出发点永远是“我喜欢什么，我擅长什么，我有什么资源”。他说，在中国做事，一定要从市场需求出发。陈欧与合伙人经过大量的市场观察和定向分析，发现国内化妆品市场数量惊人。调查数据显示，中国化妆品市场2010年的市场规模达到了近1 800亿元，是全球第三大化妆品消费市场。对此，他认为自己的机会来了。

他发现中国的广大女性消费者对于线上购买化妆品的信心不足，线上化妆品行业没有领头羊企业存在。对他来说，化妆品就是新大陆。他总结出了三个“可行条件”。首先，电子商务正在中国高速发展是不争的事实；其次，化妆品需求很大，但市场上还没有一个可信的化妆品网站；最后，做这个别的男人不好意思做的行业反倒给了自己机会。

2010年3月，聚美优品的前身“团美网”正式上线。陈欧买断代理商的货物后，储存在自己的仓库里，以限时售卖的模式卖出，价格是专卖店的5～6折，毛利率保持在20%～30%。经过一个多月的试验，陈欧关掉原来的网页游戏内置广告业务，于2010年5月全力转向化妆品电商业务。徐小平追加了200万元的投资，这让陈欧充满了无限感激。

3. 让用户开心，所有风险自己扛

2010年9月，团美网正式更名为聚美优品，寓意为“聚集美丽，成人之美”。在聚美优品正式运营后，陈欧首先想到的是只有把服务和体验做得更好才能有生存的可能性。他第一天就建立了自己的仓库，并且拥有自己的买手和商品质检团队。陈欧初期的物流体系建设和买手储备行为，为聚美优品的转型奠定了基础。这些作为传统B2C才有的元素一直都渗透在聚美优品的血液中。“我们对于买手和质检团队的要求也很专业，我们有这样的规定，质检人员一旦发现所购商品有质量问题可以得到高额的奖金。”为了给予消费者更多的安全感，聚美优品提出了“三十天拆了也无条件退货”等服务条款。

4. CEO的个性与品牌完美融合

当初请韩庚来做代言，很多人说聚美优品是在砸钱。然而，陈欧却说：“错了，我们是没钱。因为没钱，所以才能把创意做到极致。因为没钱，所以精打细算，要每分钱收到的效果比别人都好。”在预算有限的情况下，陈欧还不能一下子买很多广告位，能买的广告位是有限的，得到的机会也是有限的，所以打营销战一定要做到精准。

2011年，满世界都在寻找明星代言的时候，地铁里，大街上，突然有个人站出来说：我为自己代言。

在当时，董事会一起开会讨论陈欧自己到底要不要站出来做自我营销，他是想低调一点，并不希望自己站出来。因为陈欧知道，要做公众人物，对私生活的影响很大。成了还好，败了，就是个笑话。是陈欧的天使投资人徐小平鼓励他，最终他决定“舍身”一试。

陈欧没有想到，作为聚美优品创始人的他，亲自出镜的一段视频会如此受网友热捧。虽然视频片长仅30秒，陈欧还是拉上了自己的创业伙伴——聚美优品的高管团队，包括联合创始人戴雨森、刘辉等，为网友讲述了一群为梦想和未来奋斗的“80后”的创业故事。

5. 走娱乐化路线营销自己

与不少创业者和公司老总的低调相比，陈欧可谓赚足了眼球。打开微博，打开各种娱乐节目、职场节目及大幅广告板上，几乎都能找到陈欧的身影。随着品牌的不断壮大，知名度的不断提升，他相继参加了一些商业及娱乐活动。做客《最佳现场》《天天向上》

《高朋满座》及旅游卫视的庆典活动，等等，主要是源于对公司和品牌的宣传。陈欧认为，娱乐营销是一种非常好的营销方式，能够真正快速让消费者了解聚美优品。我们做化妆品，本身是时尚圈的东西，化妆品是时尚圈，时尚和娱乐紧密结合在一起，这是营销的大策略而已。

6. 专注做品牌，提升幸福感

在每一个午后，聚美优品办公室的员工们都会边做着午间操，边嘻嘻哈哈地随意聊着，既解乏，又提升活力。这种氛围很容易让人感到温暖，陈欧更是在团队气氛的建设中强调了职场中颇为流行的幸福感。员工为他过生日，素未谋面的朋友送来贴心小礼物，这些都会让他感到无比幸福，并充满了无限斗志。

创业至今，陈欧工作的脚步没有停下来过，然而，在闲暇之余享受生活也是他推崇的。每天清晨，他都会边听音乐边健身，这样会让他整个人充满能量。他对于奢侈品的消费态度又爱又恨，既爱其品质和内涵，同时恨其高高在上的价格。他希望聚美优品能够借助网购的优势，以更合适的价格让奢侈品流行起来。他也努力在这样做……

（资料来源：腾讯网 http://www.qq.com/，略有修改）

案例思考：

1. 聚美优品快速成长的重要因素体现在哪几个方面？
2. 你能从创始人陈欧身上参悟到他哪些人格上的魅力？

训练项目：团队角色扮演不同的市场营销观念。

训练目的：

（1）深入了解不同阶段的各种市场营销观念。

（2）学会运用各种营销观念的核心思想去做营销。

训练时间：每组25~35分钟。

训练组织：

（1）组建训练团队，5个团队扮演五种不同的营销观念，每个团队6~8人。

（2）根据角色扮演安排，选出企业主、营销总监、销售员、顾客。

（3）教师抽签安排不同的团队情境表演不同的营销观念。

（4）训练过程中，各团队角色安排进行相应的话术训练。

（5）教师监控整个训练过程，并做好记录。

（6）团队之间互评表现，最后由教师整体评价，并给予指导。

考核标准：

（1）各团队成员之间的合作、默契程度。

（2）团队成员的角色入戏程度。

（3）情景剧中对营销观念的理解深入度。

世界十大品牌化妆品公司和世界十大化妆品品牌

世界十大品牌化妆品公司

1. 法国欧莱雅公司（L'Oreal Groug）
2. 英国联合利华公司（Unilever）
3. 美国宝洁公司（The Procter & Gamble Co）
4. 日本资生堂（Shiseido Co Ltd）
5. 美国雅诗兰黛（Estee Lauder Cos Inc）
6. 美国雅芳公司（Avon Products Inc）
7. 美国强生公司（Johnson & Johnson）
8. 德国威娜公司（Wella Group）
9. 日本花王公司（KAO corp）
10. 美国露华浓公司（Revlon Inc）

世界十大化妆品品牌

1. 香奈儿　法国
2. 雅诗兰黛　美国
3. 兰蔻　法国
4. 伊丽莎白·雅顿　美国
5. 克里斯汀·迪奥　法国
6. 倩碧　美国
7. 娇兰　法国
8. 碧欧泉　法国
9. 娇韵诗　法国
10. 资生堂　日本

项目二

分析化妆品市场营销环境

知识目标

- 了解营销环境的概念和特点。
- 掌握化妆品宏观环境的相关知识。
- 掌握化妆品微观环境的相关知识。
- 了解化妆品环境分析的方法。

技能目标

- 能对营销环境有一个比较全面的认识。
- 具备分析化妆品宏观环境分析的能力。
- 具备分析化妆品微观环境分析的能力。
- 能对化妆品环境进行 SWOT 分析。

A 品牌化妆品企业成立不到半年，公司 CEO 要求市场部的相关人员对某市化妆品营销环境的微观环境进行一个较为全面、深入、具体的调查分析，并写出分析报告。

任务 1：全面考察 A 品牌的供应商和中间商，并对供应商和中间商进行排名。

任务 2：全面整理分析与 A 品牌相关的各类公众，包括金融、媒体、政府、社会组织和地方公众。

任务 3：对该市 A 品牌企业的竞争对手进行深入研究调查，掌握其竞争对手相关的一系列资料。

任务 4：全面调查研究与 A 品牌相关的目标顾客和潜在顾客，分析他们的购买行为和消费心理现状。

新《化妆品标签管理办法》通过立法对企业优胜劣汰

2014年11月，国家食药监总局发文公开征求《化妆品标签管理办法》（以下简称《办法》），拟于2015年7月实施，且在附件《化妆品标签标识禁用语清单》（以下简称《清单》）中明确了禁用标签。该《办法》征求意见稿一出后引起了整个行业的关注，李医生、白大夫等诸多化妆品品牌也备受争议。信息时报记者近期调查发现，随着《办法》的搁浅，市场上曾紧张一时的大部分化妆品品牌均尚未有所改变。

据了解，《清单》中添加的禁用标签有诸如“基因、因子、干细胞、细胞修复、红血丝、黑眼圈、药妆、中草药、汉方”等医疗术语，以及“复活、再生、新生、无添加××、纯天然××、纯植物××、生态××、有机××”等常见“虚假夸大用语”。

信息时报记者近期走访各大化妆品专柜了解到，市面上“再生”“复活”“纯天然”等词语仍旧存在，例如李医生活肤再生面膜、FANCL无添加再生亮白营养素等产品，随着《办法》的搁浅均尚未改变。

1. 违法成本低　产品死灰复燃

7月1日，国家质检总局在其官网发布《产品质量国家监督抽查不合格产品生产企业后处理工作规定》的公告（2015年第57号）（以下简称《国抽新规》），规定企业在国家监督抽查中一旦被查出不合格产品，在整改完成之前，将面临停产、禁销的处罚，整改后仍然不合格的将面临吊销证件的处罚。

不过，信息时报记者发现，检查不合格后的产品仍存在“死灰复燃”现象。国家质检总局分别于7月31日、8月26日曝光多批次问题面膜产品，但讽刺的是，这两次的曝光中，仍有几个品牌是“二进宫”。也就是说，对不法企业的整改要求并未落到实处。

事实上，这种情况一直存在，7月广东省食药监局发布的2015年第一期“广东省非法化妆品生产企业名录”中，“汉药回春祛斑套装”系列的生产企业——纤丽化妆品有限公司，已经是“黑榜”的老面孔，被查出企业和卫生许可证号均未经许可。而该企业早在2006年和2008年就分别被曝光未取得《化妆品生产企业卫生许可证》和其产品“纤丽祛斑回春素”等为假冒伪劣化妆品。

对此，信息时报记者采访了广州市一家化妆品生产企业的负责人，该位负责人认为违法化妆品企业多次“死灰复燃”，最重要的原因是国家法律法规惩处力度不够，导致违法成本不高。

2. 质疑与赞同声并存　行业面临洗牌

11月10日，《化妆品安全风险评估指南》（以下简称《指南》）征求意见稿发布，《指南》在产品安全风险的评估上，对人员要求、评估程序、毒理学研究以及相应的安全风险评估报告四个方面都更加细化。仅毒理学研究一部分，就提出了关于急性毒性、刺激性/腐蚀性、皮肤致敏性、皮肤光毒性、致突变性/遗传毒性、亚慢性毒性等12项说明。

对于该《指南》在业内仍旧存在质疑和不赞同声，广东省日化商会相关负责人认为，该项要求较为苛刻，“由于化妆品生产厂本已具备检测机构，再进行重复检测增加企业成本”。这一说法得到了诸多企业的认同，有业内人士认为，《指南》中评估项目的细化无疑给中小化妆品企业带来很大压力。

不过，资深日化行业销售专家冯建军认为优胜劣汰后存活下的企业才具竞争力，“中国目前有4 000多家化妆品品牌，消费者真的需要那么多吗？很多化妆品较为劣质，生产在广州白云区哪个村哪条街，尽管生产厂是合法的，但其质量并不优质，存活下来的价值在哪里？这样的工厂生产出的产品谁能用？谁敢用？所以，用市场竞争的方法，通过法规去约束去淘汰是必经之路。质量提高了，竞争力自然强了，优胜劣汰后生存下来的企业才是对消费者负责的企业。”

（资料来源：中国化妆品网 http://c2cc.cn/，略有修改）

【问题引出】

（1）你认为违规化妆品企业再次违规的主要原因是什么？

（2）你认为中国的化妆品品牌需要有4 000多个吗？为什么？

2.1 市场营销环境概述

企业依托于动态变化的营销环境而生存与发展，它的营销行为既要受到自身条件的限制又要受到外部条件的限制与制约。企业只有能动地、充分地使营销活动与营销环境相适应，才能使营销活动产生最佳的效果，从而达到企业的营销目标。

2.1.1 市场营销环境的含义

市场营销环境是指影响企业生产经营活动的各种内、外部因素的总和，它包括外部环境和内部环境或宏观环境（间接环境）和微观环境（直接环境）。企业的市场营销环境可分为微观环境和宏观环境两大类。微观环境是企业在营销过程中与企业发生着直接联系的对象。宏观环境是决定或影响企业市场营销活动的外在力量。微观环境因素包括：企业、供应者、营销中介、顾客、竞争者和公众。宏观环境因素包括：人口环境、经济环境、自然环境、技术环境、政法环境、文化环境六大部分。

2.1.2 市场营销环境的特征

1. 客观性

市场营销环境作为一种客观存在，是不以企业的意志为转移的，有着自己的运行规律和发展趋势，对营销环境变化的主观臆断必然会导致营销决策的盲目与失误。化妆品企业管理者的任务在于适当安排营销组合，使之与客观存在的外部环境相适应。

2. **相关性**

构成营销环境的各种因素和力量是相互联系、相互依赖的。经济因素不能脱离政治因素而单独存在；同样，政治因素也要通过经济因素来体现。

3. **差异性**

营销环境的差异主要因为企业所处的地理环境、生产经营的性质、政府管理制度等方面存在差异，不仅表现在不同企业受不同环境的影响，而且同样一种环境对不同企业的影响也不尽相同。

4. **动态性**

外界环境随着时间的推移经常处于变化之中。例如，外界环境利益主体的行为变化和人均收入的提高均会引起购买行为的变化，影响企业营销活动的内容；外部环境各种因素结合方式的不同也会影响和制约企业营销活动的内容和形式。

5. **不可控性**

影响市场营销环境的因素是多方面的，也是复杂的，并表现出企业不可控性。例如，一个国家的政治法律制度、人口增长及一些社会文化习俗等，企业不可能随意改变。

【小思考】

市场营销环境的五个特点中，你认为哪个特点针对化妆品企业而言最为明显和突出。为什么？

2.2 化妆品宏观营销环境

一切营销组织都处于某种宏观环境因素之中，不可避免地受其影响和制约。这些宏观环境，包括人口、经济、自然、技术、政法和文化环境等六大要素。它们都是不可控制的因素，企业及其所处的微观环境，都在这些宏观力量的控制下。这些宏观力量及其发展趋势给企业提供机会，同时也造成威胁。

2.2.1 人口环境

企业营销把人作为市场来研究。人口决定市场的存在与否，人口的数量决定市场的容量，人口的结构决定市场产品供应的结构。

1. **人口总量**

一个国家或地区总人口数量的多少，是衡量市场潜在容量的重要因素。全球人口持续增长，截至2014年年末，全球人口达到71.57亿人，中国人口达到13.7亿人，占全球人口的19.14%。

2. **年龄结构**

人口年龄结构的变化趋势是：许多国家人口老龄化加速，“银色”市场日渐形成并扩大；出生率下降引起市场需求变化，即给儿童食品、童装、玩具等生产经营者带来威胁，但也使年轻夫妇有更多的闲暇时间用于旅游、娱乐和在外用餐。2014年年末，中国劳动年龄人口9.2亿人，占总人口的67.2%，60周岁及以上人口2.12亿人，占总人口的15.5%，65周岁及以上人口1.38亿人，占总人口的10.1%。

3. **地理分布**

人口在地区上的分布，关系到市场需求的异同。居住在不同地区的人群，消费需求的内容和数量也存在差异。例如，中国中东部地区特别是东部沿海地区的人口对化妆品的消费能力水平要远远高于西部地区。

4. **家庭组成**

据统计，2014年中国家庭数量达4.3亿户，居世界之首，家庭规模日益小型化，平均家庭规模为3.02人。一个市场拥有家庭单位和家庭平均成员的多少，以及家庭组成状况等，对市场消费需求的潜量和需求结构，都有十分重要的影响。随着人民消费水平的提高，人均化妆品消费水平明显提高，儿童化妆品市场和男性化妆品市场的消费水平也明显呈增长态势。

5. **人口性别**

2014年年末，中国大陆男性人口70 079万人，比女性多3 376万人。“80后”非婚人口男女比例为136∶100，“70后”非婚人口男女比则高达206∶100，男女比例严重失衡。

性别差异给消费需求带来差异，对购买习惯与购买行为也造成差异。18～45岁的女性人口是化妆品消费的主力军，另外，男性化妆品消费市场也在进一步扩大。

【引例2-1】

老龄人口年增800万　老人化妆品成金矿

中国社会科学院财政与贸易经济研究所日前发布《中国财政政策报告2010/2011》的数据显示，中国现有老龄人口已超过1.6亿人，老年人由年均增加311万人，发展到年均增加800万人。

不过昨日记者走访我市一些化妆品卖场时发现，尽管不少化妆品上均标示出防皱、祛斑、保湿、抗衰老的功效，但专攻于老年特性和个性的专用化妆品品牌极少见到。

而在老龄化问题同样严重的日本，日本佳丽宝专注50岁以上女性的品牌艾薇塔（EVITA）自2000年上市，短短七年就成为过百亿日元的知名品牌。业内人士分析，随着生活要求的提高，美容将成为老年人继保健后的另一关注重点。随着中国老龄化的加剧，老年人化妆品将成为日化行业的下一座金矿。

（资料来源：和讯网新闻频道 http://news.hexun.com/，略有修改）

2.2.2 经济环境

所谓经济环境，是指构成企业生存和发展的社会经济状况和国家经济政策，是影响消费者购买能力和支出模式的因素，它包括消费者收入的变化、消费者支出模式与消费结构的变化、消费者储蓄与信贷情况的变化等。

1. 消费者收入的变化

（1）人均国民收入，是一国在一定时期内（通常为一年）按人口平均的国民收入占有量，反映国民收入总量与人口数量的对比关系。人均国民收入水平是衡量一国经济实力和人民富裕程度的一个重要指标。2014年，中国人均国民收入为7 476美元，世界排名第94位。

（2）个人可支配收入，是指一个国家所有个人（包括私人非营利机构）在一定时期（通常为一年）内实际得到的可用于个人开支或储蓄的那一部分收入。统计局数据显示，2014年城镇居民人均可支配收入28 844元；农村居民人均可支配收入10 489元。全年全国居民人均可支配收入20 167元。

（3）个人可任意支配收入，是指个人可支配收入减去维持生活所必需的支出（如食品、衣服、住房）和其他固定支出（如分期付款、学费）所剩下的那部分个人收入。这部分收入是消费者可以任意投向的收入，因而是影响消费者需求构成最活跃的经济因素。这部分收入越多，人们的消费水平就越高，给高端奢侈品营销的机会也就越多。这个参数对化妆品消费的影响是非常大的。

【引例2-2】

高端化妆品等引领中国奢侈品消费

近日一份关于2012年中国奢侈品消费预测研究表明，高端化妆品和鞋类产品正在以最大的吸引力吸引着中国逐渐壮大的奢侈品消费团体，而手表、手袋和珠宝的吸引力排在这两者之后。

这份调查研究的受访者年收入在15 600美元（约合人民币99 110.55元）至31 300美元（约合人民币198 856.42元）之间，年龄在35岁以下的占69%。

在接受访问的1 135名消费者中，43%的人表示他们会增加在高端化妆品上的花费，

图 2-1　高端化妆品图

愿意花钱在奢侈品鞋类上的人占相同的比例人数。排在这后面的是愿意在葡萄酒、烈性酒及雪茄等方面花费的人，占受访者的 40%。

受访者中有超过一半的受访者——占 54% 的比例——表示他们会尽量少花钱在奢侈品手表上面，有 48% 的人表示会削减购买手袋和珠宝的预算。

在奢侈品消费中，平均约 10% 的购买行为来自网络，在化妆品部分这个数字为 17%。接近 80% 的受访者表示他们正在使用或打算使用社交网络平台去了解他们感兴趣的品牌及产品。调查还发现一个正在增长的趋势，即中国大陆地区正逐渐取代香港地区、欧洲等地成为重要的奢侈品购买地点。

在这份调查排名中，路易威登（Louis Vuitton）、香奈儿（Chanel）和古驰（Gucci）仍然是中国奢侈品购买军团中排名前三位的消费品牌，爱马仕（Hermès）排在其后，位列第四。前十名的品牌还有迪奥（Dior）、阿玛尼（Armani）、劳力士（Rolex）、卡地亚（Cartier）、普拉达（Prada）和范思哲（Versace）。

（资料来源：搜狐网 http://www.sohu.com/，略有修改）

2. 消费者支出模式与消费结构的变化

所谓消费者支出模式，是指消费者收入变动与需求结构之间的对应关系，也就是常说的支出结构。在收入一定的情况下，消费者会根据消费的急需程度，对自己的消费项目进行排序，一般先满足排序在前即主要的消费。如温饱和治病肯定是第一位的消费；其次是住、行和教育；再次是舒适型、提高型的消费，如保健、娱乐、旅游、化妆品等。

消费者支出模式主要受消费者收入的影响。随着消费者收入的变化，消费者支出模式就会发生相应的变化。这个问题涉及“恩格尔定律”。

恩格尔系数 =（食品支出/家庭总支出）×100%

恩格尔定律的表述一般如下：

（1）随着家庭收入增加，用于购买食品的支出占家庭收入的比重就会下降。

（2）随着家庭收入增加，用于住宅建筑和家务经营的支出占家庭收入的比重大体不变。

（3）随着家庭收入的增加，用于其他方面的支出和储蓄占家庭收入的比重就会上升。

消费者支出模式还受以下两个因素影响：①家庭生命周期的阶段。一个家庭有没有孩子，其支出情况会大不相同，例如有小孩的家庭，乘飞机外出旅行的机会就会比没有小孩的家庭少。②消费者家庭所在地点。住在城市里的居民，他们在衣食、交通、娱乐方面的消费要比农村多。

在过去的20年间，居民的消费结构也发生了较大变化。2013年年末，国内的恩格尔系数为0.35。基本温饱需求所占用的消费逐年下降，恩格尔系数随之逐年递减，居民对基本温饱以外消费品的消费倾向逐年增大。

3. 消费者储蓄与信贷情况的变化

消费者的购买力还要受储蓄和信贷的直接影响。消费者个人收入不可能全部花掉，总有一部分以各种形式储蓄起来，这是一种推迟了的、潜在的购买力。消费者储蓄一般有两种形式：一是银行存款，增加现有银行存款额；二是购买有价证券。当收入一定时，储蓄越多，现实消费量就越小，但潜在消费量也越大；反之，储蓄越少，现实消费量就越大，但潜在消费量也越小。企业营销人员应当全面了解消费者的储蓄情况，尤其是要了解消费者储蓄目的的差异。储蓄目的不同，往往影响到潜在需求量、消费模式、消费内容、消费发展方向的不同。这就要求企业营销人员在调查、了解储蓄动机与目的的基础上，制定不同的营销策略，为消费者提供有效的产品和劳务。

2.2.3 自然环境

地球上的自然资源有三类：取之不尽、用之不竭的资源；有限但可以更新的资源；有限又不能更新的资源。20世纪60年代以来，西方国家的一些学者越来越多地关心工业发展对自然环境的影响。曾有人警告说，如果地球上的资源不能保持不断再生，则有一天地球将会像缺乏燃料的宇宙飞船一样危险。还有许多学者对工业污染、生态系统的失衡提出指责和警告；同时，出现了许多环境保护组织，促使一些国家加强了环境保护方面的立法和执法。这些对市场营销都是严重的挑战。

自然资源可分为可再生资源、可更新自然资源和不可再生资源。自然资源具有可用性、整体性、变化性、空间分布不均匀性和区域性等特点。自然资源可划分为：生物资源、农业资源、森林资源、国土资源、矿产资源、海洋资源、气候气象、水资源等。

【引例2-3】

防晒霜也会造成循环污染

我们日常使用的个人护理品也是新型有机污染物。国家环境分析测试中心专家列举出国内外最新监测研究中发现的5种新型污染物，其中，作为个人护理品的防晒霜、人造麝香香精、驱虫剂、防腐剂都成为新的污染源。

专家指出，这些护理品中都有大量的化学物质，例如防晒化妆品中的紫外线有机滤剂，内部包含苯甲酮、奥克立林，还有驱虫剂中的胡椒基丁醚、防腐剂中的尼泊金甲酯等。

那么，这些化学物质为什么成了污染源呢？专家给记者描绘了“循环污染链”。“护理品中很多化学物质是人体所不能吸收的。这些不能吸收的物质通过人体的排泄物排出体外，会流进污水处理厂，但是现在的处理厂还没有专门配备处理这些有机污染物工艺的意识，所以污染物会残留在污泥中。而污泥一般作为堆肥，用于农业生产，这些污染物会进入土壤渗透到地下水中，附着在农作物上，再次进入人体。”

（资料来源：和讯网新闻频道 http://news.hexun.com，略有修改）

【小讨论】

对于减少化妆品对环境的污染，你有何对策？

2.2.4　政治法律环境

政府部门制定的方针政策对化妆品企业的营销会产生巨大的影响。企业要善于协调与政府部门的关系，深入研究相关的方针政策及变化趋势，从中发现机会，避免威胁。

法律与道德是同一个范畴，都是规范人们行为的准则。法律提供人们行为的下限，道德提供人们行为的上限；提倡道德是让人不做坏事，加强法制是让人恐惧做坏事后的制裁；道德规范人的思想，法制约束人的行为。化妆品企业从事市场营销活动时，既要有良好的职业道德，又要有强烈的法制意识。

我国关于化妆品监管方面的法律主要有：1993 年施行、2000 年修订的《产品质量法》、1994 年施行的《消费者权益保护法》等。行政法规主要有：1990 年施行的《化妆品卫生监督条例》、2005 年施行的《工业产品生产许可证管理条例》等。地方性法规、规章主要有：卫生部的《化妆品卫生监督条例实施细则》、国家质量监督检验检疫总局的《化妆品标识管理规定》、国家出入境检验检疫局的《进出口化妆品监督检验管理办法》、国家工商行政管理局（现已更名为“国家工商行政管理总局”）的《化妆品广告管理办法》等。

欧盟现行的化妆品法规——《化妆品规程》颁布于 1976 年，已经进行了 7 次修订。该规程是在欧盟各成员国协调的基础上产生的，它不代替各国的法规。成员国政府依据各自的具体情况建立自己的实施体系，负责规程的具体实施。近年来，由欧洲会同美国首先提出的化妆品法规国际一体化问题，在全球范围内日益受到化妆品相关各界的关注。从化妆品法规和基本的管理措施来看，除欧盟国家外，一些拉美国家和东南亚国家，以及英联邦国家等也采用了类似欧盟的管理模式，其主要特点是：化妆品定义范围广，该规程没有划分普通和功能性产品，均采用化妆品的一般管理原则和方式来管理；管理模式上以企业自律为主，产品安全不是政府监管部门的责任，企业是责任人；产品备案制度完善，使政府监管部门可以随时掌握企业必要信息；无上市前的审批许可，政府监管的重点环节放在产品上市后的监督。

美国对化妆品的管理比较健全，化妆品管理已纳入美国食品药品监督管理局（FDA）

的管理范畴。FDA由美国国会授权，确保化妆品的检验、上市和进出口，成为美国专门从事化妆品（包括食品与药品）管理的最高执法机关，并依据《联邦食品、药品和化妆品法》（FDCA），《商品包装和标签法》（FPLA）对化妆品标签、进出口和检验标准进行了严格的规定。美国化妆品监管建立在企业自律基础上，没有针对化妆品的事前注册许可程序，政府部门不对化妆品的安全性、有效性和标签进行审批。化妆品生产企业对产品安全性、成分和产品是否符合相关法律法规负有完全的责任。所有化妆品，包括从美国以外进口的，都以上述相同方式加以管理。只要化妆品符合所有适用的美国法规，就可以合法销售。

日本对化妆品和医药部外品监管的主要法律依据是《药事法》，监管主体单位是日本厚生劳动省。2001年之前，日本对化妆品和医药部外品都实行审批制，2001年日本《药事法》进行了修订，自2001年4月1日起取消了对化妆品的审批。日本对化妆品不实行审批制，企业按照政府的有关规定自行规范自己的生产行为，企业对产品的质量和安全性负全部责任。但企业在生产任何新产品之前，必须向当地卫生部门备案（仅备案产品名称），进口商进口新化妆品则要求进口商向当地卫生部门备案，企业对产品安全性负全部责任。对于化妆品生产所使用的原料，厚生劳动省将其分为两类来管理，第一类原料是“化妆品使用的防腐剂、紫外线吸收剂和焦油色素”，第二类是“除防腐剂、紫外线吸收剂和焦油色素之外的其他化妆品原料”。对于第一类原料，厚生劳动省发布“许可原料名单”，企业生产化妆品要使用此类原料时只能使用名单之内的原料，使用名单之外的原料必须经过审批。对于第二类原料，厚生劳动省发布“化妆品禁止使用成分和限制使用成分名单”，企业生产化妆品不得使用禁用物质，选用限用物质必须符合限用标准（包括浓度、用途、规格等），此名单之外的原料企业可任意使用，但要对其安全性负责。

【引例2-4】

化妆品行业或迎变革：国内外新规双向夹击

从2013年7月11日开始，所有在欧盟销售的化妆品必须强制遵守Regulation（EC）No. 1223/2009（化妆品GMP）法规，部分规定在这个日期前就要开始实行。这对中国化妆品企业来说，出口欧盟又将面临一道新坎。

新规定除了对在欧销售化妆品的责任人有了更明确的规定之外，对责任人的良好生产规范、化妆品安全报告、所使用纳米材料、产品标签、产品声明、分销商等方面也有了严格的限制措施。另外，该新规定所涉及的产品影响范围非常广，既包括乳霜、乳液、化妆水、凝胶等化妆护肤品，也包括润肤剂、肥皂、防臭剂、香水以及口腔护理等日常用品。新规定指定，不符合规定的化妆品将不得在欧盟成员国销售。

有业内人士表示，欧盟化妆品新规的实施将在一定程度上令我国化妆品的出口受到影响和限制。

化妆品行业对外出口不仅面临新坎儿，而且还将面对“史上最严”的化妆品卫生规范修订标准的考验。据了解，国家药监局此次刚截止收集《征求意见稿》，其拟修订标准与欧美接近，铅的标准甚至还要严于美国和日本。

国家药监局表示，现行的《化妆品卫生规范》主要偏重于产品安全要求，对化妆品研发、生产、使用等全过程安全监管的需要则无法满足。《征求意见稿》除了修订产品安全要求，还增加了化妆品原料安全要求和完善了禁限用物质表、通用检测方法、毒理学试验方法及人体安全评价方法标准等内容，大幅度提高整个化妆品行业的安全技术标准。有专家表示："此次征求意见稿一旦得到实施，将扭转国内外标准不一致的现象，保障消费者使用安全。"而对中国整个化妆品行业来说，则有可能出现一次化妆品企业的倒闭潮，也可能出现一些兼并重组的情况。

行业门槛或将提高。一个化妆品企业若想拿到欧盟的GMP认证，就必须建立一套GMP体系，并且向有资质的机构申请认证。GMP认证让企业面临两难的选择，不认证就要失去欧盟这一块市场，认证就要投入大量的人力、财力和物力，对产品、管理系统等各方面进行"升级"。"与皮肤接触的化妆品都要通过这个认证，否则就进不去乐购、沃尔玛、家乐福等超市。"业内人士表示。据了解，申请GMP认证，从验厂到拿到证书期间就要三四个月，而且费用偏高，第一次申请可能要几万元的费用，以后每年还要交7 000~8 000元。

而在国内，《征求意见稿》一旦实施，中低端品牌首当其冲，如果不对自身产品、技术进行"升级"，将面临被行业淘汰的危机。据了解，本土高端品牌由于多采用国外标准生产，生产工艺和产品质量早已形成规范管理，而中低端品牌对《征求意见稿》修订的新标准还"有些不适应"。业内人士指出，安全技术标准的制定带来的必然结果是整个行业的门槛提高，中高端的企业可能会从中获益，而对大量低端化妆品企业则将形成冲击。

（资料来源：中国新闻网 http://www.chinanews.com/，略有修改）

【小思考】

你认为小型化妆品企业的发展之路在哪里？

2.2.5　科学技术环境

科学技术是影响人类前途和命运的最大的力量，是"第一生产力"。科学技术是一种"创造性的毁灭力量"。它有利于化妆品企业改善经营管理，同时也影响零售商业结构和消费者购物习惯。技术的进步对市场营销的影响，更为直接和显著。

化妆品企业开展市场营销应注意以下几个趋势：①技术变化的步伐加快；②创新的机会无穷；③研究与开发预算很高；④关于技术革新的法规增多。

2.2.6　社会文化环境

社会文化主要是指一个国家、地区或民族的传统文化，如教育水平、风俗习惯、伦理道德观念、价值观念等。人们在不同的社会文化背景下成长和生活，各有其不同的基本观念和信仰，这是在不知不觉中形成的一种行为规范。一个社会的核心文化和价值观念具有高度的持续性，它是人们世代沿袭下来的，并且不断得到丰富和发展，影响和制约着人们的行为，包括消费行为。化妆品企业的营销人员在产品和商标的设计、广告和服务的形式等方面，要充分考虑当地的传统文化，充分了解和尊重传统文化，在创新的时候也不要与核心文化和价值观念相抵触，否则，将遭受不必要的损失。

【引例2－5】

各国审美标准差别很大！

西方人以棕褐色为美，东南亚人酷爱皮肤白皙，这被认为是富有、美丽及社会地位的象征。过去10年，白皮肤开始在亚洲风行，特别是泰国，很难找出不含美白成分的化妆品。在中国、马来西亚、菲律宾、韩国等国家，四成女性都使用美白化妆品。

韩国女性钟情于重睑手术（割双眼皮），她们认为这种手术会让眼睛更大更圆，显得更美丽。过去几年，整形手术在亚洲兴起，韩国尤其突出。研究人员估计十分之一的韩国成年人都接受过整容手术。

伊朗是世界“整鼻之都”，男男女女都将拥有美丽的鼻子视为展示美丽和地位的方式。

西非部分地区依然盛行传统的美丽观念，胖女人被认为是最有魅力的。

世界上最著名的巴西美女都以“吉他体型”闻名，这种体型被视为健康和富有的象征。但是西方媒体却表示过分减肥追求臀部和背部苗条曲线的巴西女性是不健康的。

在新西兰，本土毛利文化复苏，很多男女喜欢在脸上画一种名为moko的文身。

缅甸少数民族“卡扬人”女性以长颈为美。她们很小的时候就开始将铜圈套在脖子上，随着年龄的增加，不断增加铜圈。

以法国为代表的欧洲部分国家崇尚自然美。

（资料来源：http://finance.qq.com/a/20120723/001017.htm）

2.3 化妆品微观营销环境

化妆品企业营销管理的任务就是要不断向目标市场提供对其有吸引力的产品或服务。要想成功地做到这一点，化妆品企业的营销管理者不仅要关注目标市场的需求，而且要了解企业营销活动的所有微观环境因素。微观环境因素包括企业、供应者、营销中介、顾客、竞争者和公众等。每个企业的营销目标都是在营利的前提下为目标顾客服务，满足目标市场的特定需求。要实现这个任务，企业必须把自己与供应者和营销中介联系起来，以接近目标顾客。供应者—企业—营销中介—顾客，形成企业的基本营销系统。此外，企业营销的成败还要受另外两个因素的影响：一是竞争者，二是公众。

2.3.1 企业内部环境

企业内部环境是指企业内部的物质、文化环境的总和，包括企业资源、企业能力、企业文化等因素，也称企业内部条件，即组织内部的一种共享价值体系，包括企业的指导思想、经营理念和工作作风。

企业内部环境是有利于保证企业正常运行并实现企业利润目标的内部条件与内部企业环境氛围的总和，它由企业家精神、企业物质基础、企业组织结构、企业文化构成，四者相互联系、相互影响、相互作用，形成一个有机整体。其中，企业家精神是内部环境生发器，企业物质基础和企业组织结构构成企业内部硬环境，企业文化是企业内部软环境。企业内部环境的形成是一个从低级到高级、从简单到复杂的演化过程。企业内部环境管理的目标就是为提高企业竞争力，实现企业利润目标营造一个有利的内部条件与内部氛围。

企业内部环境分析的内容包括很多方面，如组织结构、企业文化、资源条件、价值链、核心能力分析、SWOT 分析等。按企业的成长过程，企业内部环境分析又分为企业成长阶段分析、企业历史分析和企业现状分析等。

【引例2－6】

专业线明星企业——华好集团

华好集团是一家以美容科技为核心，集美容化妆品研发制造、连锁经营、高职教育、品牌行销、市场研究和终端服务于一体，并涉及生物科技、健康保健等领域的大型综合性集团公司，创建于2002年，前身为“中国美容业杰出贡献企业、改革开放30周年杰出贡献企业”——尹姬企业。广东华好集团有限公司包括所控股的广州市尹姬美容科技有限公司、广州市尹姬化妆品制造有限公司、广州市劳莎化妆品有限公司、蓝婷化妆品有限公司等子公司，以及蓝亿生物科技有限公司、华好学院、楚伊美容会所运营公司的管理机构，拥有“尹姬、劳莎、尹妃、尹媚”四大知名品牌，成功实现了由起步、发展到蜕变的跨越式发展，成为声誉卓著的中国美容业著名明星企业。华好企业文化如下。

1. 一大使命

经营美，创造美，传播美

2. 两个坚持

坚持诚信经营
坚持品牌创新

3. 三重观念

价值观：华谐诚合，好德载物
人生观：用心学习，专心工作，开心生活
职业观：专业，专心，专注

4. **四项原则**

既要效益，更要品牌
既重过程，更重结果
没有功劳，就是过错
要么执行，要么走人

5. **五种精神**

学无止境的精神
求真求实的精神
雷厉风行的精神
苦于干事的精神
齐心协力的精神

6. **六必牢记**

完不成工作任务不行
不服从上级领导不行
不执行公司制度不行
自私自利太计较不行
没真本事混日子不行
工作态度怠慢懒散不行

7. **七本真经**

好口碑胜过金碑银碑
好产品永远是第一位
好服务价值高于一切
好品德是自立自强之本
好心态是一切成事的前提
好人脉是走向成功的通行证
好效率是检验工作绩效的标准

（资料来源：华好集团官网 http://www.hua-h.com/）

【小思考】

在华好的企业文化里，哪一点对你最有触动？

2.3.2 生产供应商

生产供应商是指对化妆品企业进行生产所需而提供特定的原材料、辅助材料、设备、能源、劳务、资金等资源的供货单位。这些资源的变化直接影响到企业产品的产量、质量以及利润，从而影响企业营销计划和营销目标的完成。供应商对企业营销的影响作用表现在以下几个方面。

1. **供应的及时性和稳定性**

原材料、零部件、能源及机器设备等货源的保证供应，是化妆品企业营销活动顺利进行的前提。如化妆品企业不仅需要多种化学成分及天然植物等原料来进行加工，还需要设备、能源作为生产手段与要素，任何一个环节在供应上出现了问题，都会导致企业的生产活动无法正常开展。为此，企业为了在时间上和连续性上保证得到货源的供应，就必须和供应商保持良好的关系，必须及时了解和掌握供应商的情况，分析其状况和变化。

2. **供应的货物价格变化**

供应的货物价格变动会直接影响企业产品的成本。如果供应商提高原材料价格，必然会带来企业的产品成本上升。生产企业如提高产品价格，会影响市场销路；如保持价格不变，则会减少企业的利润。为此，企业必须密切关注和分析供应商的货物价格变动趋势，早做准备，积极应对。

3. **供货的质量保证**

供应商能否供应质量有保证的生产资料直接影响到企业产品的质量好坏，并进一步影响到销售量、利润及企业信誉。例如劣质玫瑰花难以提炼出优质的玫瑰精油，因而很难生产出质量上乘的玫瑰香水。为此，企业必须了解供应商的产品，分析其产品的质量标准，从而保证自己产品的质量，赢得消费者，赢得市场。

2.3.3　营销中介机构

1. **中间商**

中间商是指把产品从生产商流向消费者的中间环节或渠道，它主要包括批发商和零售商两大类。中间商对企业营销具有极其重要的影响，它能帮助企业寻找目标顾客，为产品打开销路，为顾客创造地点效用、时间效用和持有效用。一般企业都需要与中间商合作，来完成企业营销目标。为此，企业需要选择适合自己营销方式的合格中间商，必须与中间商建立良好的合作关系，必须了解和分析其经营活动，并采取一些激励性措施来推动其业务活动的开展。

2. **营销服务机构**

营销服务机构是指企业营销中提供专业服务的机构，包括广告公司、广告媒介经营公司、市场调研公司、营销咨询公司、财务公司等。这些机构对企业的营销活动会产生直接的影响，它们的主要任务是协助企业确立市场定位，进行市场推广，提供活动方便。一些大企业或公司往往有自己的广告和市场调研部门，但大多数企业则以合同方式委托这些专业公司来办理有关事务。为此，化妆品企业需要关注、分析这些服务机构，选择最能为本企业提供有效服务的机构。对化妆品企业来讲，挑选出一家适合自己的优秀广告公司代理化妆品广告业务是非常关键的。

【小讨论】

说说你看到过的印象最深的化妆品广告。它的吸引点是什么？

3. **物资分销机构**

物资分销机构是指帮助企业进行保管、储存、运输的物流机构，包括仓储公司、运输公司等。物资分销机构的主要任务是协助企业将产品实体运往销售目的地，完成产品空间位置的移动。到达目的地之后，还有一段待售时间，还要协助保管和储存。这些物流机构是否安全、便利、经济直接影响企业营销效果。因此，在企业营销活动中，必须了解和研究物资分销机构及其业务变化动态。

4. **金融机构**

金融机构是指企业营销活动中进行资金融通的机构，包括银行、信托公司、保险公司等。金融机构的主要功能是为企业营销活动提供融资及保险服务。在现代化社会中，任何企业都要通过金融机构开展经营业务往来。金融机构业务活动的变化还会影响企业的营销活动，比如银行贷款利率上升，会使企业成本增加；信贷资金来源受到限制，会使企业经营陷入困境。为此，企业应与这些机构保持良好的关系，以保证融资及信贷业务的稳定和渠道的畅通。

2.3.4 顾客

顾客是指使用进入消费领域的最终产品或劳务的消费者和生产者，也是企业营销活动的最终目标市场。顾客对企业营销的影响程度远远超过前述的环境因素。顾客是市场的主体，任何企业的产品和服务，只有得到了顾客的认可，才能赢得这个市场。现代营销强调把满足顾客需要作为企业营销管理的核心，对化妆品企业来说更是如此。

俗话说“顾客就是我们的上帝”，顾客能够给我们带来财富。衡量一个化妆品店成功的标准，就要看来的顾客有多少，顾客对我们的满意度如何，当顾客进行投诉时，我们是否能够认真对待。有时候不要把顾客的投诉看成是问题，而应把它当作是天赐良机，所谓“抱怨是金”。当顾客抽出宝贵的时间，带着他们的抱怨与你接触时，也是免费向你提供了应当如何改进业务的信息。

【引例2-7】

顾客选购化妆品更挑剔

随着冬季的来临，化妆品呈旺销趋势，商家们也推出各种活动吸引消费者。但是商家发现女士们近来选择化妆品的角度有所变化，大家更倾向于选择适合自己的产品，而并不太注重品牌价格等因素。

化妆品柜台增加的顾客让营业员们忙得不亦乐乎，她们不单是忙着拿货品，还忙着给顾客试妆。一位营业员告诉记者，现在女性买化妆品是越来越挑剔了，一个品牌的不同产品要一个个试，不同的品牌也要试一下，要在选出最适合自己的产品后才肯掏腰包，所以给每位顾客仔细试妆就够忙活的了。

（资料来源：中国化妆品网 http://www.zghzp.com/，略有修改）

【小讨论】

面对越来越挑剔的化妆品消费者，你有何方法和技巧一一化解他们的挑剔？

2.3.5　竞争者

竞争者与企业服务于同一群顾客。也就是说，企业的整个营销系统都被竞争者包围着。反过来，企业也包围着其他同行企业。他们是企业的直接威胁者，企业必须随时了解和监视竞争者。从购买者的角度来观察，每个企业在其营销活动中，都面临4种类型的竞争者。

1. 愿望竞争者

愿望竞争者是指满足购买者当前存在的各种愿望的竞争者。一个消费者在一定时期内有时会有许多想要满足的愿望，如既要美白皮肤，又要保持身材，可能还想出国旅游。

2. 平行竞争者

平行竞争者是指能满足同一需要的各种产品的竞争，如要满足减肥的需要可选经络按摩减肥、抽脂减肥、药物配合减肥、食疗减肥等，它们之间是平行竞争者。

3. 产品形式竞争者

产品形式竞争者是指满足同一需要的同类产品不同形式间的竞争，如美国宝洁公司玉兰油品牌和中国的伽蓝公司自然堂品牌都有美白系列的美白润肤霜，他们就是产品形式竞争者。

4. 品牌竞争者

品牌竞争者是指满足同一需要的同种形式产品的各种品牌之间的竞争，如护肤类品牌有伊丽莎白·雅顿、赫莲娜、自然堂、资生堂、雅诗兰黛等牌子，这种品牌之间的竞争，即同行业者之间的竞争是要着重研究的。

每个化妆品企业都应当充分了解：目标市场上谁是自己的竞争者，竞争者的策略是什么，自己同竞争者的力量对比如何，以及他们在市场上的竞争地位和反应类型，等等。在竞争中取胜的关键在于知己知彼，扬长避短，发挥优势。

2.3.6 公众

社会公众是企业营销活动中与企业营销活动发生关系的各种群体的总称。公众对企业的态度，会对其营销活动产生巨大的影响，它既可能有助于企业树立良好形象，也可能妨碍企业形象。所以企业必须处理好与主要公众的关系，争取公众的支持和偏爱，为自己营造和谐、宽松的社会环境。企业所面临的公众包括以下七类。

1. 金融公众

金融公众是指关心并可能影响企业获得资金的能力的团体，如银行、投资公司、证券交易所和保险公司等。

2. 媒体公众

媒体公众主要是指报社、杂志社、广播电台和电视台等大众传播媒体。这些组织对化妆品企业的声誉具有举足轻重的作用。

3. 政府公众

政府公众是指有关的政府部门。营销管理者在制订营销计划时必须充分考虑政府的政策。企业必须向律师咨询有关产品安全卫生、广告真实性、商人权利等方面可能出现的问题，以便同有关政府部门搞好关系。

4. 社团公众

社团公众是指消费者组织、环境保护组织及其他群众团体，如美容院可能遇到消费者家属对消费者使用产品、服务安全性的质询。20 世纪 60 年代以来国际上日益盛行的消费者保护运动，是一股不可忽视的力量。

5. 社区公众

社区公众是指企业所在地附近的居民和社区组织。企业在营销活动中，要避免与周围公众利益发生冲突，应指派专人负责处理这方面的问题，同时还应注意对公益事业做出贡献。

6. 一般公众

一般公众是指社会上的社会民众和消费者。企业需要了解一般公众对它的产品和活动的态度。企业形象，即在一般公众心目中的形象，对企业的经营和发展有重要意义，要力争在一般公众心目中建立良好的企业形象。

7. **内部公众**

内部公众是指企业内部的公众，包括董事会、经理、“白领”员工、“蓝领”员工等。近几年，许多公司提出了“内部营销”这一新概念，这是营销理论在企业内部的运用。内部营销观念强调企业内每一员工都有其内部供应者和内部客户，每一员工都要通过自身的努力与内部供应者搞好关系，协调运作；同时尽力满足内部客户的各种需要，共同实现企业的战略目标。大企业通常发行内部通信，对员工起沟通和激励作用，以加强内部交流，提高工作效率。内部公众的态度还会影响企业与外部公众的关系。

【引例2-8】

10家民间环保组织“审问”化妆品超标

2012年3月至4月期间，达尔文自然求知社、重庆两江志愿服务发展中心、东莞市绿色珠江环保促进中心、上海绿洲生态保护交流中心等10家民间环保组织从网上商店和北京、重庆、上海、天津等城市的商场、超市、精品店、批发市场等地随机购买了477种美白祛斑类化妆品进行重金属含量检测。检测结果表明，477种被检测的产品中，有112种产品汞含量超标。

项目负责人、民间环保组织达尔文自然求知社的王秋霞说，在所有抽检的产品中，有112种美白和祛斑产品汞含量超过了国家标准1 ppm（毫克/千克），占所有抽检产品数量的23%；有44种产品超过了国家标准对化妆品中砷含量的规定；有20种产品超过了国家标准对化妆品中铅含量的规定。112种超标产品中，有23种汞、砷和铅含量同时超标。其中，汞含量最高的产品超过国家标准4万倍。

“所选的化妆品虽然不是知名品牌，但在市场上很受欢迎。因为这些中低档化妆品价格低廉并出现暂时性的美白祛斑效果，而负面反应又有滞后性、隐蔽性，因而受到广大消费者，特别是中低收入消费者的青睐。”王秋霞说。

不少化妆品生产企业对民间组织采用的检测方式存在争议。但是，民间组织提供给记者的检测结果不但表明违规化妆品畅销通行与相关部门的监管疏漏有关，也表明化妆品领域的相关制度还有待完善。

（资料来源：和讯网新闻频道 http://www.news.hexun.com/，略有修改）

【小思考】

化妆品企业如何与社会组织建立起一种良性、和谐的关系？

2.4 化妆品营销环境分析

2.4.1 环境威胁与市场机会

市场营销环境通过对企业构成威胁或提供机会而影响营销活动，分析营销环境的目的在于寻求营销机会和避免环境威胁。

1. **环境威胁**

环境威胁是指环境中不利于企业营销的因素及其发展趋势对企业形成的挑战或对企业的市场地位构成的威胁。这种挑战可能来自国际经济形势的变化，也可能来自于社会文化环境的变化，如国内外对环境保护要求的提高，某些国家实施绿色堡垒，对于某些产品不完全符合新环保要求的生产无疑是一种严峻的挑战。

2. **市场机会**

市场机会是指由环境变化造成的对企业营销活动富有盈利和利益空间的领域。在这些领域中，企业拥有竞争优势。市场机会对不同企业有不同的影响，企业在每一特定市场机会中成功的概率，取决于其业务实力是否与该行业所需要的成功条件相符。如企业是否具备实现营销目标所必需的资源，企业是否能在同一市场机会中比竞争者获得更大的差别利益。

在现实生活中，机会和威胁往往同时并存。营销管理者的任务就在于，善于抓住机会，克服威胁，以有力措施迎接市场上的挑战。

【引例 2 -9】

化妆品瓶企业未来机会在国内

据相关数据反映，到 2015 年，中国的化妆品市场容量将达到 2 300 亿元，中国未来化妆品市场将保持 15% 的增长率，这串数据背后蕴藏着巨大的市场机会和丰厚的市场利润。对中国化妆品市场来说，一直以来，洋品牌都占据着绝对优势，而国产品牌经过多年发展后，也开始在消费者心中逐渐建立起影响力。

对化妆品瓶企业来说，只要你逛一逛广州美博城，大部分化妆品瓶厂家仍然把国外市场作为主要的市场。而国内化妆品瓶市场却被我们很多企业所忽略了，这主要是一直以来国内化妆品企业所占市场份额不高造成的。然而，市场总是在发生着改变，面对形形色色的化妆品，部分消费者不再盲目追求价格昂贵的“洋货”，一些口碑较好的国内化妆品也受到了追捧。基于这样的市场变化，化妆品瓶企业在抓住国外市场的同时，应积极开拓国内市场，这才是未来市场的主要机会。

（资料来源：http://www.chinabzp.com/ypnew_ view.asp?id =6129）

2.4.2　SWOT 分析法

SWOT 分析法是把组织内外环境所形成的机会（opportunities）、威胁（threats）、优势（strengths）、劣势（weaknesses）四个方面的情况，结合起来进行分析，以寻找制定适合本组织实际情况的经营战略和策略的方法。

SWOT 分析主要是分析出企业所处的各种环境因素，即外部环境因素和内部环境因素。外部环境因素包括机会因素和威胁因素，它们是外部环境中直接影响企业发展的有利因素和不利因素，居于客观因素。内部环境因素包括优势因素和弱点因素，它们是企业在其发展中自身存在的积极因素和消极因素，属主动因素。在调查分析这些因素时，不仅要考虑企业的历史与现状，还要考虑企业未来的发展。将调查得出的各种因素根据轻重缓急或影响程度等排序，构造 SWOT 矩阵。在这个过程中，要将那些对企业发展有直接的、重要的、大量的、迫切的、久远的影响因素优先排列出来，而将那些间接的、次要的、少许的、不急的、短暂的影响因素排在后面。

优势—机会（SO）战略是一种发展企业内部优势与利用外部机会的战略，是一种理想的战略模式。当企业具有特定方面的优势，而外部环境又为发挥这种优势提供有利机会时，可以采取该战略。例如良好的产品市场前景、供应商规模扩大和竞争对手有财务危机等外部条件，配以企业市场份额提高等内在优势即可成为企业收购竞争对手、扩大生产规模的有利条件。

劣势—机会（WO）战略是利用外部机会来弥补内部弱点，使企业改劣势而获取优势的战略。存在外部机会，但由于企业一些内部弱点而妨碍其利用机会时，可先采取措施克服这些弱点。

优势—威胁（ST）战略是指企业利用自身优势，回避或减轻外部威胁所造成的影响。如竞争对手利用新技术大幅度降低成本，给企业造成很大成本压力；材料供应紧张，产品价格可能上涨；消费者要求大幅度提高产品质量；企业还要支付高额环保成本等。但若企业拥有充足的现金、熟练的技术工人和较强的产品开发能力，便可利用这些优势开发新工艺，简化生产工艺过程，提高原材料利用率，从而降低材料消耗和生产成本。另外，开发新技术产品也是企业可选择的战略。新技术、新材料和新工艺的开发与应用是最具潜力的成本降低措施，同时它可提高产品质量，从而回避外部威胁影响。

劣势—威胁（WT）战略是一种旨在减少内部弱点，回避外部环境威胁的防御性技术。当企业存在内忧外患时，往往面临生存危机，降低成本也许可成为改变劣势的主要措施。

表 2-1　SWOT 分析模型表

项目	strengths 列出优势	weaknesses 列出劣势
opportunities 列出机会	SO 战略 发挥优势，利用机会	WO 战略 利用机会，克服劣势
threats 列出威胁	ST 战略 利用机会，避免风险	WT 战略 使劣势最小，避免风险

郑春影——未来跻身世界

郑春影的办公室里最吸引人眼球的是左手窗台边一长溜的展示台，上面密密麻麻挤放着几百瓶各种国际品牌的化妆品，这其中当然也有伽蓝集团的“自然堂”。

“这些都是我的个人收集。”郑春影说。他表情严肃，身穿西服套装，低调而经典。老实说，第一眼很难将这位企业家和他身后的粉色系“化妆品军团”联系在一起。

“市场上所有的化妆品品牌我都会关注，然后买回来研究。尤其是那些有品牌特色或品质好，但不被大家了解的产品。”十几年来，郑春影已将逛街——主要逛各大商场的一楼化妆品区，变成了工作和兴趣的一部分，上海的徐家汇和淮海路商圈留下了他最多的脚印。十几年来，他也由当年手捧“金饭碗”的财政局公务员，转型成为国内化妆品集团企业的董事长。

1. 多年前的那个深夜

很多年后，郑春影依然常常想起那个夜晚。“我是在辽阳农村长大的孩子，初中时喜爱几何、物理，那都只是兴趣，真正立志是在高一。记得某天夜里，我半夜两点醒来，一睁眼——当时农村晚上一般不拉窗帘，透过窗户望出去就是山，看到天空中挂着一轮明月，特别圆特别大。月光下，山的轮廓非常清晰，还能看到山上婆娑的树影。一瞬间，我的心里突然有种特别强烈的感觉：这个世界是如此美好，这么美好的时间，躺着睡觉是不是太浪费了？那一晚我没睡着。”

郑春影当时还不知道什么是失眠，但在开创伽蓝集团后的许多年里，他每天都要工作12~16小时，一直忙到下半夜才睡，“好像我的一天有28个小时”。

那次失眠后不久，农村开始“改革开放”，实行分产到户。每家都分到了几亩田，郑春影上课之余也要去种地。“在炎热的天气里挥舞锄头，真是一颗汗珠摔八瓣哪。我当时一边劳动一边想，自己这辈子是不是就在农村种地了？那一刻，我发誓要走出农村。”

当时，走出去的唯一出路就是参加高考。于是原来学习不用功、偏科严重的郑春影开始奋起直追。从高二起，他每天凌晨两三点就起床学习，晚上一直看书到熄灯，天天如此。1982年，他最终如愿以偿，考入了东北财经大学商业经济管理系。

大学毕业后的郑春影，被分配进了辽宁省辽阳市财政局当公务员，这对于当时的农村家庭而言，真算是“金饭碗”了。“公务员也算是官啦。”郑春影的父母特别高兴，但他却渐渐感到乏味。“每天重复同样的事，都知道明天是怎么个活法，工作中体会不到激情和价值，没滋味。”1996年，工作刚满10年的郑春影提交了辞职报告。

2. 创造中国人自己的世界级品牌

辞职前，他已经瞅准了一处商机。“有个朋友开美容院，我偶尔去店里看看，发现女性很舍得对自己的容貌投资。”当时的辽阳，普通人月工资才三四百元，但不少女性却愿意花上几千元做美容。

“我慢慢了解了，容貌对女性的影响很大，美容是她们的精神需要。”商业经济管理系毕业的他，准备向美容行业进军。

据此前的媒体报道，1997 年，郑春影随身仅带了 2 000 元现金来到沈阳，与弟弟借了一处门面房开了一家很小的美容院。尔后，他用了仅仅 5 年时间就发展到拥有 3 间化妆品厂和 5 家美容化妆品公司。如今公司旗下拥有“自然堂”“美素”“雅格丽白”“医婷”四大品牌、4 个生产基地，在全国 31 个省市（自治区）拥有 26 818 个零售网络，2012 年销售额达 40 亿元。

2001 年，郑春影与在上海第一批招聘的 6 名员工，正式将企业公司化——这些人如今已是公司的各级主管。在这座“国内首屈一指的时尚前沿阵地”，他开始摩拳擦掌，准备好好干一场。此前，郑春影对上海的印象只是“一声汽笛，一幢外滩钟楼”，所以当他第一次来到上海走出陆家嘴地铁站时，“惊讶极了，上海竟如此现代化。”

写文案、手绘草图、设计包装、选材料、开模具、测试配方、跟进生产、推广、培训员工……郑春影就这样在上海开始了崭新的、辛苦的，也是更重要的创业之路。

“每种新产品，我都是第一个使用者。”作为男人，郑春影的皮肤确实不错。他说自己每天也会用护肤品，“就凑合着用公司的女性产品呗。三部曲，洗完脸，抹上爽肤水，涂点乳液或面霜，有时还用眼霜。”这一方面是保养，另一方面是对自己公司新研制的产品进行试用，遇到不满意的产品，他就要回公司提意见。

郑春影说自己和其他国内同行的区别在于：起点高，在创业之初就定下目标——“创造中国人自己的世界级品牌”。“1997 年，国内同行关注的都是眼前的国内品牌，大部分（品牌）现在都没了。而我关注的是 Dior、欧莱雅、宝洁集团等。”“我们一直谋划在前。2005 年提出‘3 年内成为消费者广为认可的品牌’，2009 年提出‘10 年的国际化品牌战略’。一切都在规划之内。”

他说自己是“第二拨崛起的国内化妆品企业中第一个品牌化”的人。在办公室内，他向记者展示了还未对外公布的“美素”品牌广告板——大团的牡丹铺满画面，代言人舒淇的妆容惊艳，整体风格既像精致的昆曲，又有“像是日本品牌”的错觉。

3. 人到四十，时间紧迫

在上海世博会浦西园区，有一座“中国民企联合馆”，由国内 16 家领军企业共同出资建设，包括复星集团、阿里巴巴、民生银行、红星美凯龙、美特斯邦威等，郑春影的伽蓝集团也在其中。他们被称为“中国民企第一阵容”。

“当初布展时我们讨论，民企作为社会的一部分，怎么去表现？最后达成共识，不展示产品，大家讲故事。”郑春影告诉记者，他们用太极演绎出了四季轮回的故事，“从民企诞生时的弱小，到现在支持着国内 90% 的社会就业人口，创造 66% 的 GDP，我们正在从冬天走向春天。”

郑春影第一次在“民企馆”看到表演时，想起了自己辞职创业的过程，想起了这些年经历的各种事，眼里含着泪。“一晃离职已经 14 年了。身在其中，有感而发。”

感慨之余，他还有很多事要做。“先当学生，看其他国家馆的布置、理念。比如意大利馆的工作人员都穿 Prada，法国馆 7 件国宝后紧跟的就是 LV，可见他们的务实——世博会从工业博览到展示世界文明，最终目的是商业。”

为了学习各国的品牌创意，郑春影还在公司成立了一个小组，专门收集世博园区数百个场馆的造型、展品和演艺活动等资料，作为今后的“创意库”。

“看到了法国、意大利产品的艺术表现力非常强，看到了别人运用的顶尖科技我们都用过，看到了我们离世界其实并不太远，让我更有信心。”

郑春影的家以前就在公司附近，有时加班到半夜一两点，他都会一路走回去。每当此时，他就会和高一时的那个深夜一样，心生感慨。“白天的城市很喧嚣，但下半夜路上几乎没车，也很少有行人。天上有月亮有星光，耳边只有虫鸣、树的沙沙作响，我感觉午夜的世界好像是不属于我们的。”

所以他常常有时间很紧迫的感觉，总觉得把时间浪费在睡觉上是很奢侈的，应该工作。时间对大家都是公平的，每个人 1 天都是 24 小时。8 小时之内求生存，8 小时之外求发展！当别人休息之时，才是超越的时刻，所以他的时间是一天“28 小时”。

“身边的很多同学说，哎呀到了四十了，该享受生活了。但我的想法是：都四十了，人生还有几个十年？一定得在有生之年实现理想，走向世界。”郑春影说。

（资料来源：美容人才网 http://www.138job.com，略有修改）

案例思考：

1. 从郑春影身上你读懂了什么？
2. 你认为一家化妆品企业能持续成功发展的关键因素有哪些？

训练项目：起草 A 品牌营销环境分析报告。

训练目的：

（1）能正确认识到一家企业撰写营销环境分析报告的目的和意义。

（2）能掌握企业营销环境分析的重要环节和内容。

（3）能熟练运用营销环境的 SWOT 分析工具。

训练时间：70 分钟。

训练组织：

（1）组建训练团队，分 5 个团队，每个团队 6 ~ 8 人，每个团队均起草一份方案。

（2）现场讨论、查找相关资料，讨论出营销环境分析报告框架和结构。

（3）团队分工，明确团队成员间各自所要完成的任务。

（4）团队分工协助在实训室查找资料，整理文字，形成报告初步文案。

（5）团队成员整理成员间的文案资料，形成一个整体初步文案。

（6）各团队派代表上台，以 PPT 形式演示方案。

（7）团队之间互评表现，最后由教师整体评价，并给予指导。

考核标准：

（1）营销环境分析报告结构是否清晰、合理。

（2）分析报告的总结部分是否充分、得体。

（3）PPT 方案的演示能力是否到位。

美容化妆品专业术语及中英文对照

一、化妆品/护肤品/洗涤

护肤：skin care
洗面奶：facial cleanser
爽肤水：toner/astringent
紧肤水：firming lotion
柔肤水：toner/smoothing toner
护肤霜：moisturizers and creams
隔离霜，防晒：sun screen
露：lotion，霜：cream
日霜：day cream
晚霜：night cream
眼部啫喱：eye gel
面膜：facial mask
眼膜：eye mask
磨砂膏：facial scrub
去死皮：exfoliating scrub
润肤露：lotion/moisturizer
护手霜：hand lotion/moisturizer
沐浴露：body wash

二、化妆品/彩妆

彩妆：cosmetics
遮瑕膏：concealer
粉底：foundation
眉粉：brow powder
眉笔：brow pencil
眼线液（眼线笔）：liquid eye liner
眼影：eye shadow
睫毛膏：mascara
唇线笔：lip liner
唇膏：lip color/lipstick
唇彩：lip gloss/lip color
腮红：blush
卸装水：makeup remover
卸装乳：makeup removing lotion
美甲：manicure/pedicure
指甲油：nail polish/color/enamel
去甲油：nail polish remover
护甲液：nail saver
洗发水：shampoo
护发素：hair conditioner
焗油膏：conditioning hairdressing
摩丝：mousse
发胶：styling gel
染发：hair color
冷烫水：perm/perming formula
卷发器：rollers/perm rollers

三、化妆品/化妆工具

工具：cosmetic applicators
粉刷：cosmetic brush，face brush
粉扑：powder puffs
海绵扑：sponge puffs
眉刷：brow brush
口红刷：lip brush
胭脂扫：blush brush
转笔刀：pencil sharpener
电动睫毛卷：electric lash curler
描眉卡：brow template
纸巾：facial tissue
吸油纸：oil-absorbing sheet

（资料来源：百度文库 http://wenku.baidu.com/，略有修改）

项目三

进行化妆品市场分析

知识目标

- 了解市场调研、市场细分、市场定位等相关概念。
- 了解市场调查和市场预测的相关方法。
- 掌握市场细分的步骤和依据。
- 掌握市场定位的依据和策略。

技能目标

- 能设计出一份相对完整的化妆品调查问卷。
- 能对某化妆品的销量进行比较科学的市场预测。
- 能对化妆品的消费人群进行较为系统科学的市场细分。
- 能对特定的化妆品进行较为独特的市场定位。

A 品牌化妆品企业计划在未来半年内在 A 市进行产品投产和销售，计划前期一到两年内只投产美白补水系列的化妆品，但对市场的把控不是特别准。公司成立了专门的市场部，设经理 1 人，主管 1 人，市场人员 1 人。

任务 1：针对 A 市 150 位 25 ~45 岁的职业女性进行一次访问调查。

任务 2：针对 A 市 800 位 25 ~45 岁的女性开展一次问卷调查。

任务 3：根据各项调查结果进行整理分析，写一份完整的调查报告。

任务 4：根据调查报告的情况对 A 产品进行科学的顾客细分。

任务 5：针对 A 品牌美白补水产品进行一个系统独特的市场定位。

克丽缇娜：全球最大美容连锁开店秘诀

15 年，3 000 余家店。1989 年创办于台湾，1997 年进入大陆，美容连锁品牌“克丽缇娜”一路攻城略地，在一线城市站稳脚跟，又将它的粉红色招牌挂到二、三、四线城市。克丽缇娜是中国资历最深，连锁网络规模最大的美容机构，实际上，它的店铺数量(不包括台湾地区）已经达到全球第一。

在克丽缇娜之前，其创始人陈武刚的经历很容易让人联想到“发明家”：他对很多学科颇有研究，曾经发明过多种产品，不少产品是由于需求而改造。他曾把瓦斯橡皮管改造为原理类似于手风琴、可以折叠、不会磨损和断裂的金属管；也曾因为希望用最好的不锈钢去制成管道，而被其他模仿者用“马口铁”抢占先机，失去市场，最后“死得很惨”。

屡战屡败后他选择了美容行业。“化妆品是日不落的行业。世界各国的女人，没有化妆品就活不下去。”他的第一款产品是 pH 值为弱酸性的“洁面霜”，在全台湾都在用肥皂洗脸时，克丽缇娜第一个提出皮肤表面是介于 pH 5. 5 ~6. 5 之间的弱酸性，破坏 pH 正常值会让皮肤降低抗菌能力。起初所有人都感到惊讶，后来却成了时尚。

产品的畅销得益于直销。“我当时是用发明的脑筋来自建渠道，希望我跟一般的化妆品公司不一样。如果我也去做批发，经过很多个渠道，消费者最后都不认识我。”用陈武刚的话来说，他最爱的销售风格是“进了工厂，扭头又去卖产品”。

1989 年陈武刚成立克丽缇娜“国际事业体”，第二年就先后进驻印尼、中国香港、马来西亚、美国，但中国大陆这步棋走得很慢。1993 年他就来大陆考察，失望而归：“马路上人们的穿着、发型都大同小异，而我们又要销售健康和美丽。”

此后他每年都来大陆，每年都在清晨跑到菜市场“踩点”——他觉得菜市场是消费水平的一个信号。“1995 年感觉有些味道了，外地的菜能够过来卖，买肉的也多了，1996 年就更丰富了，我说好，差不多可以做克丽缇娜了。”这时在台湾，克丽缇娜的占有率早已领先第二名。“1998 年在台湾的营业额相当于人民币 20 亿元，外国的品牌也比不过我。”

陈武刚的愿景是在大陆遍地开花，“开很多家店”。他把总部设在上海，先把华东、华中作为大本营来往外拓展，而且他也沿用了做产品的老思维：“上海这个地方极冷极热，气候有特殊性。”

“开连锁店，就像把一个石头丢在平静的湖面上，它会起涟漪，从中心开始慢慢地往外扩散，你的管理、你的运输、你的所有资源就不会浪费。大陆市场太大了，就如同一个世界，如果你没有思考周全，两三下功夫就垮了。”

克丽缇娜的角色的确有些特殊，有产品，也有连锁美容机构，且都是同一个品牌。而从美容行业的角度来看，产品是多数美容院的软肋。

“公司的生命线是产品，而店家的主要营收来自服务，”余敬伦说，“我们与店家的关系是业绩的关系，但他们需要通过服务导入产品，所以渠道跟产品要取同样的名字。由于有产品，顾客也会认为克丽缇娜的服务是可以长久的。”

实际上，克丽缇娜在台湾起家时就是一家护肤品厂商，它的基因从未改变。陈武刚也是产品的研发者，起初以直销的形式来做销售，之后拓展为直销、经销、店销“三合一”。在1998年进入大陆后由于政策原因无法发展直销，转型为特许连锁形式的店销。为了让产品与服务相结合，克丽缇娜是当时最早引进皮肤检测仪的公司，顾客进店要先做检测。“产品是死的，服务是活的，它们的关系只能用相辅相成来形容。”陈武刚表示。

这位年逾古稀的老人目前仍然花费大部分精力在研发上，他把定期推出新产品看得很重要，每年公司收入的10%～15%都会注入位于上海松江与台湾的两个研发中心。例如根据气候调整产品线：“台湾坐车4个小时可以从南端穿越到北端，大陆有23个省，就像一个世界，有各种极端气候。所以我说，中国生产的东西可以销到全世界。”

实际上，克丽缇娜的整个连锁体系都在充当“市场推手”。做护肤品这些年，陈武刚最怕的是产品引起过敏，只要发现1%的过敏率都要下架，他的苛刻有时让同事都无可奈何。

“中国人口多、消费基数大，而且中国人爱做生意，这也是成功的基础。”不过，进入大陆时，陈武刚也有自己的坚持，在产品定价上他几乎是将台湾的价格折合成大陆人民币，虽然当时显得较昂贵，现在也逐渐被接受了。陈武刚比喻：“这就像我现在也用iPhone，原来用iPhone的人少，现在所有人都在用，不再显得高端。我赌的是整个中国经济的成长。”

（资料来源：新浪网 http://www.sina.com.cn/，略有修改）

【问题引出】

（1）市场调查的重要意义在哪里？

（2）克丽缇娜能在中国大陆地区做得风生水起，主要原因有哪些？

3.1　化妆品市场调研

3.1.1　市场营销调研的含义和作用

市场营销调研是指运用科学的方法系统地、客观地辨别、收集、分析和传递有关市场营销活动各方面的信息，为企业营销管理者制定有效的市场营销决策提供重要的依据。与狭义的市场调查不同，它是对市场营销活动全过程的分析和研究。

市场营销调研是企业营销活动的出发点，其作用十分重要：有利于制定科学的营销规划，通过调研，分析市场、了解市场，才能根据市场需求及其变化、市场规模和竞争格局、消费者购买行为、营销环境的基本特征，科学地制定和调整企业营销规划；有利于优化营销组合，如根据消费者对现有产品的接受程度、对产品及包装的偏好，改进现有产品，开发新用途，研究新产品创意、开发和设计；有利于开拓新的市场，通过调研，化妆品企业可发现消费者尚未满足的需求，测量市场上现有产品及营销策略满足消费需求的程度，从而不断开拓新的市场。

总之，市场营销调研的主要作用是通过信息把营销者和消费者、顾客及公众联系起来，这些信息用来辨别和界定营销机会和问题，产生、改善和估价市场营销方案，监控市场营销行为，改进对市场营销过程的认识，帮助企业营销管理者制定有效的市场营销决策。

3.1.2　市场营销调研的类型和内容

1. 市场营销调研的类型

根据研究的问题、目的、性质和形式的不同，市场营销调研一般分为如下四种类型。

（1）探测性调研。探测性调研用于探询企业所要研究的问题的一般性质。研究者在研究之初对所欲研究的问题或范围不够清楚，不能确定到底要研究些什么问题，这时就需要应用探测性调研去发现问题、形成假设。至于问题的解决，则有待进一步的研究。

（2）描述性调研。描述性调研是通过详细的调查和分析，对市场营销活动的某个方面进行客观的描述。大多数的市场营销调研都属于描述性调研。描述性调研的目的有描述某个有关群体的特征；估计某个群体中某种行为方式的发生概率；测量有关产品的知识、偏好与满意度；确定不同营销变量之间的关系（购物与外出吃饭）；进行预测。在描述性调研中，可以发现其中的关联因素，但是，此时我们并不能说明两个变量哪个是因、哪个是果。与探测性调研相比，描述性调研的目的更加明确，研究的问题更加具体。

（3）因果关系调研。因果关系调研的目的是找出关联现象或变量之间的因果关系。描述性调研可以说明某些现象或变量之间的相互关联，但要说明某个变量是否引起或决定着其他变量的变化，就需要用到因果关系调研。因果关系调研能寻找足够的证据来验证这一假设。

（4）预测性调研。市场营销所面临的最大的问题就是市场需求的预测，这是企业制定市场营销方案和市场营销决策的基础和前提。预测性调研就是企业为了推断和测量市场的未来变化而进行的研究，它对企业的生存与发展具有重要的意义。

【引例3－1】

大学生男性化妆品市场描述性调查

1. 您所在年级？

○大一

○大二

○大三

○大四

○研究生

2. 您来自哪个省？________________

3. 您是否使用化妆品（包括清洁保湿类，如剃须泡、洗面奶、防裂霜等）？

○使用

○不使用

4. 不使用化妆品的原因？

○自己不愿意用

○旁人的眼光

○对化妆品知识的不了解

○不知道从何处购买

○不愿亲自购买

5. 您每月的生活费大概在哪个区间？

○ <500 元

○500 ~ 1 000 元

○1 000 ~ 1 500 元

○ >1 500 元

6. 您每个学期在化妆品上的花费大概是多少？

○ <50 元

○50 ~ 100 元

○100 ~ 200 元

○ >200 元

7. 您怎样看待男士化妆品？（多选题）

○健康

○为了吸引别人眼球

○高品位的生活质量追求

○增添自信心

○无所谓

8. 你使用以下哪种或哪些产品？（多选题）

○增湿霜（如润肤乳、护肤液）

○剃须泡

○香水

○止汗剂

○发型定型剂（发胶、发蜡、啫喱水）

○面膜

○Make-up（男士彩妆、粉底、遮瑕膏）

○洗面奶

○唇膏

○防晒霜

9. 在使用化妆品时您希望男士化妆品有以下哪种功效？(多选题)

○保湿

○美白

○防晒

○控油

○止痘

○缩小毛孔

○淡化疤痕

○其他__________

10. 您在选购化妆品时更看重以下哪一点？

○价格

○质量

○品牌

○功效

○其他__________

11. 您正在使用或曾经使用过的化妆品品牌有哪些？(多选题)

○欧莱雅

○曼秀雷敦

○阿迪达斯

○吉利

○卡尼尔

○妮维雅

○大宝

○其他__________

12. 您是如何获得化妆品相关信息的？

○广告

○专柜人员推销

○朋友推荐

○网络传单派发

13. 您通过什么渠道购买化妆品？

○网购

○超市

○女朋友赠送

○专柜

14. 在专柜购买化妆品时，哪些因素影响您的购买决定？

○销售人员

○性别

○服务态度

○专柜的陈设

○其他__________

15. 哪种促销手段能吸引您的目光?

○会员

○折扣

○赠品

○抽奖

○其他__________

(资料来源:问卷星 http://www.sojump.com/,略有修改)

2. 市场营销调研的内容

市场营销调研的内容从识别市场机会和问题、制定营销决策到评估营销活动的效果,涉及企业市场营销活动的各个方面。主要包括:市场需求和变化趋势的调研,购买动机的调研,产品调研,价格调研,分销调研,广告调研,市场竞争调研和宏观环境调研。

3.1.3 市场营销调研的步骤

市场营销调研是一项十分复杂的工作,要顺利地完成调研任务,必须有计划、有组织、有步骤地进行。但是,市场营销调研并没有一个固定的程序可循。一般而言,根据调研活动中各项工作的自然顺序和逻辑关系,市场营销调研可分为以下三个阶段。

(1)准备阶段。营销调研准备阶段的主要任务就是界定研究主题、选择研究目标、形成研究假设并确定需要获得的信息。

(2)设计阶段。研究设计是指导调研工作顺利执行的详细蓝图,主要内容包括确定资料的来源和收集方法、设计收集资料的工具、决定样本计划以及调研经费预算和时间进度安排等。

(3)执行阶段。在研究设计完成之后,执行阶段就是把调研计划付诸实施,这是调研工作一个非常重要的阶段。此阶段主要包括实地调查即收集资料,然后对资料进行处理、分析和解释,最后提交调研报告。

3.1.4 市场营销调研的方法

1. 访问法

访问法是营销调研最普遍的一种调查方法。它把研究人员事先拟订的调查项目或问题以某种方式向被调查者提出,要求给予答复,由此获取被调查者或消费者的动机、意向、态度等方面的信息。按照调查人员与被调查者接触方式的不同,访问法又分为个人访谈、电话访问和邮寄访问。例如现场面对面访问某影视明星对某化妆品用后的感受和体会,电话访问100位45岁以上的中年女性对防皱类化妆品的购买使用情况等。

2. **观察法**

观察法是由调查员直接或通过仪器在现场观察调查对象的行为动态并加以记录而获取信息的一种方法。观察法分为人工观察和非人工观察，在市场调研中用途很广。比如研究人员可以通过观察消费者的行为来测定品牌偏好和促销的效果。由于现代科学技术的发展，人们设计了一些专门的仪器来观察消费者的行为。观察法可以观察到消费者的真实行为特征，但是只能观察到外部现象，无法观察到调查对象的一些动机、意向及态度等内在因素。例如人工现场观察使用某类彩妆类化妆品后的整体效果。

3. **实验法**

实验法是指在控制的条件下对所研究现象的一个或多个因素进行操纵，以测定这些因素之间关系的方法，它是因果关系调研中经常使用的一种行之有效的方法。实验方法来源于自然科学的实验求证，现在广泛应用于营销调研，是市场营销学走向科学化的标志。现场实验法的优点是方法科学，能够获得较真实的资料。但是，大规模的现场实验往往很难控制市场变量，影响实验结果的内部有效性。实验室实验正好相反，内部效度易于保持但难于维持外部有效度。此外，实验法实验周期较长，研究费用昂贵，严重影响了实验法的广泛使用。

【小思考】

除了以上三种调查的方法，还有其他调查方法吗？

3.1.5　问卷设计

1. **问卷的基本结构**

（1）开头部分。主要包括问候语、填写说明、问卷编号等内容。不同的问卷所包括的开头部分会有一定的差别。

①问候语。问候语也叫问卷说明，其作用是引起被调查者的兴趣和重视，消除调查对象的顾虑，激发调查对象的参与意识，以争取他们的积极合作。一般问候语的内容包括称呼、问候、访问员介绍、调查目的、调查对象作答的意义和重要性、说明回答者所需花的时间、感谢语等。问候语一方面要反映以上内容，另一方面要求尽量简短。

②填写说明。在自填式问卷中要有详细的填写说明，让被调查者知道如何填写问卷，如何将问卷返回到调查者手中。

③问卷编号。主要用于识别问卷、调查者以及被调查者姓名和地址等，以便于校对检查、更正错误。

（2）甄别部分。也称问卷的过滤部分，它是先对被调查者进行过滤，筛选掉非目标对象，然后有针对性地对特定的被调查者进行调查。通过甄别，一方面，可以筛选掉与调查事项有直接关系的人，以达到避嫌的目的；另一方面，也可以确定哪些人是合格的调查对象，通过对其调查，使调查研究更具有代表性。

（3）主体部分。也是问卷的核心部分，它包括了所要调查的全部问题，主要由问题和答案所组成。

主体问卷设计应简明，内容不宜过多、过繁，应根据需要而确定，避免出现可有可无的问题。问卷设计要具有逻辑性和系统性，一方面可以避免需要询问信息的遗漏，另一方面调查对象也会感到问题集中、提问有章法。相反，假如问题是发散的、随意性的，问卷就会给人以思维混乱的感觉。问卷题目设计必须有针对性，明确被调查人群，适合被调查者身份，充分考虑受访人群的文化水平、年龄层次等，措辞上也应该进行相应的调整。比如面对家庭主妇做的调查，在语言上就必须尽量通俗；而对于文化水平较高的城市白领，在题目和语言的选择上就可以提高一定的层次。只有综合考虑这些细节，调查才能达到预期的效果。

（4）背景部分。背景部分通常放在问卷的最后，主要是有关被调查者的一些背景资料，调查单位要对其保密。该部分所包括的各项内容，可作为对调查者进行分类的比较的依据。一般包括：性别、民族、婚姻状况、收入、教育程度、职业等。

2. 调查问卷提问的方式

调查问卷提问的方式可以分为以下两种形式。

（1）封闭式提问。封闭式提问就是在每个问题后面给出若干个选择答案，被调查者只能在这些备选答案中选择自己的答案。

（2）开放式提问。开放式提问就是允许被调查者用自己的话来回答问题。由于采取这种方式提问会得到各种不同的答案，不利于资料统计分析，因此在调查问卷中不宜过多。

【引例 3－2】

关于化妆品的调查问卷

一、调查说明

您好！为了更好地了解大众化妆品的使用情况，我们需要很多数据进行调查。感谢您能花几分钟时间阅读这份问卷，感谢您的热情参与。请您仔细阅读下列问题，并根据您的实际情况做出选择。答案的选择对您无任何影响，我们会对本次问卷进行严格的保密，调查结果仅供研究之用。在此向您致以诚挚的谢意！

二、基本情况

（1）您的性别：（　　）

A. 男　　　　B. 女

（2）您的职业：（　　）

A. 公务员　　　　B. 学生　　　　C. 白领

D. 行政人员　　E. 销售人员　　F. 其他

(3) 您的年龄：(　　)

A. 20 岁以下　　B. 20 岁至 30 岁　　C. 30 岁至 40 岁　　D. 40 岁以上

三、问卷内容

1. 单项选择题

(1) 您的月收入：(　　)

A. 1 000 元以下　　B. 1 000 ~1 500 元　　C. 1 500 ~2 500 元　　D. 2 500 ~3 000 元

(2) 您使用化妆品的频率：(　　)

A. 每天　　B. 经常　　C. 偶尔　　D. 从不使用

(3) 您每个月购买化妆品的费用：(　　)

A. 50 元以下　　B. 50 ~100 元　　C. 100 ~200 元　　D. 200 元以上

(4) 您经常购买什么类型的化妆品：(　　)

A. 护肤　　B. 彩妆　　C. 面膜　　D. 其他

(5) 您购买化妆品考虑的最主要的因素：(　　)

A. 功效　　B. 价格　　C. 品牌　　D. 包装

(6) 您的皮肤属于 (　　) 型？

A. 油性　　B. 干性　　C. 中性

D. 混合性　　E. 不清楚

(7) 您选择化妆品的原因：(　　)

A. 价格便宜　　B. 使用效果　　C. 朋友推荐　　D. 品牌效应

(8) 您现在使用的化妆品的主要功效是：(　　)

A. 保湿　　B. 美白　　C. 祛斑

D. 祛痘　　E. 其他

(9) 您平时注重身体哪一部分的护理：(　　)

A. 头发护理　　B. 面部护理　　C. 眼、唇护理　　D. 身体护理

(10) 如何判断一个化妆品质量的好坏：(　　)

A. 口碑　　B. 广告宣传　　C. 专家介绍　　D. 其他

(11) 购买化妆品时，您对化学成分或包装文字说明有留意吗？(　　)

A. 十分注意　　B. 经常注意　　C. 偶尔注意　　D. 从不注意

2. 多项选择题

(1) 您现在有什么皮肤问题：(　　)

A. 皮肤干燥　　B. 皮肤暗淡无光　　C. 有眼袋和黑眼圈　　D. 有痘痘

E. 有皱纹　　F. 皮肤松弛　　G. 其他

(2) 您认为现在化妆品市场存在的最主要的问题：(　　)

A. 价格非常高　　B. 假冒伪劣的产品多　　C. 虚假宣传

D. 售后服务　　E. 其他

(3) 请问您一般使用以下哪类功效的化妆品：(　　)

A. 美白类　B. 抗皱类　C. 祛斑类　D. 滋润类
E. 祛痘类　F. 防晒类　G. 去死皮类　H. 收缩毛孔去黑头
(4) 您喜欢使用下列哪种品牌：(　　)
A. 兰蔻　B. 倩碧　C. 资生堂　D. SK-Ⅱ
E. 玫琳凯　F. 欧莱雅　G. 玉兰油　H. 旁氏
I. 雅芳　J. 美宝莲　K. 小护士　L. 大宝
M. 李医生　N. 妮维雅　O. 其他
(5) 您使用的护肤品类型有：(　　)
A. 洗面奶　B. 去角质　C. 乳液/面霜　D. 眼霜　E. 其他
(6) 您从什么途径得知化妆品的促销活动：(　　)
A. 报纸杂志　B. 亲友/同事　C. 电视广告　D. 互联网　E. 其他
(7) 您购买化妆品的目的：(　　)
A. 美丽　B. 健康　C. 礼貌　D. 突出个性　E. 其他
(8) 您购买的化妆品主要用于：(　　)
A. 基础护肤　B. 日常彩妆　C. 保养　D. 修复　E. 其他
3. 排序题
(1) 您买化妆品主要考虑的因素是：(　　)
A. 功效　B. 价格　C. 质量　D. 时尚　E. 品牌
(2) 当您购买化妆品时，请对化妆品店最吸引您的特点排序：(　　)
A. 品种多　B. 环境好　C. 态度好　D. 质量好
E. 价格合理　F. 服务周到　G. 售后服务
4. 问答题
(1) 您对于使用的化妆品有哪些要求？
(2) 请您谈谈对化妆品消费的看法。
(3) 您对化妆品的发展有何建议？

（资料来源：百度文库 http://wenku.baidu.com/?fr=logo，略有修改）

3.1.6　抽样方法

大多数的市场调查是抽样调查，即从调查对象总体中选取具有代表性的部分个体或样本进行调查，并根据样本的调查结果去推断总体。抽样方法按照是否遵循随机原则分为随机抽样和非随机抽样。

1. 随机抽样法

随机抽样就是按照随机原则进行抽样，即调查总体中每一个个体被抽到的可能性都是一样的，是一种客观的抽样方法。随机抽样方法主要有简单随机抽样、等距抽样、分层抽样和分群抽样。

2. 非随机抽样法

非随机抽样的样本是由调研者凭经验主观选定的，因而其代表性依赖于调研者的经验，具有主观性，调研结果误差较大，不能正确地反映总体和实际情况。常用的非随机抽样主要有以下几种。

（1）任意抽样。任意抽样也称便利抽样，这是纯粹以便利为基础的一种抽样方法。街头访问是这种抽样最普遍的应用。这种方法抽样偏差很大，结果极不可靠，一般用于准备性调查，在正式调查阶段很少采用。

（2）判断抽样。判断抽样是根据样本设计者的判断进行抽样的一种方法，它要求设计者对母体有关特征有相当的了解。在利用判断抽样选取样本时，应避免抽取“极端”类型，而应选择“普通型”或“平均型”的个体作为样本，以增强样本的代表性。

（3）配额抽样。配额抽样与分层抽样法类似，要先把总体按特征分类，根据每一类的大小规定样本的配额，然后由调查人员在每一类中进行非随机的抽样。这种方法比较简单，又可以保证各类样本的比例，比任意抽样和判断抽样样本的代表性都强，因此实际上应用较多。

3.1.7 调研报告格式

1. 标题

调研报告要用能揭示内容中心的标题，具体写法有以下几种。

（1）公文式标题。这类调研报告标题多数由事由和文种构成，平实沉稳，如《关于知识分子经济生活状况的调研报告》；也有一些由调研对象和“调查”二字组成，如《知识分子情况的调查》。

（2）一般文章式标题。这类调研报告标题直接揭示调研报告的中心，十分简洁，如《本市老年人各有所好》。

（3）提问式标题。如《“人情债”何时了》，这是典型调研报告常用的标题写法，特点是具有吸引力。

（4）正、副题结合式标题。这是用得比较普遍的一种调研报告标题，特别是典型经验的调研报告和新事物的调研报告的写法。正题揭示调研报告的思想意义，副题表明调研报告的事项和范围，如《深化厂务公开机制　创新思想政治工作方法——关于武汉分局江岸车辆段深化厂务公开制度的调查》。

2. 正文

调研报告的正文包括前言、主体和结尾三部分。

（1）前言。调研报告的前言简要地叙述为什么对这个问题（工作、事件、人物）进行调查；调查的时间、地点、对象、范围、经过及采用的方法；调查对象的基本情况、历史背景以及调查后的结论等。这些方面的侧重点由写作者根据调研目的来确定，不必面面俱到。调研报告开头的方法很多，有的采用设问手法，有的开门见山，有的承上启下，有的画龙点睛，没有固定形式。但一般要求紧扣主旨，为主体部分做展开准备。文字要简练，概括性要强。

(2) 主体。这是调研报告的主干和核心，是引语的引申，是结论的依据。这部分主要写明事实的真相、收获、经验和教训，即介绍调查的主要内容是什么，为什么会是这样的。主体部分包括大量的材料——人物、事件、问题、具体做法、困难障碍等，内容较多。所以要精心安排调研报告的层次，安排好结构，有步骤、有次序地表现主题。

调研报告的主体部分不论采取什么结构方式，都应该做到先后有序、主次分明、详略得当、联系紧密、层层深入，为更好地表达主题服务。

(3) 结尾。结尾是调研报告分析问题、得出结论、解决问题的必然结果。不同的调研报告，结尾写法各不相同。一般来说，调研报告的结尾有以下五种：对调研报告归纳说明，总结主要观点，深化主题，以提高人们的认识；对事物发展做出展望，提出努力的方向，启发人们进一步去探索；提出建议，供领导参考；写出存在的问题或不足，说明有待今后研究解决；补充交代正文没有涉及而又值得重视的情况或问题。总之，调研报告结尾要简洁有力，有话则长，无话则短，没有必要也可以不写。

【小讨论】

一份优秀的调查报告要具备哪些要素？

3.2 化妆品市场预测

市场预测就是运用科学的方法，对影响市场供求变化的诸因素进行调查研究，分析和预见其发展趋势，掌握市场供求变化的规律，为经营决策提供可靠的依据。预测为决策服务，是为了提高管理的科学水平，减少决策的盲目性，我们需要通过预测来把握经济发展或者未来市场变化的有关动态，减少未来的不确定性，降低决策可能遇到的风险，使决策目标得以顺利实现。

3.2.1 定性预测

定性预测是指预测者依靠熟悉业务知识、具有丰富经验和综合分析能力的人员与专家，根据已掌握的历史资料和直观材料，运用个人的经验和分析判断能力，对事物的未来发展做出性质和程度上的判断，然后，再通过一定形式综合各方面的意见，作为预测未来的主要依据。

1. 购买者意向调查法

许多企业经常关注新顾客、老顾客和潜在顾客未来的购买意向情况，如果存在少数重要的顾客占据企业大部分销售量这种情况，那么购买者期望法是很实用的。购买者意向调查法，国外也称“买主意向调查法”，是指通过一定的调查方式（如抽样调查、典型调查等）选择一部分或全部的潜在购买者，直接向他们了解未来某一时期（即预测期）购买商品的意向，并在此基础上对商品需求或销售做出预测的方法。在缺乏历史统计数据的情况下，运用这种方法，可以取得数据资料，做出市场预测。例如某化妆品企业针对刚研发出来的防皱类化妆品进行购买者意向调研，公司把年龄在40~55岁的女性消费者的购买意向分为五个不同的等级，用相应的概率来描述其购买可能性大小：“肯定购买”，购买概率是100%；“可能购买”，购买概率是80%；“未确定”，购买概率是50%；“可能不买”，购买概率是20%；“肯定不买”，购买概率为0。

2. 销售人员意见综合法

销售人员意见综合法是利用销售人员对未来销售进行预测。有时是由每个销售人员单独做出这些预测，有时则与销售经理共同讨论而做出这些预测。预测结果以地区或行政区划汇总，一级一级汇总，最后得出企业的销售预测结果。作战于一线的化妆品销售人员对化妆品市场有敏锐的观察力和判断力，相对更懂得化妆品市场销售的动态和消费者的购买心理动机。因此，销售人员意见综合法也会比较常用到化妆品的现实销售工作中去。

3. 德尔菲法

德尔菲法，是采用背对背的通信方式征询专家小组成员的预测意见，经过几轮征询，使专家小组的预测意见趋于集中，最后做出符合市场未来发展趋势的预测结论。

德尔菲法是为了克服专家会议法的缺点而产生的一种专家预测方法。在预测过程中，专家彼此互不相识、互不往来，这就克服了在专家会议法中经常发生的专家们不能充分发表意见、权威人物的意见左右其他人的意见等弊病，各位专家能真正充分地发表自己的预测意见。

德尔菲法依据系统的程序，采用匿名发表意见的方式，即专家之间不得互相讨论，不发生横向联系，只能与调查人员发生关系。通过多轮次调查专家对问卷所提问题的看法，经过反复征询、归纳、修改，最后汇总成专家基本一致的看法，作为预测的结果。这种方法具有广泛的代表性，较为可靠。

4. 市场试销法

市场试销法是指试销商品在小范围内进行销售实验，直接调查消费者对试销商品的反映和喜爱程度，并以此调查资料为依据进行市场预测的方法。

试销的商品一般是指尚未在当前市场上销售过或还未正式进入市场的新产品或改进的老产品。这种方法应用范围广泛，凡是试制的新产品或老产品改变了性能、款式、花色、包装、价格等，预测其市场销售前景时均可采用此法。市场试销方式是多样的，如设试销专柜或立试销门市部，也可委托商店试销。因为市场试销要求顾客直接付款购买，所以能够真实地了解顾客对试销商品的购买态度；了解消费者对产品花色、外观、质量的意见；了解产品价格是否合适；以及顾客销量等市场需求情况。所以通过市场试销进行市场预测，其结果是比较可靠的。

应用市场试销法进行预测，其公式如下：

$$Y = Q \cdot N \cdot D$$

式中，Y：年销售预测值；Q：每单位用户（家庭）年内平均消费量；N：整个市场的用户（家庭）总数；D：用户中重复购买率。

市场试销法举例：某日用化工厂试制出一种新型洗衣粉，选择某城市一典型区域试销该产品。试销结果显示，有35%家庭购买过这种洗衣粉，其中又有24%家庭重复购买。该市有居民16万户，每户家庭平均购买4.5袋新型洗衣粉。根据试销资料，预测新型洗衣粉在该市的年销售量。

根据题意，可知：$N = 16$万户，$Q = 4.5$，D是未知的。

第一步，计算重复购买率：$D = 35\% \times 24\% = 8.4\%$

第二步，计算新型洗衣粉的年销售量预测值

$Y = Q \cdot N \cdot D = 4.5 \times 16 \times 8.4\% = 6.048$（万袋）

这表明，该市新型洗衣粉年销售量预测值达6.048万袋。

3.2.2　定量预测

定量预测是使用一历史数据或因素变量来预测需求的数学模型，是根据已掌握的比较完备的历史统计数据，运用一定的数学方法进行科学的加工整理，借以揭示有关变量之间的规律性联系，用于预测和推测未来发展变化情况的一类预测方法。

1. 平均数预测法

平均数预测法包括简单平均法、加权平均法、移动平均法和指数平均法等多种形式，下面介绍几种。

（1）简单平均法。简单平均法是指将过去各数据之和除以数据总点数，求得算术平均数，为预测值。这种预测方法简单，当预测对象变化较小且无明显趋势时，可采用此法进行短期预测。

预测对象预测值 = 预测对象以往若干期历史数据之和/期数

在销售领域里，简单平均法就是以过去若干期销售量的简单算术平均数作为未来销售量预测值的预测方法。

（2）移动平均法。移动平均法是用一组最近的实际数据值来预测未来一期或几期内公司产品的需求量、公司产能等的一种常用方法。移动平均法适用于即期预测。当产品需求既不快速增长也不快速下降，且不存在季节性因素时，移动平均法能有效地消除预测中的随机波动，非常有用。

简单的移动平均法的计算公式如下：

$$F_t = (A_{t-1} + A_{t-2} + A_{t-3} + \cdots + A_{t-n}) / n$$

式中，F_t：对下一期的预测值；n：移动平均的时期个数；A_{t-1}：前期实际值；A_{t-2}，A_{t-3}和A_{t-n}分别表示前两期、前三期直至前n期的实际值。

（3）加权移动平均法。加权移动平均法给固定跨越期限内的每个变量值以不相等的权重。其原理是：历史各期产品需求的数据信息对预测未来期内需求量的作用是不一样的。除了以 n 为周期的周期性变化外，远离目标期的变量值的影响力相对较低，故应给予较低的权重。

加权移动平均法的计算公式如下：

$$F_t = w_1 A_{t-1} + w_2 A_{t-2} + w_3 A_{t-3} + \cdots + w_n A_{t-n}$$

式中，w_1：第 $t-1$ 期实际销售额的权重；w_2：第 $t-2$ 期实际销售额的权重；w_n：第 $t-n$ 期实际销售额的权重；n：预测的时期数；$w_1 + w_2 + \cdots + w_n = 1$。

2. 指数平滑法

指数平滑法是生产预测中常用的一种方法，也用于中短期经济发展趋势预测。在所有预测方法中，指数平滑法是用得最多的一种。简单平均法是对时间数列的过去数据一个不漏地全部加以同等利用；移动平均法则不考虑较远期的数据，并在加权移动平均法中给予近期资料更大的权重；而指数平滑法则兼容了简单平均法和移动平均法所长，不舍弃过去的数据，但是仅给予逐渐减弱的影响程度，即随着数据的远离，赋予逐渐收敛为零的权数。

指数平滑法的基本公式是：

$$S_t = ay_{t-1} + (1-a) S_{t-1}$$

式中，S_t：时间 t 的平滑值；y_{t-1}：时间 $t-1$ 的实际值；S_{t-1}：时间 $t-1$ 的平滑值；a：平滑常数，其取值范围为［0，1］。

3. 一元线性回归预测法

根据 x、y 现有数据，寻求合理的 a、b 回归系数，得出一条变动直线，并使线上各点至实际资料上的对应点之间的距离最小。

设变动直线方程为：

$$y = a + bx$$

【引例 3-3】

化妆品市场深度调查后预测 2012—2016 年的趋势

中国美容化妆品行业是全世界最大的新兴市场，中国化妆品行业从小到大，由弱到强，从简单粗放到科技领先、集团化经营，全行业形成了一个初具规模、极富生机活力的产业大军。化妆品企业如雨后春笋般越来越多，名目繁多的化妆品品牌层出不穷，市场竞争愈演愈烈。国内亦涌现出一批以美加净、六神、郁美净、隆力奇、明荃等为代表的优秀民族化妆品品牌。“十一五”期间，中国化妆品行业得到了长足进步。从2006 年开始，我国化妆品销售额达到了每年 1 000 亿元人民币以上，即便在全球金融危机的恶劣环境下，依然保持着持续平稳增长。中国香料香精化妆品工业协会统计数据显示，2010 年全国化妆品销售总额达到 1 530 亿元，与 2005 年的 960 亿元相比，每年平均增长近10%。五年来无论是国内消费还是出口市场都保持稳定增长，化妆品行业逐渐融入世界。

随着化妆品品牌的增多，消费群体的细分更加明确。不论在哪个细分市场中，奢侈品与高价位产品的消费数量都暴涨，预示了中国消费者高消费时代的到来。中国化妆品业市场一直被人比喻为“暴利下的围城”，直面中国的化妆品业，高端市场已被欧莱雅、雅诗兰黛、资生堂等外资品牌占领，中国化妆品市场的销售额以每年平均13%的速度在递增。目前，国际知名化妆品生产企业已凭借品牌、产品质量优势，占据了国内化妆品高端市场，并向二、三线市场渗透。外资化妆品产品已占据了国内市场40%的销售份额。国内化妆品品牌主要占据中低端市场，产品附加值低。隆力奇尽管销量惊人，但是市场定位还是低端产品；尽管欧莱雅也有低端产品，但是消费者对它的定位是国际知名品牌。品牌积累很重要，但这只是一个过程。从中国目前的情况看，先从低端入手，完成原始积累，品牌不是靠广告，它需要消费者认可。

2010年开始我国化妆品市场销售总额增长迅速，每年以13%的平均递增速度快速推进，限额以上批发零售贸易企业化妆品零售额以15%以上的速度递增。“十二五”期间，我国化妆品行业将通过优化产业结构、增强创新能力、培育自主品牌等措施，力争敲开2 300亿元的销售市场，培育2~3个具有国际知名度和竞争力的品牌及更多的名牌产品，出口额力争达到25亿美元左右。国内外化妆品生产已采用了多项高新技术，像生物技术、植物萃取技术等，低碳、环保等高新技术也与化妆品生产相伴，企业在产品研发和生产上应从高科技、健康入手，加大资源整合力度，注重节能降耗和清洁生产，提高核心竞争力。

（资料来源：中国产业信息网 http://www.chyxx.com/，略有修改）

3.3 化妆品市场细分

3.3.1 市场细分的含义

市场细分是指营销者通过市场调研，依据消费者的需要和欲望、购买行为和购买习惯等方面的差异，把某一产品的市场整体划分为若干消费者群的市场分类过程。每一个消费者群就是一个细分市场，每一个细分市场都是具有类似需求倾向的消费者构成的群体。

3.3.2 市场细分的作用

1. 有利于选择目标市场和制定市场营销策略

市场细分后的子市场比较具体，比较容易了解消费者的需求，企业可以根据自己的经营思想、方针及生产技术和营销力量，确定自己的服务对象，即目标市场。针对较小的目标市场，便于制定特殊的营销策略。同时，在细分的市场上，信息容易了解和反馈。

一旦消费者的需求发生变化，企业可迅速改变营销策略，制定相应的对策，以适应市场需求的变化，提高企业的应变能力和竞争力。

2. 有利于发掘市场机会，开拓新市场

通过市场细分，企业可以对每一个细分市场的购买潜力、满足程度、竞争情况等进行分析对比，探索出有利于本企业的市场机会，使企业及时做出投产、移地销售决策或根据本企业的生产技术条件编制新产品开拓计划。进行必要的产品技术储备，掌握产品更新换代的主动权，开拓新市场，以更好适应市场的需要。

3. 有利于集中人力、物力投入目标市场

任何一个企业的资源、人力、物力、资金都是有限的。通过细分市场，选择了适合自己的目标市场，企业可以集中人、财、物及资源，去争取局部市场上的优势，然后再占领自己的目标市场。

4. 有利于企业提高经济效益

前面三个方面的作用都能使企业提高经济效益。除此之外，通过市场细分后，企业可以面对自己的目标市场，生产出适销对路的产品，既能满足市场需要，又可增加企业的收入；产品适销对路可以加速商品流转，加大生产批量，降低企业的生产销售成本，提高生产工人的劳动熟练程度，提高产品质量，全面提高企业的经济效益。

【引例3－4】

妙姿堂开拓祛斑化妆品市场

化妆品行业的资深专家指出，目前国内真正具备纯中药美容养生技术的企业可谓是少之又少，大多数生产企业都只是仅仅借助中药美容养生的概念进行营销而已。以祛斑产品为例，根据中国传统的中医美容养生理论，对症下药，分斑分治是最基本的治疗原则。

但是我们从国内市场可以看到，基本上绝大多数的祛斑产品都是一个产品包治百斑，有的甚至更夸张，不仅祛斑，还将美白补水保湿等诸多功能完全集于一身，简直可以说是现代版的神药。事实上，这些从中医理论上来说是完全不可能的。

祛斑专家介绍，中医祛斑是一个很复杂的过程，核心就是要辨别出消费者的色斑类型，结合消费者的体质，对症下药地配药。从这个意义上来说，目前国内90%以上的祛斑产品都不可能是纯中药成分，或多或少都添加了化学增白剂等成分，尤其是那些宣传快速见效，强力祛斑等概念的祛斑产品，可以100%确定是化学药物。

每个人的斑点类型都是不同的，色斑产生的原因也有很大差异性，这就好比人得了感冒，有热感，有寒感，如果不分青红皂白就胡乱祛斑，结果自然是斑越祛越多，如果不慎的话，还有可能导致严重的祛斑后遗症，对皮肤产生不可逆转的副作用。

祛斑行业的权威人士指出，分斑分治的理念彻底解决了传统祛斑产品遗留的问题，

是比较符合科学祛斑的理念和技术的。从这个角度来说，妙姿堂集团推出的分斑分治的特效祛斑王，可以说是祛斑领域的开拓性研究。随着市场推广活动的展开，这款特效祛斑王也必将在消费者心中占据相当大的分量，可以预计，随着妙姿堂等传统中药美容养生巨头的加入，中药祛斑的产品将越来越接近其本来应有的风采。

从化妆品市场细分的案例来说，上面的分类祛斑产品就是一个很好的案例。可以预测，分类祛斑产品的推出，必将在美容祛斑行业奠定极高的市场地位！

（资料来源：东方医学美容网 http://www.dfhon.com/，略有修改）

3.3.3 化妆品消费者市场细分的依据

1. 地理细分

地理细分就是企业按照消费者所在的地理位置以及其他地理变量如城市农村、地形气候、交通运输等来细分消费者市场。地理细分的主要理论依据是：处在不同地理位置的消费者，他们对企业所采取的市场营销战略，对企业的产品价格、分销渠道、广告宣传等市场营销措施也各有不同的反应。

（1）地理位置。可以按照行政区划来进行细分，如在我国，可以划分为东北、华北、西北、西南、华东和华南几个地区；也可以按照地理区域来进行细分，如划分为省、自治区，市、县等，或内地、沿海、城市、农村等。在不同地区，消费者的需求显然存在较大差异。化妆品企业会根据不同地区、不同省份的消费水平情况采取不同的营销推广策略。

（2）城镇大小。可划分为大城市、中等城市、小城市和乡镇。处在不同规模城镇的消费者，在消费结构方面存在较大差异。

（3）地形和气候。按地形可划分为平原、丘陵、山区、沙漠地带等；按气候可分为热带、亚热带、温带、寒带等。防暑降温、御寒保暖之类的消费品就可按不同的气候带来划分。如在我国北方，冬天气候寒冷干燥；但在江南，空气湿度大。从中可以看出，北方保湿补水类化妆品的销量明显要高于南方。

【小讨论】

化妆品如何进行地理细分？分组讨论并举例说明。

2. 人口细分

人口细分就是企业按照人口变量如年龄、性别、收入、职业、教育水平、家庭规模、家庭生命周期阶段、宗教、种族、国籍等来细分消费者市场。

（1）年龄。不同年龄段的消费者，由于生理、性格、爱好、经济状况的不同，对消费品的需求往往存在很大的差异。因此，可按年龄将市场划分为许多各具特色的消费者群，如儿童市场、青年市场、中年市场、老年市场等。从事服装、食品、保健品、药品、健身器材、书刊等商品生产经营业务的企业，经常采用年龄变数来细分市场。

【引例3－5】

儿童化妆品市场郁美净虎口夺食

一小袋25克装的郁美净儿童霜，曾经是无数家庭必备的护肤产品。30年前就已经家喻户晓的“郁美净”这个老字号品牌如今是什么模样?

郁美净集团的前身是天津市第二日化厂，从1979年开始转产化妆品。1990年之前，主攻儿童市场的天津郁美净依靠精准的产品低端定位和朴实的包装，与北京的大宝、上海的霞飞、美加净等成为洗护用品市场少有的几个全国性名牌。然而在20世纪90年代外资化妆品和护肤品摧枯拉朽式的冲刷下，民族日化企业纷纷倒闭或被吞并。在那段艰难岁月，郁美净同样感受到了市场的残酷。

近年来，国内的家化产品都经历了生死存亡的动荡，大宝被收购，丁家宜也被收购，国有品牌纷纷倒在外资企业的旗下。“有很多外资企业找到郁美净，提出合资、合作，我们都拒绝了。我们的信念是，一定要做好中国人自己品牌的化妆品。”郁美净集团党委副书记陆金艳说，“近几年，经过努力，我们的收入都在实现两位数的增长，去年，集团的年销售收入6个亿，利润达到6 000万元。我们的员工福利待遇，也实现了每年两位数的增长。”

“郁美净的成功重在坚持，但是也和其在渠道下沉和市场细分上做的文章不无关系。”业内人士告诉记者，随着儿童化妆品市场的进一步细分，“婴幼儿”和“儿童”两个差异化市场业已成为不同企业各自攻占的主要城池，市场经营者和消费者对这两个不同概念也更加清楚地区分开来。尽管目前的儿童化妆品市场，品牌数目多，新品不断，渠道争夺加剧，但郁美净在保持增长势头的同时也将渠道做得更细。

以河北市场为例，1999年9月，郁美净集团在石家庄成立第一家经营部，产品开始主要活动在流通渠道，终端市场空白。2000年10月1日，郁美净在石家庄零售业巨擘北国商城组织了大型促销活动，从而壮大品牌声势，并顺势铺货A、B类终端，也借机拓展郊县零售终端。2004年，经营部将终端市场移交代理商，经营部对市场起督查作用。儿童化妆品市场领域里品牌众多，但近年来郁美净的市场优势已逐渐突出。

“想从儿童洗护品市场占据大面江山的洋品牌口中夺取食物，实为不易。”专家表示，首先，需要持之以恒地加强品质管理与品牌建设，只有这样才能获得消费者的信赖；其次，建设起齐全的产品种类，形成一流的品牌形象；最后，要多做一些与消费者沟通的活动。

“产品质量一直是企业生存的根本，产品中添加鲜奶是郁美净独有的技术，而且产品从原料产地开始到消费者使用完毕一直在品控部门监管之下，郁美净的市场投诉率一直是业界比较低的。”作为儿童化妆品的民族品牌，郁美净也是国际巨头狙击的对象，对此，郁美净董事长张金奎认为：“民族品牌要充分抓紧时间做好品牌的提升是关键所在，要增加品牌认同感、归属感，将品牌烙印在消费者的心坎上。”

（资料来源：中国轻工业网 http://offer.clii.com.cn/，略有修改）

（2）性别。按性别可将市场划分为男性市场和女性市场。不少商品在用途上有明显的性别特征，如男装和女装、男表与女表。在购买行为、购买动机等方面，男女之间也有很大的差异，如妇女是服装、化妆品、节省劳动力的家庭用具、小包装食品等市场的主要购买者，男士则是香烟、饮料、体育用品等市场的主要购买者。美容美发、化妆品、珠宝首饰、服装等许多行业，长期以来按性别细分市场。

【引例3－6】

男士化妆品：极具潜力的细分市场

新时代的男性敢于尝试各种新鲜事物，化妆品也不例外，事实上，男性需要使用化妆品的观念已经被消费者广泛接受。市场调研数据显示，有60%以上的女性认为男性需要保持皮肤清洁，有30%以上的女性认为男性也应该为抗衰老使用保养品，这表明中国男士化妆品市场潜力及前景已经开始展现。男士化妆品很早就被认为是一座尚待开发的金矿，其市场也将呈现快速发展的趋势，这也是越来越多的化妆品企业开发男士化妆品新品的直接原因。在2011年5月18日召开的第十四届中国美容博览会上，丹姿化妆品集团旗下的维朗品牌在此次展会上精彩亮相，这是维朗品牌上市之后的首次参展。参展三天，维朗品牌得到了不少经销商的青睐，为了深入了解男士化妆品的市场前景和营销方法，《中国洗涤化妆品周报》的记者采访了丹姿集团的品牌经理陈炜先生。

男性在购买商品时，通常只是询问大概情况，不喜欢“斤斤计较”，不喜欢花费较多的时间去比较和挑选，而且男性消费者往往对具有明显男性特征的商品感兴趣，例如剃须刀、剃须泡、打火机等。女性消费者购买商品时情感因素较为明显，女性消费者对商品外观、形状、色彩十分重视，而且往往在情感因素作用下产生购买动机。促销活动的主题、商品的美感、购物环境、促销员的言行等都可以使女性消费者产生购买动机，甚至是产生冲动型购买行为。而且女性消费者追求完美，她们通常会花费较多的时间在不同品牌的商品之间进行比较、挑选，商品的价格、促销赠品的差别都会影响她们的购买决策。

根据对维朗的零售数据链以及市场调研数据的综合分析，男士化妆品的购买者65%左右都是女性，男性购买者仅占到男士化妆品购买人群的35%左右，并且这35%的男性购买者当中，年龄越大的男士，越不倾向于自行购买化妆品。因此在目前阶段，男士化妆品的主要购买人群是22～38岁的女性，她们在为自己购买化妆品的同时，会为自己的丈夫、男朋友、父亲、儿子选择专业的肌肤保养品，而且她们最常购买的是清洁、剃须类产品。陈炜因此建议生产和营销男士化妆品的企业和代理商，在制订促销男士化妆品的策略或宣传上，必须要考虑到这个关键的因素，譬如有针对性地选择女性杂志进行广告投放，让女性认识和认知男士化妆品，再通过女性间接销售，实际效果会比在男性杂志上投放广告更加好。

（资料来源：360化妆品网 http://www.360xh.com/，略有修改）

（3）收入。收入的变化将直接影响消费者的需求欲望和支出模式。根据平均收入水平的高低，可将消费者划分为高收入、次高收入、中等收八、次低收入、低收入五个群体。收入高的消费者比收入低的消费者购买更高价的产品，如钢琴、汽车、空调、豪华家具、珠宝首饰等；收入高的消费者一般喜欢到大百货公司或品牌专卖店购物，大城市的大百货公司都有一些世界知名化妆品专卖柜台。收入低的消费者则通常在住地附近的商店、仓储超市购物。因此，汽车、旅游、房地产等行业一般按收入变数细分市场。

（4）民族。世界上大部分国家都拥有多种民族，我国更是一个多民族的大家庭，除汉族外，还有55个少数民族。这些民族都各有自己的传统习俗、生活方式，从而呈现出各种不同的商品需求，如我国西北少数民族饮茶很多、回族不吃猪肉等。只有按民族这一细分变数将市场进一步细分，才能满足各族人民的不同需求，并进一步扩大企业的产品市场。

（5）职业。不同职业的消费者，由于知识水平、工作条件和生活方式等不同，其消费需求存在很大的差异，如教师比较注重书籍、报刊方面的需求，文艺工作者则比较注重美容、服装等方面的需求，特别是对于主持人、影视明星、歌星、空姐等职业人群更加需要美容化妆产品。

（6）教育状况。受教育程度不同的消费者，在志趣、生活方式、文化素养、价值观念等方面都会有所不同，因而会影响他们的购买种类、购买行为、购买习惯。

（7）家庭人口。据此可分为单身（1人）、单亲家庭（2人）、小家庭（2~3人）、大家庭（4~6人，或6人以上）。家庭人口数量不同，在住宅大小、家具、家用电器乃至日常消费品的包装大小等方面都会出现需求差异。

【引例3-7】

细分女性消费群体，日本品牌本土吃香

2012年以来，国家权威机构相继选择了贵阳和广州的两家大型化妆品销售超市进行调查，结果发现，牢牢占据化妆品销售前三名的都是来自国外的品牌。它们分别是兰蔻、雅诗兰黛和香奈儿。当中国的女性消费者在犹豫到底是使用宝洁、资生堂还是香奈尔的产品时，当曾经的大宝、小护士、奥妮这些国内品牌被人不知道遗忘到哪个角落里的时候，在我们的东邻日本，化妆品市场上却是国货占了一片天。有人说，之所以出现这种情况，是缘于日本这个民族特有的独立性。

在日本，有一个很有名的网站，专业从事关于化妆品使用情况的调查，他们得出的数据将为企业适时调整生产方向提供帮助。近期调查的结果是，无一例外入围前几名的都是日本本土品牌。其中就包括资生堂、kanebo等。为什么日本人喜欢用本土品牌，难道真的是出于民族的特性？我说，把化妆品使用和民族特性扯在一起完全是瞎说。之所以出现这种情况，完全是因为日本的企业在化妆品的研发、生产、销售等各个环节牢牢抓住了消费者的心。

细分消费市场，永远是日本本土品牌独领风骚的不二法宝。日本企业能够细分到什么程度？就女性化妆品消费群体来说，可以以5来划分年龄段。也就是说10~15、15~

20，依次类推直到80～85岁，都是潜在的消费群体。这一点让国内企业汗颜，因为国内企业永远只盯着18～35岁的女性群体，而漠视了其他年龄段的女性。也正因为日本的企业牢牢把握住了这种差异性，以一种近乎苛刻的严谨态度来培育市场，所以才会出现一大批忠实的拥趸，这一点，的确是值得我们国内企业好好学习的。

（资料来源：中国化妆品招商网 http://www.hzpzs.net/，略有修改）

3. **心理细分**

心理细分就是按照消费者的生活方式、个性、兴趣爱好等心理变量来细分消费者市场。

（1）生活方式。越来越多的企业，如服装、化妆品、家具、娱乐等行业，重视按人们的生活方式来细分市场。生活方式是人们对工作、消费、娱乐的特定习惯和模式，不同的生活方式会产生不同的需求偏好，如“传统型”“新潮型”“节俭型”“奢侈型”等。这种细分方法能显示出不同群体对同种商品在心理需求方面的差异性，如美国有的服装公司就把妇女划分为“朴素型妇女”“时髦型妇女”“男子气质型妇女”三种类型，分别为她们设计不同款式、颜色和质料的服装。

（2）性格。消费者的性格会影响其对产品的喜爱。性格可以用外向与内向、乐观与悲观、自信、顺从、保守、急进、热情、老成等词句来描述。性格外向、容易感情冲动的消费者往往好表现自己，因而他们喜欢购买能表现自己个性的产品，如美宝莲、植村秀等彩妆产品。性格内向的消费者则喜欢大众化，往往购买比较朴实的产品，如郁美净、大宝等化妆品。富于创造性和冒险心理的消费者，则对新奇、刺激性强的商品特别感兴趣，如一些韩流彩妆系列产品。

（3）购买动机。即按消费者追求的利益来进行细分。消费者对所购产品追求的利益主要有求实、求廉、求新、求美、求名、求安等，这些都可作为细分的变量。例如，购买香奈儿的香水，有人是为了提升自己的优雅气质，有人则是为了体现自身的经济实力等。因此，企业可对市场按利益变数进行细分，确定目标市场。

4. **行为细分**

行为细分就是企业按照消费者购买或使用某种产品的时机、消费者所追求的利益、使用者情况、消费者对某种产品的使用率、消费者对品牌的忠诚程度、消费者待购阶段和消费者对产品的态度等行为变量来细分消费者市场。

（1）购买时间。许多产品的消费具有时间性，如冬季来临，补水和保湿类的化妆品要比在其他季节畅销，夏季防晒类化妆品的销量明显要高于冬季。因此，企业可根据购买时间进行细分，在适当的时候加大促销力度，采取优惠价格，以促进产品的销售。

（2）购买数量。据此可分为大量用户、中量用户和少量用户。大量用户人数不一定多，但消费量大，许多企业以此为目标，反其道而行之也可取得成功。如文化用品的大量使用者是知识分子和学生，化妆品的大量使用者是青年女性。

（3）购买频率。据此可分为经常购买、一般购买、不常购买。如彩妆，影视明星经常购买，主持人一般购买，而普通老百姓则不常买或基本不买。

（4）购买习惯。据此可将消费者划分为坚定品牌忠诚者、多品牌忠诚者、转移的忠诚者、无品牌忠诚者等。例如，有的消费者忠诚于某些产品，如郁美净儿童霜、大宝SOD蜜、百雀羚等；有的消费者忠诚于某些服务，如华好集团的专业线化妆品尹姬、尹妃系列在美容院的售后服务做得很到位，一些顾客因为它的优质服务而成了美容院的常客。为此，企业必须辨别他的忠诚顾客及特征，以便更好地满足他们的需求，必要时给忠诚顾客以某种形式的回报或鼓励，如给予一定的折扣。

【小思考】

在对化妆品进行行为细分的过程中，哪种心理细分最常见？举例说明。

【引例3－8】

欧莱雅集团的市场细分策略

巴黎欧莱雅进入中国市场至今，以其与众不同的优雅品牌形象，加上全球顶尖演员、模特的热情演绎，向公众充分展示了“巴黎欧莱雅，你值得拥有”的理念。目前已在全国近百个大中城市的百货商店及超市设立了近400个形象专柜，并配有专业美容顾问为广大中国女性提供全面的护肤、彩妆、染发定型等相关服务，深受消费者青睐。回顾上述成功业绩，关键取决于欧莱雅公司独特的市场细分策略。

1．**地理变量细分**

根据地区来分。欧莱雅认为美的概念在不同国家、不同地区是不同的，所以，它从不试图去推广一种美的模式。在每一个国家，为了反映出各地本土的美、文化和传统的形式，产品都需要互不相同。针对中国内地市场，欧莱雅就曾进行过长达6年、非常细致的针对中国女性皮肤的研究。比如，欧莱雅希望了解四川女性皮肤与哈尔滨女性的皮肤是否一样，研究结果表明确实不一样，因为她们的饮食习惯和所处的气候条件不一样；欧莱雅还发现，中国女性油性皮肤的比例比其他地区的人略高一些；同时，中国女性对彩妆大色彩下面的小色调的追求也不一样。欧莱雅根据这些研究成果对在中国投放的产品配方进行调整，盖保罗说：“这不仅是一种微调，实际上是一种新的配方。”

然后，按照中国地域广阔的特征，鉴于南北、东西地区气候、习俗、文化等的不同，人们对化妆品的偏好具有明显的差异。如南方由于气温高，人们一般比较喜欢清淡的装饰，因此较倾向于淡妆；而北方由于气候干燥以及文化习俗的缘故，一般都比较喜欢浓妆。同样的东西，由于不同地区经济、观念、气候等的缘故，人们对化妆品也有不同的要求。所以欧莱雅集团敏锐地意识到了这一点，按照地区推出不同的主打产品。

2．**人口变量细分**

（1）按职业。公司从产品的使用对象进行市场细分，主要分成普通消费者使用的化妆品、专业使用的化妆品，其中，专业使用的化妆品主要是指美容院等专业经营场所所使用的产品。

（2）按年龄。欧莱雅集团第一品牌的赫莲娜面对的消费群体的年龄偏高，并具有很强的消费能力。其第二品牌是兰蔻，它是全球较著名的高端化妆品牌之一，其消费者年龄比赫莲娜年轻一些，也具有相当的消费能力。第三品牌是碧欧泉，它面对的是具有一定消费能力的年轻时尚消费者。欧莱雅公司希望将其塑造成大众消费者进入高端化妆品的敲门砖，价格也比赫莲娜和兰蔻低一些。

（3）按城市规模。作为欧莱雅所有品牌中的高端产品，赫莲娜、兰蔻、碧欧泉等主要在高档的百货商场销售。赫莲娜2000年10月才进入中国，目前只在全国13个大城市，如北京、上海、广州等的最高档百货商店中才有，全国共有专柜18个。兰蔻在38个城市有114个专柜，目前在中国高端化妆品市场占有率第一。而碧欧泉也只是在部分大城市中设有专柜。相对而言，巴黎欧莱雅、美宝莲等相对低端的产品则深入全国各个城市，其中：巴黎欧莱雅是属于最高端的，它有护肤、彩妆、染发等产品，在全国500多个百货商场设有专柜，还在家乐福、沃尔玛等高档超市有售；欧莱雅的高档染发品已是目前中国高档染发品的第一品牌；第二品牌是羽西，羽西秉承“专为亚洲人的皮肤设计”的理念，是一个主流品牌，在全国240多个城市的800家百货商场有售；第三品牌是美宝莲——来自美国的大众彩妆品牌，它在全球很多国家彩妆领域排名第一，在中国也毫不例外，目前已经进入了600个城市，有1.2万个柜台；第四品牌是卡尼尔，目前在中国主要是引进了染发产品，它相比欧莱雅而言更大众化一些，年轻时尚，在中国5 000多个销售点有售；第五品牌是小护士，它面对的是追求自然美的年轻消费者，市场认知度90%以上，目前在全国有28万个销售点，网点遍布了国内二、三线城市。

（4）按消费能力。按照欧莱雅中国总经理盖保罗所说的金字塔理论，欧莱雅目前的品牌主要分为高端、中端、低端三个部分。塔尖部分为高端产品，主要有赫莲娜、兰蔻、碧欧泉等品牌，其面向的消费群体都是具有高收入的人群，要求购买者有较强的消费能力，而且投放的市场都是经济发达的大城市；而塔中部分为中端产品，所包含品牌有两大块：一块是美发产品，有卡诗和欧莱雅专业美发，其中，卡诗在染发领域属于高档品牌，比欧莱雅专业美发高一些，它们的销售渠道都是发廊及专业美发店。欧莱雅公司认为，除产品本身外，这种销售模式也使消费者有机会得到专业发型师的专业服务。还有一块是活性健康化妆品，有薇姿和理肤泉两个品牌，它们通过药房经销。这一部分相对来说价格稍低，适合范围更大的消费群体，对消费能力的要求也降低了。塔基部分为低端产品，其品牌主要包括巴黎欧莱雅、羽西、美宝莲、卡尼尔、小护士等，这一部分的产品适合大部分的消费者，价格更加大众化，而且销售网点遍布全国各个城市，深入国内二、三线城市，做到了让大众消费者能够消费得起。

（5）按性别。在中国护肤品和化妆品这个比较特殊的行业中，男性一直都处于一个比较尴尬的地位。因为化妆和护肤一般都是女性的“特权”，男性对化妆品一直都比较抗拒，在他们的观念里，只有同性恋或者娘娘腔才十分重视自己的外表。因此，中国男士护肤品在整个护肤品行业中的市场占有率一直很低，相对于欧美国家的30%，中国的2%市场占有率显得有点小。所以，谁能率先突破中国男性的心理障碍，谁就能在男士护肤品这个市场中抢到一份可观的份额。而欧莱雅也看到了这个巨大的市场，欧莱雅通过广告策略尝试性地向男性的心理障碍进发，推出了男士系列。不过广告策略的难度也很大，开始的时候也碰到很大的困境。但最后，通过调查，欧莱雅选择了吴彦祖作为代言人，在广大男士心中塑造一个既努力工作，又懂得享受都市生活的男士形象，这一举动，帮助欧莱雅顺利地抢占了一部分的市场。

（资料来源：百度文库 http://wenku.baidu.com/?fr = logo，略有修改）

3.3.4　市场细分的有效性判断

1. 可衡量性

可衡量性是指用来细分市场的标准和变数及细分后的市场是可以识别和衡量的，即有明显的区别、合理的范围。如果某些细分变数或购买者的需求和特点很难衡量，细分市场后无法界定、难以描述，那么市场细分就失去了意义。一般来说，一些带有客观性的变数，如年龄、性别、收入、地理位置、民族等，都易于确定，并且有关的信息和统计数据，也比较容易获得；而一些带有主观性的变数，如心理和性格方面的变数，就比较难以确定。

2. 可进入性

可进入性是指企业能够进入所选定的市场部分，能进行有效的促销和分销，实际上就是考虑营销活动的可行性。一是企业能够通过一定的广告媒体把产品的信息传递到该市场众多的消费者中去，二是产品能通过一定的销售渠道抵达该市场。化妆品的电视广告的播放频率在国内广告中是播出比较多的，一些用影视明星代言的化妆品广告信息相对能较好地传达到消费者的视线中去。

3. 可盈利性

可盈利性是指细分市场的规模要大到能够使企业足够获利的程度，使企业值得为它设计一套营销规划方案，以便顺利地实现其营销目标，并且有可拓展的潜力，以保证按计划能获得理想的经济效益和社会服务效益。如面对普通大众的消费者市场，化妆品企业专门研发出一种特效的祛痘印霜，并向全国市场大量投放广告，可能由于这个细分市场太小而得不偿失。

4. 差异性

差异性是指细分市场在观念上能被区别并对不同的营销组合因素和方案有不同的反应。一家化妆品企业在西北地区做的营销推广方案和在南方地区做的营销推广方案是不同的，市场的反应也会有差异性。

5. 相对稳定性

相对稳定性是指细分后的市场有相对应的稳定时间。细分后的市场在一定时间内保持相对稳定，直接关系到企业生产营销的稳定性。特别是大中型企业以及投资周期长、转产慢的企业，一旦不稳定就容易造成经营困难，严重影响企业的经营效益。

3.3.5 市场细分步骤

1. 选定产品市场范围

公司应明确自己在某行业中的产品市场范围，并以此作为制定市场开拓战略的依据。

2. 列举潜在顾客的需求

可从地理、人口、心理等方面列出影响产品市场需求和顾客购买行为的各项变数。

3. 分析潜在顾客的不同需求

公司应对不同的潜在顾客进行抽样调查，并对所列出的需求变数进行评价，了解顾客的共同需求。

4. 制定相应的营销策略

调查、分析、评估各细分市场，最终确定可进入的细分市场，并制定相应的营销策略。

3.4 化妆品目标市场选择

3.4.1 目标市场的选择策略

目标市场的选择策略，即关于企业为哪个或哪几个细分市场服务的决定。通常有五种模式供参考。

1. 市场集中化

企业选择一个细分市场，集中力量为之服务。较小的企业一般这样专门填补市场的某一部分。集中营销使企业深刻了解该细分市场的需求特点，采用针对的产品、价格、渠道和促销策略，从而获得强有力的市场地位和良好的声誉。但这种模式同时隐含较大的经营风险。例如当前有一种影视特效化妆品，就是针对专门从事影视拍摄工作的演员准备的一种化妆品，生产企业只针对这个较小的细分市场，并为之进行服务。

2. 产品专门化

企业集中生产一种产品，并向所有顾客销售这种产品。例如北京大宝化妆品有限公司生产的“大宝 SOD 蜜”针对所有消费人群销售，但一旦出现其他品牌的替代品或消费者流行的偏好转移，企业将面临巨大的威胁。

3. **市场专门化**

企业专门服务于某一特定顾客群。例如企业专门为运动员提供各种档次的防晒霜。企业专门为这个顾客群服务，能建立良好的声誉。但一旦这个顾客群的需求潜量和特点发生突然变化，企业要承担较大风险。像香港妙姿堂企业在化妆品领域只针对祛斑人群做祛斑产品，做精做专做强。

4. **有选择的专门化**

企业选择几个细分市场，每一个市场对企业的目标和资源利用都有一定的吸引力，但各细分市场彼此之间很少或根本没有任何联系。这种策略能分散企业经营风险，即使其中某个细分市场失去了吸引力，企业还能在其他细分市场盈利。

5. **完全市场覆盖**

企业力图用各种产品满足各种顾客群体的需求，即以所有的细分市场作为目标市场。例如中国伽蓝集团的自然堂系列产品，基本达到完全市场覆盖。

3.4.2 目标市场策略

1. **无差异性目标市场策略**

该策略是把整个市场作为一个大目标开展营销，它们强调消费者的共同需要，忽视其差异性。采用这一策略的企业，一般都是实力强大，采用大规模生产方式，又有广泛而可靠的分销渠道，以及统一的广告宣传方式和内容。北京大宝化妆品有限公司采取的就是这种无差异营销策略。

2. **差异性目标市场策略**

实行差异性目标市场策略的企业，通常是把整体市场划分为若干细分市场作为其目标市场。针对不同目标市场的特点，分别制订出不同的营销计划，按计划生产营销目标市场所需要的商品，满足不同消费者的需要，不断扩大销售成果。如日本的资生堂针对不同年龄阶段的女性消费者，生产出不同功效的化妆品，并采取不同的营销策略进行推广。

3. **集中性目标市场策略**

该策略是选择一个或几个细分化的专门市场作为营销目标，集中企业的优势力量，对某细分市场采取攻势营销战略，以取得市场上的优势地位。一般来说，实力有限的中小企业多采用集中性市场策略。如丹姿水密码化妆品主要针对补水和防晒这两大市场进行生产和销售产品。

3.4.3 影响目标市场营销策略选择的因素

影响目标市场营销策略选择的因素主要有：企业资源、需求状况、产品类别、产品生命周期阶段、竞争对手的策略等。一个企业究竟采用何种目标市场策略，要受到多方面因素的影响和制约，具体地说，企业选择目标市场策略应考虑下列因素。

1. **企业资源能力**

企业实力雄厚，管理水平较高，可考虑采用差异性或无差异性营销策略；资源有限，无力顾及整体市场或几个细分市场的企业，则宜于选择集中性营销策略。

2. **产品特点**

同质性产品，消费需求差异较小，产品之间竞争主要集中在价格上，如钢铁、大米、食盐等初级产品，适用于无差异性营销策略。差异较大的产品，如汽车、家用电器、服装、食品等，适宜采用差异性营销或集中性营销的策略。

3. **市场特点**

如果顾客需求、购买行为基本相同，对营销策略的反应也大致相同，即市场是同质的，可实行无差异性营销策略。反之，则应采用差异性或集中性营销策略。

4. **产品生命周期**

如果企业是向市场投入新产品，竞争者少，宜采取无差异性营销，以便了解和掌握市场需求和潜在顾客；当产品进入成长期或成熟阶段以后，就可采用差异性策略，以开拓新的市场，或实行集中性营销策略，设法保持原有市场，延长产品生命周期。

5. **竞争对手的营销策略**

如果竞争对手实行无差异性营销策略，企业一般应当采用差异性营销策略与之相抗衡。如果竞争对手已经采取差异性营销策略，企业就应进一步细分市场，实行更有效的差异性营销策略或集中性营销策略。当然，当竞争对手较弱时，也可以实行无差异性营销策略。

【引例3－9】

屈臣氏：连锁的生命在于差异化

屈臣氏是1828年成立于广州的一个小药房，于1841年将业务拓展到香港。到了20世纪初叶，屈臣氏已经在中国香港、中国内地与菲律宾奠定了雄厚的业务根基，旗下有一百多家零售店与药房。

1. 差异化的前提：屈臣氏坚持自有品牌战略

到了2005年，屈臣氏在个人护理产品的销售市场中占据了21%的市场份额。自有品牌品种数量由最初的200多个产品类别，迅速增长到目前的1 000多个，其自有品牌产品由于可靠的品质和良好的性价比赢得了消费者对屈臣氏更多的认同和信任。

一方面大举实行跨国并购，另一方面坚持不懈地推广自有品牌，屈臣氏手中挥舞着的一副牌里，王牌始终是自己的。

在产品功能、价格、造型等方面进行设计组合，屈臣氏最终用自己的商标注册该产品，并在本商店销售该品牌。

“屈臣氏”作为企业品牌，是整个品牌系统的根基。在屈臣氏品牌系统中，企业品牌起到统领的作用，自有品牌必须从企业品牌的定位出发，反映企业品牌的内涵和理念，推出本身产品的价值主张，协助企业品牌创造价值，形成品牌合力，进而强化企业品牌形象，其竞争优势如下。

（1）可以使各个门店的商品品种构成更加充实，同时还能从物理环境、当前气氛、方便程度、商店的购物者类型、已有商品、服务水平等诸方面给顾客一种整体的和谐统一的概念。

（2）进一步借助自有品牌的导入在消费者心中强化零售商的企业品牌形象，形成差异化的品牌识别，从而培养和增强了消费者对屈臣氏的忠诚度。

（3）从消费者的角度来说，企业品牌对于顾客而言远远不只是商店的一个名称，他们是让潜在顾客相信的最本质的内容，也是影响消费者对商店的选择和实施购买行为的一个非常重要的因素。

在屈臣氏销售的产品中，药品占15%，化妆品及护肤用品占35%，个人护理品占30%，剩余的20%是食品、美容产品以及衣饰品等。除了在顾客细分和市场定位上不遗余力地努力以外，要将这样庞杂的产品组合套餐推向市场，就是要强化品牌的力度。

2. 差异化的操作：屈臣氏引领体验经济

屈臣氏在连锁经营中，始终强调三大经营理念：

（1）药品及保健品保留着创店以来的特色，倡导“健康”。

（2）美容美发及护理用品所占比重最大，种类也最繁多，表达着“美态”的概念。

（3）独有的趣味公仔及糖果精品则传递着“乐观”的生活态度。

健康、美态和乐观，这三大理念应该说是概念的、不具可操作性的和空泛的。但是，在屈臣氏的连锁经营中，因为实施了“体验经济”而与其他竞争对手形成了巨大的差异。

（资料来源：联商网 http://www.linkshop.com.cn/，略有修改）

3.5 化妆品市场定位

3.5.1 市场定位的含义

市场定位是指根据竞争者现有产品在市场上所处的位置，针对消费者或用户对该种产品的某种特征、属性和核心利益的重视程度，强有力地塑造出本企业产品与众不同的、给人印象深刻、鲜明的个性或形象，并通过一套特定的市场营销组合把这种形象迅速、准确而又生动地传递给顾客，影响顾客对该产品的总体感觉。

【小思考】

化妆品定位的重要性和意义是什么?

3.5.2 市场定位的步骤

1. 分析目标市场的现状，确认潜在的竞争优势

这一步骤的中心任务是要回答以下三个问题：一是竞争对手产品定位如何；二是目标市场上顾客欲望满足程度如何以及确实还需要什么；三是针对竞争者的市场定位和潜在顾客的真正需要的利益要求企业应该能够做什么。要回答这三个问题，企业市场营销人员必须通过一切调研手段，系统地设计、搜索、分析并报告有关上述问题的资料和研究结果。

通过回答上述三个问题，企业就可以从中把握和确定自己的潜在竞争优势。

2. 准确选择相对竞争优势，对目标市场初步定位

竞争优势是表明企业能够胜过竞争对手的能力。这种能力既可以是现有的，也可以是潜在的。选择竞争优势实际上就是一个企业与竞争者各方面相比较的过程。比较的指标应是一个完整的体系，只有这样，才能准确地选择相对竞争优势。通常的方法是分析、比较企业与竞争者在经营管理、技术开发、采购、生产、市场营销、财务和产品等七个方面究竟哪些是强项，哪些是弱项，借此选出最适合本企业的优势项目，以初步确定企业在目标市场上所处的位置。

3. 显示独特的竞争优势或调整定位

这一步骤的主要任务是企业要通过一系列的宣传促销活动，将其独特的竞争优势准确传播给潜在顾客，并在顾客心目中留下深刻印象。为此，首先，企业应使目标顾客了解、知道、熟悉、认同、喜欢和偏爱本企业的市场定位，在顾客心目中建立与该定位相一致的形象。其次，企业通过各种努力强化目标顾客形象，保持目标顾客的了解，稳定

目标顾客的态度和加深目标顾客的感情来巩固与市场相一致的形象。最后，企业应注意目标顾客对其市场定位理解出现的偏差或由于企业市场定位宣传上的失误而造成的目标顾客模糊、混乱和误会，及时纠正与市场定位不一致的形象。

3.5.3　市场定位的依据

企业可以从多种角度来进行市场定位，以形成自己的竞争优势。

1. **根据产品的属性、利益定位**

构成产品特色的许多因素，诸如产品的品质、价格、成分、材料等，都可以作为定位的依据。例如法国欧泉琳的祛痘产品套装主要针对有痘印、痘痕的人群进行定位销售，它的定位满足了一批脸上有痘痕的消费人群的需求。

2. **根据价格/质量定位**

价格和质量的不同组合，构成不同的定位。例如希思黎（Sisley）品牌诞生于充满浪漫气息的法国，是以当时欧洲最新的植物美容学为基础，成功地研创出来的植物性护肤品牌，在全球都享有盛誉，是护肤品中尊贵与优雅的经典代表，其品牌以高质高价进行定位。

3. **根据产品档次定位**

企业可以生产设计出相同或相近类别但不同档次的各类产品，根据档次的高低来确定不同的价格。

4. **根据使用者定位**

这是把产品同特定人群联系起来的定位策略，它试图让消费者对产品产生一种量身定制的感觉。如丸美的“丸美眼部多元修护精华素”主要针对35岁以上女性人群使用。

5. **根据竞争者定位**

根据竞争者定位也叫对比定位，是以某知名度较高的竞争品牌为参考点来定位，从而在消费者的心目中占据明确的位置。

【引例3－10】

白大夫细分市场　准确定位健康美白

作为中国内地安全美白领域的先驱者——白大夫，近十年来，一直致力于问题肌肤安全美白的研究，对全球1 000万消费者进行了临床实验研究，美白了上亿个消费者的肌肤。鉴于真正意义上美白祛斑化妆品品牌的市场空白，白大夫从一开始即启用细分市场、准确定位的策略，开发出2010白大夫升级版系列产品，分斑分治，分肤质美白。让敏感肌肤都能放心使用，问题肌肤均可以安全美白；让祛斑美白更科学、更精准、更有效、更加迎合市场。

白大夫是祛斑美白领导者、中国美容化妆品行业领导品牌。它第一个倡导个性化医学祛斑美白新主张，分斑分治，分肤质美白，并获得“分斑分治”“分肤质美白”科技创新品牌双荣誉称号。

随着国内女性美容市场的崛起，许多国际品牌都进入国内，产品良莠不齐，尤其是许多护肤品因为其本身的原料成分并不适合东方女性，使得许多女性朋友的皮肤使用后并没有达到美白效果，甚至因化学物质的副作用而反受其害！那么，怎样的美白护理才能达到美白靓丽的肌肤效果又无副作用呢？答案是中医药草本精华护理！其温和、安全、健康、高效的效果受到越来越多爱美女性的认可和青睐，已成为当下女性美白护理的潮流。

正是在这样一个潮流趋势下，白大夫集合多年的研发经验以及对中医药美容的深入研究，针对东方女性的不同肌肤，开发了白大夫升级系列。白大夫升级全面解决了传统美白技术难题，采用世界生物科技安全美白原料——光甘草定、甘草酸二钾、甘草黄酮，独创安渗导入技术，大胆提出安全美白“三保险”——保险美白、保险美丽、保险健康。即使是一些有身份有地位、习惯用国际十大经典品牌的女性消费者，遇上肌肤过敏，也选择了白大夫。

白大夫美白升级，传承了中草药草本精华，采用高科技技术成功从光甘草定中萃取天然美白成分而成，完全不含任何人工化学成分。独创的安渗导入技术，完全解决了传统美白护肤产品的渗透障碍，让东方女性肌肤100%享受自然、清新、健康美的呵护。

（资料来源：新浪网 http://www.sina.com.cn/，略有修改）

3.5.4 市场定位策略

1. 避强定位

避强定位策略是指企业力图避免与实力最强的或较强的其他企业直接发生竞争，而将自己的产品定位于另一市场区域内，使自己的产品在某些特征或属性方面与最强或较强的对手有比较显著的区别。

避强定位的优点是能使企业较快地在市场上站稳脚跟，并能在消费者或用户中树立形象，风险小；缺点是避强往往意味着企业必须放弃某个最佳的市场位置，很可能使企业处于最差的市场位置。

2. 迎头定位

迎头定位策略是指企业根据自身的实力，为占据较佳的市场位置，不惜与市场上占支配地位的、实力最强或较强的竞争对手发生正面竞争，而使自己的产品进入与对手相同的市场位置。

迎头定位的优点是在竞争过程中往往相当惹人注目，甚至产生所谓的轰动效应，企业及其产品可以较快地为消费者或用户所了解，易于达到树立市场形象的目的；缺点是具有较大的风险性。

3. **创新定位**

创新定位策略是指企业寻找新的尚未被占领但有潜在市场需求的位置，填补市场上的空缺，生产市场上没有的、具备某种特色的产品。采用这种定位方式时，公司应明确创新定位所需的产品在技术上、经济上是否可行，有无足够的市场容量，能否为公司带来合理而持续的盈利。

4. **重新定位**

公司在选定了市场定位目标后，如定位不准确或虽然开始定位得当，但市场情况发生变化时，如遇到竞争者定位与本公司接近，侵占了本公司部分市场，或由于某种原因消费者或用户的偏好发生变化，转移到竞争者方面时，就应考虑重新定位。重新定位是以退为进的策略，目的是实施更有效的定位。例如万宝路香烟刚进入市场时，是以女性为目标市场的，它推出的口号是：像 5 月的天气一样温和。然而，尽管当时美国吸烟人数年年都在上升，万宝路的销路却始终平平。后来，广告大师李奥·贝纳为其做广告策划，他将万宝路重新定位为男子汉香烟，并将它与最具男子汉气概的西部牛仔形象联系起来，树立了万宝路自由、野性与冒险的形象，从众多的香烟品牌中脱颖而出。自 20 世纪 80 年代中期到现在，万宝路一直居世界各品牌香烟销量首位，成为全球香烟市场的领导品牌。

市场定位是设计公司产品和形象的行为，以使公司明确在目标市场中相对于竞争对手而言自己的位置。公司在进行市场定位时，应慎之又慎，要通过反复比较和调查研究，找出最合理的突破口，避免出现定位混乱、定位过度、定位过宽或定位过窄的情况。而一旦确立了理想的定位，公司必须通过一致的表现与沟通来维持此定位，并应经常加以监测以随时适应目标顾客和竞争者策略的改变。

陈武刚：小人物狂想曲

一般人活到 50 岁能守成产业已经不易，他却有雄心东山再起。

不平凡的坚持与等待，成就了一首直销业的狂想曲……

这是个听上去很“玄”的故事。台下克缇的员工们依旧瞪大眼睛竖起了耳朵，尽管他们中的大部分都不是第一次听到这个故事。台上，身为克缇国际事业集团总裁的陈武刚正来回踱着步子，语调缓慢，仿佛回忆的是一场梦境：“人生怎么这么奇怪？那时再 100 天我就 50 岁了，背债 1 000 万元（台币），每天工作 20 个小时，做到很晚很累，常常坐在沙发上就睡着了。人生的转变就在一刹那之间，好像电影《小人物狂想曲》。”

这的确很像电影或小说里才有的那种情节。回溯 17 年前那个让陈武刚改变命运的一夜，即将到五十知天命的年龄，拿出履历表的他面临的却是一无所有的恐惧，心想这辈子大概只能当大厦管理员，靠一个月两万元台币的收入过日子。

幸而，这种悲观的思绪转瞬即逝，他不相信贫穷会一辈子跟着他，可做生意偏偏又离不开资金。陈武刚反念一想，突然开了窍：钱是人印出来的，产品也是围绕人的体验，那何不从人入手？想通这一点后，陈武刚的灵感源源不断，当晚就写下了至今奉行不渝的“克缇六大信条”，并由此开启了以人际关系为根本的直销事业。

这样的过程，让陈武刚的创业之路蒙上了一层神秘的色彩，一般人活到50岁能守成产业已经不易，他却有雄心东山再起。

50元闯天下

后来，总有许多人向陈武刚打听那晚“顿悟”的细节。他并不想被人添油加醋地越弄越玄乎，他会简单告诉你，领悟是源于所有他50岁之前的失败经历。

很难想象，如果陈武刚“顿悟”得再早一点，克缇的今天会做到什么样？对于“大器晚成”，今天的陈武刚一直用一种调侃的语气来叙述，但偶有真情流露时，他会无奈地表示：“一个人到50岁都没有成功，那种心境，我没办法表述。”

尤其是，这是一个如此热衷于发明，并渴望借着自己的创意建立自己事业的“小人物”。那晚的“顿悟”在他心中来得的确已经够晚了，在50岁之前，他一次次地“找钱”，却遭遇了一次又一次的失败打击。

1970年，当时已经30岁的陈武刚要为自己的生化背景和发明天分寻找更好的用武之地，怀揣50元台币，他离开了家乡新竹来到台北。

50元台币在当时能干什么？只相当于四趟往返的火车票钱！陈武刚为了节省开支，每天靠馒头度日，“5毛钱一个的馒头”让陈武刚至今记忆犹新。

艰苦的环境反而激发了他的创意，这也是陈武刚自始至终从来不缺少的东西。从发明瓦斯炉用的高压管——一种不锈钢的保护套，到用齿轮原理打印支票金额的机器，并将其体积缩小到可以放进口袋，如装订器般大小。前者因为没钱没专利，很快被市场中更有资金实力的人所复制；而后者虽然拿到了专利，但耗费了近5年的时间申请下来的专利，却仍然因为缺乏资金而形同废纸。

最让陈武刚接近成功的一次是一项自行研发的专克抽油烟机污垢的“去油灵”产品，当时货品供不应求，生意呱呱叫，看到大批的人上门订货，陈武刚欢欣鼓舞。然而好景不长，他由于市场经验不足而被渠道商所骗，收到的支票屡屡跳票，上百万的收款无端泡汤。加上他“买一罐送一罐”的行销手段，令他被其他店家唾弃，血本无归。这一次，陈武刚不但没能成功，还负债累累。

沉重的打击没有让这个坚毅的年轻人灰心丧气，他反而明白了市场有深浅，就像一片诡异的大海，表面波澜不惊，但处处暗藏旋涡。不死心的陈武刚尝试在一次次的“呛水”中积累经验。

他又开始借着自己的生化背景，在自己的小实验室里“捣鼓”着发明。这一次，他转做美容保养产品，自行研发了一种由氟氨酸调制出来的洁容霜，成为后来克缇事业发展的奠基石。讲起这个发明，陈武刚流露出难得的兴奋，讲起皮肤的弱酸性原理和清洁皮肤的关键技术，他滔滔不绝。

的确，从创始人陈武刚自己开始，克缇的研发一直很看重两件事：第一件事就是要提案或研发单位先讲真话：“到底产品有没有用?”“消费者有没有需要?”如果两者都有肯定的答案，第二件事就要考虑产品的寿命期限。比如说一条水管吧，30 年前的水管跟现在的水管并没有太大的差别，像水管这种东西，就符合了有用、有需求而且产品寿命期限长这些条件。最让陈武刚自豪的是：洁容霜研发出来 20 年，至今没有改过配方，甚至无人能复制，而一批忠诚的客户们也追随了足足 20 年。

可是，尽管有了合适的产品，但当时没有意识到渠道重要性的他，依然将产品寄售在美容院，希望东山再起。然而美容院的钱难收，产品有时要靠赠品才能艰难卖出，以至于做到后来整天苦恼着送什么赠品。生意最终又泡汤了。

而此时的债务加上滚雪球般的利息，陈武刚已经成了“千万负翁”，与当初希望用自己的发明成就梦想的理想相距太远。由于四处找人周转，他已经被亲友列为拒绝往来户，大家看到他的第一句话就是“我没钱可以借你”。

生意失败，加上人际关系破裂，人们很难想象，当时那个已经打拼了 20 年、早已子女绕膝、头发染霜，怀抱满腔奋斗热情、生活却依旧局促的人，如何能够坚持下来。陈武刚只淡淡地看着你，简短地回答：“我有理想，除此以外还有坚定的信心。”

或者，我们能够从他太太，如今也是克缇美容文教基金艺术总监黄丽穗的话中，感受到一丝他的坚毅：“其实我观察他很久，他非常聪明、善良，而且是个成功的等待者，即使口袋里根本没钱，他也西装笔挺，提着公事包，开着车，像一个董事长，不被失意打击……”

1989 年，陈武刚终于创办了自己的克缇国际企业集团，这一回，他已经不再是当年那个“像一个董事长”的人了。而 17 年中，以“健康、美丽、财富”为出发点，他的事业规模也早已超出了他当年所能想象的程度。

蜘蛛理论

在克缇年初的庆祝盛宴上，陈武刚获得了一份意外的贺礼。那是由集团常务董事黄中天博士率所有克缇董事，为他打造的一个“通路大师”的金质奖座。“通路为王”是陈武刚一直强调的事业重点，如今他已尝到了通路的甜头。

这也是他“呛过水”后的教训。在从失败的发明家到成功商人的转变中，陈武刚体会的不仅仅是发明本身的乐趣，“你发明了东西，还必须要有渠道，让消费者去使用，否则发明就是没有意义的，所以我自己建立渠道。”

也正因如此，克缇在台湾独创了以店销、直销、多层次“传销”相结合的“三销合一”的做法，用三条腿走路来分担风险，而且通过店面，让员工自己成为老板后，进行自我约束、自我成长，最终企业也能得到长期发展。而由于政策限制，2000 年以后克缇仅仅将店销的传统模式引入大陆，却意外地规避了风险，也没有当前困扰直销企业的多层次转换成单层次的问题。这种当初被业界讥讽为不伦不类的做法最终让陈武刚占尽了便宜。2005 年，克缇的营业额比 2001 年得到了近 9 倍的增长，建立了近 8 000 名美容顾问和培训讲师的团队。

从这一点来说，陈武刚做了非常谨慎的决策。经营企业17年来，他的“蜘蛛理论”早已为人们熟知。“蜘蛛在网没织好前不会捕捉猎物，织网时也是先有经、后有纬，而一旦网络架好，有任何动静，它都能迅速反应。”

如今，67岁的陈武刚对女儿寄予了很高的期望，在家里，他是“一个平凡而伟大的父亲”，而在公司，他则是企业的精神领袖。“我只制定企业大的方向，不会指导她做具体决策。”因为私下，他已经和女儿说好：“爸爸在台湾，而大陆只有董事长。”

想必，企业的接班人也将是他蜘蛛织网的一部分，他在等待合适的时机。而目前，他只会笑着告诉记者：“我想退休，可大家不让。”

（资料来源：新浪网 http://www.sina.com.cn/，略有修改）

案例思考：

1. 陈武刚身上有哪些人性的魅力？
2. 陈武刚是如何运用蜘蛛理论的？

训练项目：对A品牌进行市场定位。

训练目的：

（1）能正确意识到市场定位的重要意义。

（2）学会运用市场定位的依据理论对不同类别的产品进行定位。

（3）学会对A品牌化妆品进行独特销售主张的广告词提炼。

训练时间：70分钟。

训练组织：

（1）组建训练团队，分5个团队，每个团队6~8人。

（2）5个团队进行抽签，从产品属性利益、价格质量、产品档次、产品使用者、产品竞争者这5个方面挑选其中一个进行市场定位。

（3）各团队根据产品的竞争优势提炼出产品的独特销售主张即核心广告宣传语。

（4）每组广告宣传语不能少于5条，每条广告宣传语不能超过15个字。

（5）各团队派代表上台，展示市场定位的依据及广告宣传语。

（6）团队之间互评表现，最后由教师整体评价，并给予指导。

考核标准：

（1）产品的市场定位是否清晰，可塑性是否强。

（2）广告宣传语是否有创意、新意，让人容易记忆。

（3）各团队汇总的广告语是否够丰富和差异化。

如何正确使用香水

很多人误以为香水喷于腋下可以遮盖体味，其实不然。香气一旦混合体味反而会产生一股怪味，所以正确使用香水的方法你必须知道。

（1）香水应喷于不易出汗、脉搏跳动明显的部位，如耳后、脖子、手腕及膝后。

（2）使用香水时不要一次喷得过多，少量而多处喷洒效果最佳。

（3）不要把香水喷于浅色的衣物上，以免留下污渍。

（4）沐浴后身体湿气较重时，将香水喷于身上，香味会释放得更明显。

（5）若想制造似有似无的香气，你可将香水先喷于空气中，然后在充满香水的空气中旋转一圈，令香水均匀地落于身上。

注意：皮肤敏感者可将香水喷于内衣、手帕或裙摆处。

1. 衣服上可以洒香水的位置

通常香水不宜直接洒在衣服上，以免形成色痕。但随着香水的无色透明化，色痕的形成有时不会太明显，但还是应避免喷在高档服装的显眼部位。在一些隐蔽的位置喷洒香水，既可减少香水对皮肤的刺激，又可提高使用效果。尤其是秋、冬季着厚衣时，洒到身体的某些部位往往不如洒到衣服上效果更佳。这些位置是：①围巾、帽子、衣领、手套和胸前内领口；②内衣；③裙角花边或裙角里衬；④衣襟、袖口里衬等。

2. 季节与香水使用

春季多风，气候干燥，皮肤最易过敏，香水尽量不要洒到皮肤上，应以选择洒在衣物上为主。人对香气的领悟性在春季也较高，干燥的空气易使香气很快得以散发，香水可以清淡型为主。早春使用花香型，晚春使用果香型更能给人以新鲜感。

夏季是传统的用香旺季，气候炎热，空气混浊，异味大，香水以清淡型为主，宜少洒、勤洒，只要经常保持愉快的淡淡的香气即可。夏季用香方法一般多洒在头发、头饰上，女士洒在裙边更佳。

秋季是冬季的序曲，与冬季有许多相似之处，人的嗅觉变得迟钝，对香水的领悟不高，香水可适当浓些，以洒在鬓边、衣领、手帕上为佳，各种香型都适合。

东方人偏重强调夏季使用香水，其实冬季也是散发魅力的季节。严寒的冬季，缺少绿色与生机，更需要香的点缀。此时选择香气浓郁一点的花香型、动物香型的香水，会给人一种温暖、热烈的感觉。冬日寒冷的气候不利于香水的散发，香气挥发慢，但留香时间长，因而一次可少喷些。

3. 香水礼仪

（1）探病或就诊：用淡香水比较好，以免影响医生和病人。

（2）参加严肃会议：千万不要用浓香水。

（3）工作时间：切忌个性强烈的香水。

（4）宴会：香水涂抹在腰部以下是基本的礼貌。过浓的香水会影响食物的味道，可能会减低食欲。

（5）婚礼：在这种喜洋洋的场合，香氛可以倍增喜气。白天可以选择淡香水，晚上则可选择浓香水。

（6）约会：约会时宜选用以柑橘水果和苔类香草为原料的香水。

（7）雨天：潮湿的空气会让香气在水区域内弥散，选用淡香水为宜。

（8）户外：运动和逛街都易流汗，汗水与香水味混合在一起总会让人敬而远之，这时应选用无酒精香水或运动型香水。

4. **香水的妙用**

香水如花香一样具有镇静及安抚精神的作用。玫瑰、柑橘花、薰衣草、茉莉等都是宁神效果极佳的植物，将以此为主要原料的香水，滴两三滴在脚上、手腕上或耳根之后再入睡，能使你的梦更甜蜜。

（资料来源：昕薇网 http://www.ixinwei.com/，略有修改）

项目四

制定化妆品产品策略

知识目标

- 了解化妆品整体产品概念。
- 掌握化妆品企业产品组合的相关概念。
- 掌握化妆品企业生命周期概念以及各个阶段的策略。
- 掌握化妆品包装和品牌的相关概念及策略。

技能目标

- 能概括出产品的整体概念层次。
- 能制定出化妆品企业在每个生命周期阶段的营销策略。
- 具备化妆品企业基本品牌策划能力。

A品牌化妆品企业在半年内对美白补水系列的产品进行了投产和销售，销量情况良好。公司决定在原有的基础上引进一条抗皱系列产品的生产线，扩大公司产品组合的宽度，同时决定增加美白补水生产线长度，增加几个子品牌，另外也同时对增加的几个美白补水产品及抗皱的产品进行包装设计。

任务1：针对A企业即将投产的抗皱系列产品，制定出一份比较详细的产品组合方案。

任务2：针对A市即将增加的美白补水系列的子品牌，给他们分别起几个切合的品牌名字。

任务3：针对美白补水系列和抗皱系列的产品设计出两套有特色的包装方案。

任务4：针对美白和抗皱两大品牌系列的产品制定出切合实际的品牌策略。

美即用“面膜哲学”定义品类价值

2015年5月18日，“面膜的哲学——2015美即面膜品牌发布会”在上海世博秀场上演，宣告美即面膜全面升级，美即的品类发展在经历了特殊护理时期、大众快消时期之后开始进入第三个阶段的品类价值确立阶段。

发布会以“面膜哲学”为主题，现场以纯净的质感和色调赋予整个空间禅意般的宁静。美即控股国际有限公司CEO佘雨原先生现场解读“面膜哲学”，诠释面膜“时空之于护肤的意义”这一独特的品类价值。随后，美即面膜原生润、流金丝语、缤纷三大系列产品亦逐一亮相，引起广泛关注。

“面膜美学”和“面膜科学”，正是美即“面膜哲学”中的两大关键，加上十几年来对“面膜史学”的深刻理解，佘雨原提出的“面膜哲学”实际上就是面膜作为具有独特价值的护肤品品类的发展理论。

“面膜不应是过度风尚化的产物，而是区隔于护肤品的，具有其独特价值的专业品类。”佘雨原表示，面膜又具有非常独有的特征，它集中体现了东方的养护理念，充分表达了时空之于护肤的意义，实现了在面膜的时空中，享受身心放松愉悦的体验之美，和面膜深透滋养给肌肤带来的自然健康之美。

“面膜哲学”的提出，实质上是对面膜人文、科技两种属性的完美融合和完整诠释。置身于人文与科技的十字路口，指明面膜发展的未来。

在主题演讲中，佘雨原强调：“面膜完美诠释了时空之于护肤的意义。”在他看来，没有一种美容产品能像面膜这样，给予人属于自己的时间和空间。就像是东方的茶叶、西方的红酒，面膜在独特护肤功能价值之外，其文化属性也非常明显。它源于东方，且有能力走向世界。

作为美即“面膜哲学”的重要组成部分和推进引擎，与欧莱雅的“联姻”极大提升了美即面膜的科研实力。

值得注意的是，在此次亮相的三个系列产品中，你可以在每个系列发现美即与欧莱雅“联姻”所带来的强大合力。例如“原生润系列”蕴含肌肤持水力重建科技，专利的Aqua Keep水衡深润动力因子，具有很好的渗透性小分子糖，能改善皮肤屏障，减少水分散失。“流金丝语系列”通过欧莱雅实验室专利技术，使一张面膜含有35 000个透明质酸微胶囊，能够融入肌肤，充盈、减少干纹。

“美即的愿景是创建一个品类，树立一个品牌，传播一种文化。”佘雨原表示，面膜源自东方，但护肤是世界的，美即期待有一天，将面膜哲学传递到全世界，让面膜成为一个代表东方的文化符号。

关于面膜哲学

“面膜哲学”就是面膜的品类价值，为了更好地理解这一点，我们首先要厘清面膜与其他美容手段的关系。

从古到今，为了实现“美”，归纳起来不外乎有三种途径：东方的养护（即护肤），西方的修饰（即彩妆），以及现代医学对容颜的雕琢、改变（即整容）。面膜源自东方，很显然，它属于护肤的范畴；同时，在护肤的范畴里，面膜又具有非常独有的特征，它集中体现了东方的养护理念，充分表达了时空之于护肤的意义，实现了在面膜的时空中，享受身心放松愉悦的体验之美，和面膜深透滋养给肌肤带来的自然健康之美。

面膜哲学包含两个层面的内容：

第一，面膜的美学。面膜拥有独特的使用体验，15 分钟，让消费者暂时抽离周围的世界，静享休闲放松、身心愉悦的美好，由此可见，这是一个实现美的过程，但同时这个过程本身也是一种美的感悟。由此联想到东方的茶叶以及西方的红酒，除了产品本身的理性价值以外，它们都蕴含着独特的审美过程，从而形成自身特有的文化符号，如茶道。

第二，面膜的科学。面膜拥有独特的理性价值，膜布的包裹与隔离，为肌肤营造独特的滋养吸收小环境，15 分钟，精华与肌肤亲密接触，在密闭与压力的作用下层层深入，慢慢地、慢慢地，深深地、深深地，达到真正的深透滋养，实现肌肤的自然健康之美。

以上两个方面，都离不开时间与空间的概念，都充分诠释了时空之于护肤的意义，也充分体现了东方的养护理念。同时，这两个方面也是面膜区别于其他护肤品的重要特征，也就是说，这是面膜独特的品类价值。

（资料来源：网易网 http://www.163.com/，略有修改）

【问题引出】

（1）你从美即面膜的这篇文章中读到了什么？

（2）美即面膜品牌文化的塑造主要体现在哪些方面？

4.1　化妆品产品整体概念

4.1.1　产品整体概念

企业营销活动是以满足消费者需求为中心，而市场需求的满足只能通过提供产品和服务来实现。企业的成功与发展，从一定意义上讲，关键在于产品能在多大程度上满足消费者的需要，以及产品策略的正确与否。

目标市场确定以后，企业就要根据目标市场的需要来开发和生产满足市场需求的产品，有了产品，企业还要制定相应的品牌包装策略，利用合理的产品组合，根据产品在市场上的寿命状况运用各种营销策略，以使企业的产品能受到消费者的欢迎，同时不断推出新的产品，力争长盛不衰。

研究产品策略，首先必须明确什么是产品。市场营销学所讲的产品，是人们通过购买或租赁所获得的需要的满足。换句话说，凡是提供给市场、用于满足人们某种需要的任何事物（包括实物、服务、主意等），都是市场营销学所讲的产品。这种产品既可以是实物形态的，也可以是非实物形态的。如服务，由于它能使消费者得到更大更多的满足，因而也是一种产品，是一种非物质形态的产品。因此，市场营销学所讲的产品是一个整体概念，包含三个层次的内容：核心产品、形式产品、附加产品。市场营销学关于产品的整体概念如图 4－1 所示。

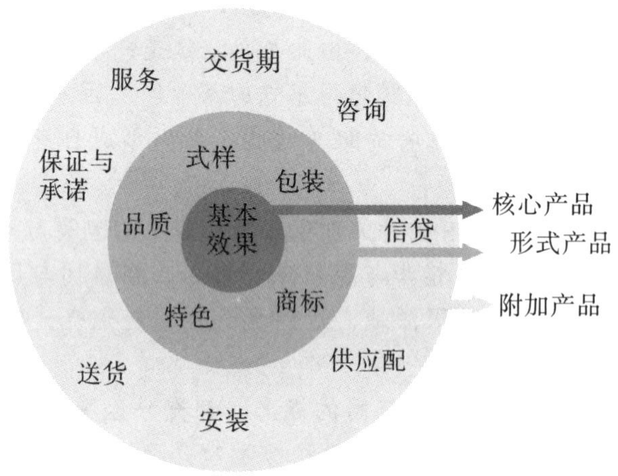

图 4－1　产品整体概念示意图

1. 核心产品

核心产品是指消费者购买某种产品时所追求的利益，是顾客真正要买的东西，因而在产品整体概念中也是最基本、最主要的部分。消费者购买某种产品，并不是为了占有或获得产品本身，而是为了获得能满足某种需要的效用或利益。

2. 形式产品

形式产品是核心产品借以实现的形式，即向市场提供的实体和服务的形象。如果有形产品是实体品，则它在市场上通常表现为产品质量水平、外观特色、式样、品牌名称和包装等。产品的基本效用必须通过某些具体的形式才得以实现。市场营销者应首先着眼于顾客购买产品时所追求的利益，以求更完美地满足顾客需要，从这一点出发再去寻求利益得以实现的形式，进行产品设计。

3. 附加产品

附加产品是顾客购买有形产品时所获得的全部附加服务和利益，包括提供信贷、免费送货、质量保证、安装、售后服务等。附加产品的概念来源于对市场需要的深入认识。因为购买者的目的是满足某种需要，因而他们希望得到与满足该项需要有关的一切。美国学者西奥多·莱维特曾经指出："新的竞争不是发生在各个公司的工厂生产什么产品，而是发生在其产品能提供何种附加利益，如包装、服务、广告、顾客咨询、融资、送货、仓储及具有其他价值的形式”。

4.1.2　化妆品概念及分类

化妆品是指以涂擦、喷洒或者其他类似的方法，散布于人体表面任何部位（皮肤、毛发、指甲、口唇等），以达到清洁、消除不良气味、护肤、美容和修饰目的的日用化学工业产品。

随着市场经济的发展，人们的生活水平日益提高，各种各样的化妆品也相继产生，要制定科学合理的化妆品营销策略就必须对化妆品进行一个科学的分类。

1. 按用途分类

发用类：包括洗发、护发、养发、固发、美发类化妆品。

护肤类：包括膏、霜、乳液、化妆用油类等护肤化妆品。

美容修饰类：包括胭脂香粉类、唇膏类、洁肤类化妆品，指甲用化妆品类、眼部用化妆品类。

香水类：包括香水类等液体状化妆品。

2. 按功效和监管形式分类

按功效和监管形式可分为普通化妆品和特殊用途化妆品。

特殊用途化妆品分为九类，包括育发、染发、烫发、脱毛、美乳、健美、除臭、祛斑、防晒。

育发：有助于毛发生长、减少脱发和断发的化妆品。

染发：具有改变头发颜色作用的化妆品。

烫发：具有改变头发弯曲度，并维持相对稳定的化妆品。

脱毛：具有减少、消除体毛作用的化妆品。

美乳：有助于乳房健美的化妆品。

健美：有助于使体形健美的化妆品。

除臭：有助于消除腋臭的化妆品。

祛斑：用于减轻皮肤表皮色素沉着的化妆品。

防晒：具有吸收紫外线作用、减轻因日晒引起皮肤损伤功能的化妆品。

除防晒产品外，其他均不进行功效评价。

3. 按产品形态、生产工艺特点分类

按产品形态、生产工艺特点可分为乳化状化妆品、悬浊化妆品、油状化妆品、粉状化妆品、淀状化妆品、膏状化妆品、喷雾状化妆品、笔状化妆品、其他化妆品。

乳化状化妆品：各种膏霜、洁面霜、粉底霜、营养霜、冷霜、雪花膏、发乳、洗发香波等。

悬浊化妆品：染发剂等。
油状化妆品：如发油、按摩油、发蜡等。
粉状化妆品：如各种香粉、痱子粉、爽身粉、粉饼等。
淀状化妆品：唇膏、除臭剂等。
膏状化妆品：如护发素、洗发膏、睫毛膏等。
喷雾状化妆品：如喷雾发胶、香水、脱毛剂、花露水等。
笔状化妆品：眉笔、唇线笔等。
其他化妆品：香粉纸、香水纸、摩丝等。

【小讨论】

化妆品除了以上三大分类外，还有什么其他的分类方式吗？

4.2 化妆品产品组合策略

4.2.1 产品组合的几个概念

1. 产品组合

产品组合是指企业生产或销售的全部产品的大类产品项目组合。

2. 产品线

产品线是指同一产品种类中具有密切关系的一组产品。他们以类似的方式起作用，或通过相同的销售网点销售，或者满足消费者相同的需要。

3. 产品项目

产品项目是指一类产品中品牌、规格、式样、价格所不同的每一个具体产品。

4. 产品组合的宽度、长度、深度和关联性

产品组合的宽度是指产品组合所包含产品大类的多少。
产品组合的深度是指每个产品所包含花色、式样、规格的多少。
产品组合的长度是指产品组合中所包含产品项目的总和。
产品组合的关联性是指一个企业的各个产品线在最终使用、生产条件、分销渠道和其他方面相互关联的程度。

一般情况下，企业增加产品组合宽度，有利于扩大经营范围，发挥企业特长，提高经济效益，分散经营风险；增加产品组合的深度，可占领更多细分市场，满足消费者广泛的需求和爱好，吸引更多的消费者；增加产品组合的长度，可以满足消费者不同的需

求，增加企业经济效益；而增加产品组合关联性，则可以使企业在某一特定领域内加强竞争力和获得良好声誉。

产品组合的宽度

产品组合的长度	洗发护发	肌肤护理	口腔护理	衣物洗涤	妇幼用品	男士用品
	飘柔 海飞丝 潘婷 沙宣 伊卡璐	玉兰油 SK-Ⅱ 伊奈美 封面女郎 舒肤佳	佳洁士 欧乐 B	碧浪 汰渍	护舒宝 帮宝适	吉列

图 4－2 宝洁公司产品组合图

图中产品组合的宽度为 6，长度即产品项目总数为 19，平均长度为 3。

【小思考】

化妆品企业产品宽度、深度和关联度存在什么关系？

4.2.2 产品组合的策略

1. 扩大产品组合策略

扩大产品组合策略是开拓产品组合的广度和加强产品组合的深度。开拓产品组合广度是指增添一条或几条产品线，扩展产品经营范围；加强产品组合深度是指在原有的产品线内增加新的产品项目，具体方式有以下几种。

（1）在维持原产品品质和价格的前提下，增加同一产品的规格、型号和款式。

（2）增加不同品质和不同价格的同一种产品。

（3）增加与原产品相类似的产品。

（4）增加与原产品毫不相关的产品。

扩大产品组合的优点有：满足不同偏好消费者的多方面需求，提高产品的市场占有率；充分利用企业信誉和商标知名度，完善产品系列，扩大经营规模；充分利用企业资源和剩余生产能力，提高经济效益；减小市场需求变动性的影响，分散市场风险，降低损失程度。

2. 缩减产品组合策略

缩减产品组合策略是削减产品线或产品项目，特别要取消那些获利小的产品，以便集中力量经营获利大的产品线和产品项目。缩减产品组合的方式有：①减少产品线数量，实现专业化生产经营；②保留原产品线削减产品项目，停止生产某类产品，外购同类产品继续销售。

缩减产品组合的优点：集中资源和技术力量改进保留产品的品质，提高产品商标的知名度；生产经营专业化，提高生产效率，降低生产成本；有利于企业向市场的纵深发展，寻求合适的目标市场；减少资金占用，加速资金周转。

3. 高档产品策略

高档产品策略，就是在原有的产品线内增加高档次、高价格的产品项目。实行高档产品策略主要有这样一些益处：高档产品的生产经营容易为企业带来丰厚的利润；可以提高企业现有产品声望，提高企业产品的市场地位；有利于带动企业生产技术水平和管理水平的提高。采用这一策略的企业也要承担一定风险。因为，企业一贯生产廉价产品的形象在消费者心目中不可能立即转变，使得高档产品不容易很快打开销路，从而影响新产品项目研制费用的迅速收回。像法国的欧莱雅集团，它把旗下的品牌分为三个等级，其中赫莲娜、兰蔻、碧欧泉主打高端品牌路线。以下是欧莱雅集团在中国的金字塔品牌架构图。

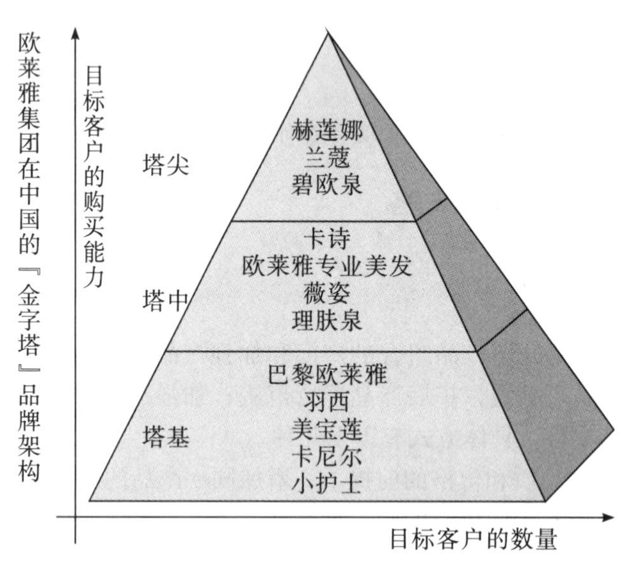

图4－3　欧莱雅在中国的金字塔品牌架构图

4. 低档产品策略

低档产品策略，就是在原有的产品线中增加低档次、低价格的产品项目。实行低档产品策略的好处：借高档名牌产品的声誉，吸引消费水平较低的顾客慕名购买该产品线中的低档廉价产品；充分利用企业现有生产能力，补充产品项目空白，形成产品系列；增加销售总额，扩大市场占有率。与高档产品策略一样，低档产品策略的实行能够迅速为企业寻求新的市场机会，同时也会带来一定的风险。如果处理不当，可能会影响企业原有产品的市场声誉和名牌产品的市场形象。

像天津郁美净集团多年以来一直秉承物美价廉的企业经营路线，公司的儿童霜长年以来在中国广大的农村市场占据霸主地位。

图 4－4　郁美净儿童霜

【引例 4－1】

宝洁，变幻的产品组合

尽管面临裁员 6 000 人，负债比率大幅上升，并有被标准普尔列入负面“信用观察”名单的代价，宝洁仍决心将对吉列 570 亿美元的收购计划进行下去。

与吉列联姻的一种解读是，宝洁希望减少对日用消费品的依赖。168 年前，这家公司靠蜡烛和肥皂起家，此后长期活跃在日用消费品领域，以收购增加新品，减少对日用品的依赖。

不过今天，这家公司正面临着行业的挑战。近年来行业的利润正在被削薄，诸如纸浆、咖啡和石油等原材料成本及运输费在不断涨价，面对竞争的加剧公司又无法提高售价，特别是石油价格一路攀升，对日用消费品行业来说，似乎提前进入了秋天。

以洗衣粉为例，石油涨价前，洗衣粉毛利润一般维持在 20% ~30% 之间。涨价后，因洗衣粉的成本上涨了 40% 以上，包括联合利华（Unilever）、高露洁等国际日化企业都遭遇了经营的重创，这是一个令行业头疼的问题。金佰利和高露洁－棕榄因此做出了裁员并增加营销和促销支出的决定，而最新的数据也表明，上一季度宝洁的日用品部门利润因此下降了 11%。

为了弱化日用消费品对企业的影响，“Beauty Company”被提到了宝洁全球战略高度。他们在美容品和保健品等方面大力投资，在这些产品领域，消费者对价格的敏感程度较低。

要迅速地进入“美丽行业”，宝洁采取了收购的策略，早在对吉列收购前，2001 年，宝洁以 50 亿美元收购了伊卡璐公司。而吉列在剃须刀、男士美容护肤品和类似于金霸王这些非日用品行业能帮助宝洁迅速地进入男士高端市场。

过去 4 年，宝洁实现了 200 个品牌产品的更新换代，并创造了不少全新的产品类别，如美白牙贴，现在这种产品的销售额已达到 20 亿美元。

这当然不能只靠收购来实现。至少在目前，多数新品的推出还得靠自身研发来实现。这也是宝洁多年的立身之本。而今，研发已被延续到消费者中间。

梅莉莎·克罗伊泽尔是宝洁研究中心的产品研究员。每个月，她都要离开实验室几天，去做一些看似与本职无关的事——拜访消费者。她的拜访不只是一般的访谈，而是要到他们家里实际观察，了解他们在生活中遇到的麻烦以及需要。

让研究人员走出实验室的政策，是宝洁 CEO 雷富礼（A. G. Lafley）上任后开始实行的。不仅是研究人员，就连雷富礼这个教授模样的 CEO 也会时不时化名到消费者家中“微服私访”。其实，这只不过是雷富礼 4 年前开始推行的新创新模式的一部分。

如果说新品的研发是宝洁产品线的加法，那么与此同时，公司也在做一种减法，那就是销售更多像汰渍这样的畅销产品。如同对 4 年前雷富礼做出决定时的理解，“销售更多的汰渍，比发明一个新汰渍要容易得多”。通过减法，宝洁的畅销品牌定为 10 个，此后增长到 13 个，包括美容领域的 OLAY。

（资料来源：新浪网 http://www.sina.com.cn/，略有修改）

4.3 化妆品生命周期策略

4.3.1 产品生命周期概述

1. 产品生命周期的概念

产品市场生命周期，是指产品从投放市场到被淘汰出市场的全过程，即产品在市场上的存在时间，其长短受消费者需求变化、产品更新换代的速度等多种因素影响。产品市场生命与产品的使用寿命概念不同，市场营销学所研究的是产品市场生命周期。

2. 产品生命周期的划分及特征

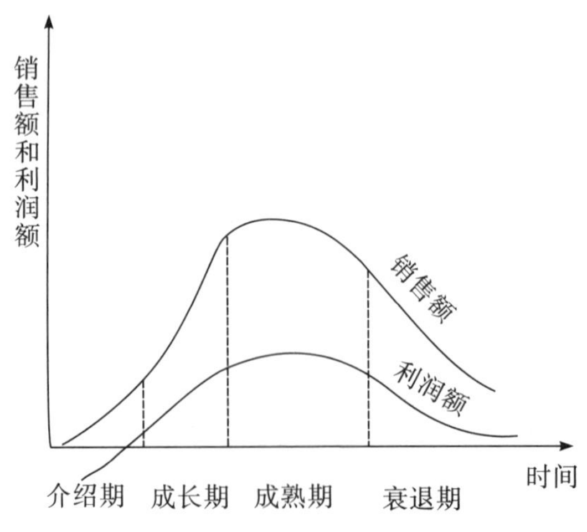

图 4－5 产品生命周期示意图

【小思考】

为什么在生命周期的介绍期企业利润线会出现负值？

产品生命周期一般可分为四个阶段：介绍期、成长期、成熟期和衰退期。

（1）介绍期。新产品投入市场，便进入介绍期。此时，顾客对产品还不了解，只有少数追求新奇的顾客可能购买，销售量很低。为了扩展销路，需要大量的促销费用，对产品进行宣传。在这一阶段，由于技术方面的原因，产品不能大批量生产，因而成本高，销售额增长缓慢，企业不但得不到利润，反而可能亏损，产品也有待进一步完善。

（2）成长期。这时顾客对产品已经熟悉，大量的新顾客开始购买，市场逐步扩大。产品大批量生产，生产成本相对降低，企业的销售额迅速上升，利润也迅速增长。竞争者看到有利可图，便纷纷进入市场参与竞争，使同类产品供给量增加，价格随之下降，企业利润增长速度逐步减慢，最后达到生命周期利润的最高点。

（3）成熟期。市场需求趋向饱和，潜在的顾客已经很少，销售额增长缓慢直至转而下降，标志着产品进入了成熟期。在这一阶段，竞争逐渐加剧，产品售价降低，促销费用增加，企业利润下降。

（4）衰退期。随着科学技术的发展，新产品或新的代用品出现，将使顾客的消费习惯发生改变，转向其他产品，从而使原来产品的销售额和利润额迅速下降。于是，产品又进入了衰退期。

4.3.2 产品生命周期各阶段的营销策略

1. 介绍期市场营销策略

介绍期的特征是产品销量少，促销费用高，制造成本高，销售利润很低甚至为负值。根据这一阶段的特点，企业应努力做到：投入市场的产品要有针对性；进入市场的时机要合适；设法把销售力量直接投向最有可能的购买者，使市场尽快接受该产品，以缩短介绍期，更快地进入成长期。

在产品的介绍期，一般可以由产品、分销、价格、促销四个基本要素组合成各种不同的市场营销策略。将价格高低与促销费用高低结合起来考虑，有下面四种策略。

（1）快速撇脂策略，即以高价格、高促销费用推出新产品。实行高价策略可在每单位销售额中获取最大利润，尽快收回投资；高促销费用能够快速建立知名度，占领市场。实施这一策略须具备以下条件：产品有较大的需求潜力；目标顾客求新心理强，急于购买新产品；企业面临潜在竞争者的威胁，需要及早树立品牌形象。一般而言，在产品引入阶段，只要新产品比替代的产品有明显的优势，市场对其价格就不会那么计较。

（2）缓慢撇脂策略。以高价格、低促销费用推出新产品，目的是以尽可能低的费用开支求得更多的利润。实施这一策略的条件：市场规模较小；产品已有一定的知名度；目标顾客愿意支付高价；潜在竞争的威胁不大。

（3）快速渗透策略。以低价格、高促销费用推出新产品，目的在于先发制人，以最快的速度打入市场，取得尽可能大的市场占有率。然后再随着销量和产量的扩大，使单位成本降低，取得规模效益。实施这一策略的条件：该产品市场容量相当大；潜在消费者对产品不了解，且对价格十分敏感；潜在竞争较为激烈；产品的单位制造成本可随生产规模和销售量的扩大迅速降低。

（4）缓慢渗透策略。以低价格、低促销费用推出新产品。低价可扩大销售，低促销费用可降低营销成本，增加利润。这种策略的适用条件：市场容量很大；市场上该产品的知名度较高；市场对价格十分敏感；存在某些潜在的竞争者，但威胁不大。

2. 成长期市场营销策略

新产品经过市场介绍期以后，消费者对该产品已经熟悉，消费习惯也已形成，销售量迅速增长，这种新产品就进入了成长期。进入成长期以后，老顾客重复购买，并且带来了新的顾客，销售量激增，企业利润迅速增长，在这一阶段利润达到高峰。随着销售量的增大，企业生产规模也逐步扩大，产品成本逐步降低，新的竞争者会投入竞争。随着竞争的加剧，新的产品特性开始出现，产品市场开始细分，分销渠道增加。企业为维持市场的继续成长，需要保持或稍微增加促销费用，但由于销量增加，平均促销费用有所下降。针对成长期的特点，企业为维持其市场增长率，延长获取最大利润的时间，可以采取下面几种策略。

（1）改善产品品质。如增加新的功能，改变产品款式，发展新的型号，开发新的用途等。对产品进行改进，可以提高产品的竞争能力，满足顾客更广泛的需求，吸引更多的顾客。

（2）寻找新的细分市场。通过市场细分，找到新的尚未满足的细分市场，根据其需要组织生产，迅速进入这一新的市场。

（3）改变广告宣传的重点。把广告宣传的重心从介绍产品转到建立产品形象上来，树立产品名牌，维系老顾客，吸引新顾客。

（4）适时降价。在适当的时机，可以采取降价策略，以激发那些对价格比较敏感的消费者产生购买动机和采取购买行动。

3. 成熟期市场营销策略

进入成熟期以后，产品的销售量增长缓慢，逐步达到最高峰，然后缓慢下降；产品的销售利润也从成长期的最高点开始下降；市场竞争非常激烈，各种品牌、各种款式的同类产品不断出现。

对成熟期的产品，宜采取主动出击的策略，使成熟期延长，或使产品生命周期出现再循环。为此，可以采取以下三种策略。

（1）市场调整。这种策略不是要调整产品本身，而是发现产品的新用途、寻求新的用户或改变推销方式等，以使产品销售量得以扩大。

（2）产品调整。这种策略是通过产品自身的调整来满足顾客的不同需要，吸引有不同需求的顾客。整体产品概念的任何一层次的调整都可视为产品再推出。

（3）市场营销组合调整。即通过对产品、定价、渠道、促销四个市场营销组合因素加以综合调整，刺激销售量的回升。常用的方法包括降价、提高促销水平、扩展分销渠道和提高服务质量等。

4. **衰退期市场营销策略**

衰退期的主要特点：产品销售量急剧下降；企业从这种产品中获得的利润很低甚至为零；大量的竞争者退出市场；消费者的消费习惯已发生改变等。面对处于衰退期的产品，企业需要进行认真的研究分析，决定采取什么策略，在什么时间退出市场。通常有以下几种策略可供选择。

（1）继续策略。继续沿用过去的策略，仍按照原来的细分市场，使用相同的分销渠道、定价及促销方式，直到这种产品完全退出市场为止。

（2）集中策略。把企业能力和资源集中在最有利的细分市场和分销渠道上，从中获取利润。这样有利于缩短产品退出市场的时间，同时又能为企业创造更多的利润。

（3）收缩策略。抛弃无希望的顾客群体，大幅度降低促销水平，尽量减少促销费用，以增加目前的利润。这样可能导致产品在市场上的衰退加速，但也能从忠实于这种产品的顾客中得到利润。

（4）放弃策略。对于衰退比较迅速的产品，应该当机立断，放弃经营。可以采取完全放弃的形式，如把产品完全转移出去或立即停止生产；也可采取逐步放弃的方式，使其所占用的资源逐步转向其他产品。

4.4　化妆品新产品开发

4.4.1　新产品认识

新产品是指采用新技术原理、新设计构思研制、生产的全新产品，或在结构、材质、工艺等某一方面比原有产品有明显改进，从而显著提高了产品性能或扩大了使用功能的产品。从市场营销的角度看，凡是企业向市场提供的过去没有生产过的产品都叫新产品。具体地说，只要是产品整体概念中的任何一部分的变革或创新，并且给消费者带来新的利益、新的满足的产品，都可以认为是一种新产品。

市场营销意义上的新产品含义很广，除包含因科学技术在某一领域的重大发现所产生的新产品外，还包括：在生产销售方面，只要产品在功能或形态上发生改变，与原来的产品产生差异，甚至只是产品从原有市场进入新的市场，都可视为新产品。在消费者方面，则是指能进入市场给消费者提供新的利益或新的效用而被消费者认可的产品。按产品研究开发过程，新产品可分为全新产品、模仿型新产品、改进型新产品、形成系列型新产品、降低成本型新产品和重新定位型新产品。

1. **全新产品**

全新产品是指应用新原理、新技术、新材料，生产出的具有新结构、新功能的产品。

例如2009年兰蔻推出的小黑瓶，是全球首款以“基因保养”为主的精华肌底护肤产品。它荣获全球130多项美容大奖，是每两分钟售出一瓶的No. 1口碑产品。

图4-6 兰蔻小黑瓶

2. 改进产品

改进产品是指在原有老产品的基础上进行改进，使产品在结构、功能、品质、花色、款式及包装上具有新的特点和新的突破。改进后的新产品，其结构更加合理，功能更加齐全，品质更加优质，能更多地满足消费者不断变化的需要。例如2011年3月，花王中国旗下的碧柔男士品牌于3月28日全新推出深层净透洁面露、活能焕采磨砂啫喱、活能焕采活肤液3款产品，并对品牌下属五大系列产品进行全面改良。

3. 换代产品

换代产品是指采用新技术、新结构、新方法或新材料在原有技术基础上有较大突破的新产品。

例如2012年玉兰油推出的多效修护霜进行了新装升级，它的最新亲肤配方——维生素B3、维生素C、氧化锌、钠、镁，与玉兰油高效保湿滋润成分，为肌肤提供全方位的养护。干燥、细纹、粗糙、暗沉、松弛、肤色不均、毛孔粗大——七大岁月痕迹一瓶对抗，帮助更有效抵御，不仅滋养水润肌肤，使肌肤柔滑细腻，外观上减少细纹，更能对抗暗哑，均匀肤色；紧致肌肤，使毛孔不明显。小小泵头，隐藏巨大能量，轻轻一按，轻薄质地即刻享受，帮助七大困扰远离肌肤。

图4-7 玉兰油多效修护系列

4. **仿制产品**

仿制产品是企业对国内外市场上已有的产品进行模仿生产的新产品。

盗版仿制并未止于电影、软件和音乐。冒牌劳力士手表、香奈儿香水和古驰包到处可见。以下是高仿的香奈儿香水的图片。

图 4－8　高仿香奈儿香水

4.4.2　开发新产品的意义

(1) 开发新产品是企业生存和发展的根本保证。

(2) 开发新产品能够更好地满足人们日益增长的物质和文化生活要求。

(3) 开发新产品是提高企业竞争能力的重要手段。

(4) 开发新产品是提高企业经济效益的重要手段。

4.4.3　开发新产品的程序

新产品开发是一项极其复杂的工作，从根据用户需要提出设想到正式生产产品并投放市场为止，其中经历许多阶段，涉及面广、科学性强、持续时间长，因此必须按照一定的程序开展工作。这些程序之间互相促进、互相制约，才能使产品开发工作协调、顺利地进行。产品开发的程序是指从提出产品构思到正式投入生产的整个过程。由于行业的差别和产品生产技术的不同特点，特别是选择产品开发方式的不同，新产品开发所经历的阶段和具体内容并不完全一样。现以加工装配性质企业的自行研制产品开发方式为对象，来说明新产品开发需要经历的各个阶段。

1. **调查研究阶段**

发展新产品的目的，是满足社会和用户需要。用户的要求是新产品开发选择决策的主要依据，为此必须认真做好调查计划工作。这个阶段主要是提出新产品构思以及新产品的原理、结构、功能、材料和工艺方面的开发设想和总体方案。

2. **新产品开发的构思创意阶段**

新产品开发是一种创新活动，产品创意是开发新产品的关键。在这一阶段，要根据社会调查掌握的市场需求情况以及企业本身条件，充分考虑用户的使用要求和竞争对手的动向，有针对性地提出开发新产品的设想和构思。产品创意对新产品能否开发成功有至关重要的意义和作用。企业新产品开发构思创意主要来自三个方面：一是来自用户。企业着手开发新产品，首先要通过各种渠道掌握用户的需求，了解用户在使用老产品过程中有哪些改进意见和新的需求，并在此基础上形成新产品开发创意。二是来自本企业职工。特别是销售人员和技术服务人员，由于他们经常接触用户，用户对老产品的改进意见与需求变化他们都比较清楚。三是来自专业科研人员。科研人员具有比较丰富的专业理论和技术知识，要鼓励他们发扬这方面的专长，为企业提供新产品开发的创意。此外，企业还通过情报部门、工商管理部门、外贸等渠道，征集新产品开发创意。

新产品创意包括三个方面的内容：产品构思、构思筛选和产品概念的形成。

（1）产品构思。产品构思是在市场调查和技术分析的基础上，提出新产品的构想或有关产品改良的建议。

（2）构思筛选。并非所有的产品构思都能发展成为新产品。有的产品构思可能很好，但与企业的发展目标不符合，也缺乏相应的资源条件；有的产品构思可能本身就不切实际，缺乏开发的可能性。因此，必须对产品构思进行筛选。

（3）产品概念的形成。经过筛选后的构思仅仅是设计人员或管理者头脑中的概念，离产品还有相当大的距离，还需要形成能够为消费者接受的、具体的产品概念。产品概念的形成过程实际上就是构思创意与消费者需求相结合的过程。

3. 新产品设计阶段

产品设计是指从确定产品设计任务书起到确定产品结构为止的一系列技术工作的准备和管理，是产品开发的重要环节，是产品生产过程的开始，必须严格遵循“三段设计”程序。

（1）初步设计阶段。这一般是为下一步技术设计做准备。这一阶段的主要工作就是编制设计任务书，让上级对设计任务书提出体现产品合理设计方案的改进性和推荐性意见，经上级批准后，作为新产品技术设计的依据。它的主要任务在于正确地确定产品最佳总体设计方案、设计依据、产品用途及使用范围、基本参数及主要技术性能指标、产品工作原理及系统标准化综合要求、关键技术解决办法及关键元器件，特殊材料资源分析、对新产品设计方案进行分析比较，运用价值工程，研究确定产品的合理性能及通过不同结构原理和系统的比较分析，从中选出最佳方案等。

（2）技术设计阶段。技术设计阶段是新产品的定型阶段。它是在初步设计的基础上完成设计过程中必需的试验研究（新原理结构、材料元件工艺的功能或模具试验），并写出试验研究大纲和研究试验报告；做出产品设计计算书；画出产品总体尺寸图、产品主要零部件图，并校准；运用价值工程，对产品中造价高的、结构复杂的、体积笨重的、数量多的主要零部件的结构、材质精度等选择方案，进行成本与功能关系的分析，并编制技术经济分析报告；绘出各种系统原理图；提出特殊元件、外购件、材料清单；对技术任务书的某些内容进行审查和修正；对产品进行可靠性、可维修性分析。

（3）工作图设计阶段。工作图设计的目的，是在技术设计的基础上完成供试制（生产）及随机出厂用的全部工作图样和设计文件。设计者必须严格遵守有关标准规程和指导性文件的规定，设计绘制各项产品工作图。

4. **新产品试制与评价鉴定阶段**

新产品试制阶段又分为样品试制阶段和小批试制阶段。

（1）样品试制阶段。它的目的是考核产品设计质量，考验产品结构、性能及主要工艺，验证和修正设计图纸，使产品设计基本定型，同时也要验证产品结构工艺性，审查主要工艺上存在的问题。

（2）小批试制阶段。这一阶段的工作重点在于工艺准备，主要目的是考验产品的工艺，验证它在正常生产条件下能否保证所规定的技术条件、质量和良好的经济效果。

试制后，必须进行鉴定，对新产品从技术上、经济上做出全面评价，然后才能得出全面定型结论，投入正式生产。

5. **生产技术准备阶段**

在这个阶段，应完成全部工作图的设计，确定各种零部件的技术要求。

6. **正式生产和销售阶段**

在这个阶段，不仅需要做好生产计划、劳动组织、物资供应、设备管理等一系列工作，还要考虑如何把新产品引入市场。如研究产品的促销宣传方式、价格策略、销售渠道和提供服务等方面的问题。新产品的市场开发既是新产品开发过程的终点，又是下一代新产品再开发的起点。通过市场开发，可确切地了解开发的产品是否适应需要以及适应的程度，分析与产品开发有关的市场情报，可为开发产品决策、改进下一批产品、提高开发研制水平提供依据，同时还可取得有关潜在市场的数据资料。

4.5 化妆品包装策略

4.5.1 包装的含义和作用

1. **包装的含义**

包装是指产品的容器或外部包扎物，是产品策略的重要内容，有着识别、便利、美化、增值和促销等功能，是产品整体概念的重要组成部分。产品包装是一项技术性和艺术性很强的工作，通过对产品的包装可以达到多种效果。包装设计应适应消费者心理，显示产品的特色和风格；包装形状和大小应为运输、携带、保管和使用提供方便。

2. **包装的作用**

作为商品生产的最后一道工序和产品的外衣，包装的作用主要体现在以下几方面。

（1）保护商品。即保护商品质量安全和数量的完好无损，是商品包装的最原始、最基本的目的。商品在从生产领域向消费领域转移的过程中，要经过多次运输和储存的环节，期间会出现震动、挤压、碰撞、日晒、变质等情况，造成一些不必要的损失。

（2）便于运输、携带和储存。产品的物质形态有气态、液态、固态、胶态等，它们的理化性也各异，可能是有毒的、有腐蚀性的或易挥发、易燃、易爆等物品，外形上可能有棱角、刃口等危及人身安全的形状。进行合理的包装，可便于商品的运输，从而节省流通时间及降低运输费用。经过合理包装的产品，便于储存和点检，有利于仓库作业、合理堆砌、保护商品品质，同时便于计数，有利于管理。

（3）便于使用。适当的包装可以起到便于使用和指导消费者的作用。

（4）美化商品，促进销售。产品采用包装后，首先进入消费者视觉的往往不是产品本身，而是包装。能否引起消费者的兴趣和激发消费者的购买动机，在一定程度上取决于产品的包装，因而包装成了“无声推销员”。

（5）增强竞争力。不同产品采用不同包装，或同类产品不同厂家、不同品牌，采用不同的包装，可以使消费者易于识别。同时，通过产品包装，企业可以与竞争者的同类产品有所不同，不易仿制和伪造，有利于维护企业信誉，增强企业竞争力，提高经济效益。

（6）增收节支。首先，在运输过程中，包装能减少损坏、变质等情况，减少损耗，从而减少支出，增加利润；其次，在销售中，好的包装可以刺激消费者的消费，使销售量增加，进而也增加利润。

图4－9　知名香水品牌瓶身包装

【引例4－2】

化妆品外包装：悄悄吸引市民的心

化妆保养品越来越成为人们生活中重要的一部分，现在的化妆品不仅仅是在功效上的比拼，外表也成为重要的比拼因素。各个商家的外包装不仅发挥其保护产品的功能，更发挥着引起消费者注意的宣传功能。

1. **外包装卡通化**

现在的化妆保养品专柜上，正在刮起一股“卡通风”。化妆保养品的外包装已经不仅仅是单纯的产品介绍和单调的图形，诸如凯蒂猫的护唇膏，喜羊羊与灰太狼的沐浴露，史努比、米奇等卡通图案越来越多地出现在化妆保养品上。还有一些产品推出公主系列、粉钻系列。这些产品非常受年轻人的喜爱，市民钟女士说：“在众多的化妆护肤品中，可爱的卡通人物颜色鲜亮，与同等价位的产品比，更能吸引我的注意。”除了年轻人，一些妈妈们也比较喜欢这些卡通的护肤化妆品。市民张女士说：“我的孩子很喜欢喜羊羊，所以就会买带有喜羊羊图案或者公仔形状的沐浴露等产品。”

2. **外包装多功能化**

雏菊造型、可爱圆形的吊坠，挂在手机或是包包上绝对是抢眼的最佳装饰。可是，你一定想不到，这既是一件挂饰，也是一支小巧可爱的润唇膏。市民王女士的背包上就有这样一件外形别致的化妆品，“这个本来是赠送的，可是倒觉得比买的正品更实用可爱。”除此之外，还有腮红、口红、香水以及眼影等，这些化妆品都超越原本的外观局限，以不同的造型方便消费者使用。

3. **化妆品也“穿正装”**

“人靠衣装”这句话现在同样适用于化妆品，化妆护肤品已经不仅仅是消费者自己使用，更成为亲朋好友之间送礼的贴心佳品。有些化妆品的包装礼盒以金色做装饰，可以体现华贵感和金属质感；有些则是有故事内容的手绘漫画，温馨浪漫，体现亲切之感；有的化妆品更是不采取固定的礼盒，趣味DIY，更适宜体现别致之感。在化妆品专柜工作的李女士说：“尤其是近几年，越来越多的人买化妆品是为了送礼，在包装的要求上也是越来越高，化妆品专柜也会专门预备礼盒为这些顾客提供服务。”化妆护肤品成为送礼的宠儿，在一些正式场合也被穿上了这些华丽的“正装”。

（资料来源：抚顺日报 http://daily.0245.cc/，略有修改）

4.5.2 包装策略

1. **类似包装策略**

企业对其生产的产品采用相同的图案、近似的色彩、相同的包装材料和相同的造型进行包装，便于顾客识别出本企业产品。对于忠实于本企业的顾客，类似包装无疑具有促销的作用，企业还可因此而节省包装的设计、制作费用。但类似包装策略只适宜于质量相同的产品，对于品种差异大、质量水平悬殊的产品则不宜采用。像上海的相宜本草化妆品公司采用的就是类似包装策略。

图 4－10　相宜本草系列化妆品包装

2. 配套包装策略

配套包装是按各国消费者的消费习惯，将数种有关联的产品配套包装在一起成套供应，便于消费者购买、使用和携带，同时还可扩大产品的销售。在配套产品中如加进某种新产品，可使消费者不知不觉地习惯使用新产品，有利于新产品上市和普及。

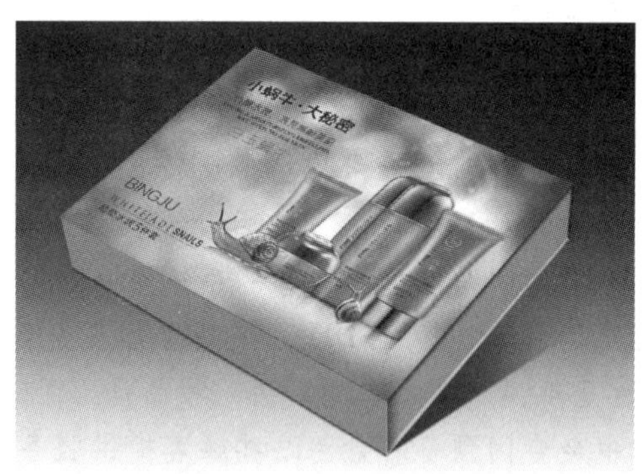

图 4－11　某化妆品套盒

3. 再使用包装

再使用包装是指包装内的产品使用完后，包装物还有其他的用途。如各种形状的香水瓶可做装饰物，精美的食品盒也可被再利用等。这种包装策略可使消费者感到一物多用而引起其购买欲望，而且包装物的重复使用也起到了对产品的广告宣传作用。但大牌应谨慎使用该策略，避免因成本加大引起商品价格过高而影响产品的销售。

例如著名的迪奥 jadore 真我香水，它的香水瓶子本身就像一个艺术品，香水用完了，还可以把它用作室内装饰摆放品。

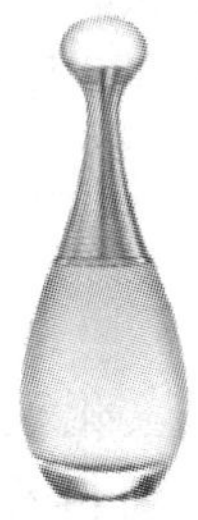

图 4－12　迪奥 jadore 真我香水瓶身设计

4. **附赠包装策略**

附赠包装是在商品包装物中附赠奖券或实物，或包装本身可以换取礼品，吸引顾客的惠顾效应，导致重复购买。如我国出口的“芭蕾珍珠膏”，每个包装盒附赠珍珠别针一枚，顾客购至 50 盒即可串成一条美丽的珍珠项链，这使珍珠膏在国际市场十分畅销。

男性用化妆品 AXE 在 2011 年限量发售附赠 ONE PIECE 人物手办，以主人公海贼路飞为首的草帽海贼团共 9 名角色的系列手办附赠其中。身体芳香剂中附赠 5 款手办，沐浴露附赠 3 款手办，以限量版包装的形式按通常价格发售。

【小讨论】

针对中年女性化妆品消费者，企业附赠哪些东西会比较有吸引力？

5. **改变包装策略**

改变包装是指改变和放弃原有的产品包装，改用新的包装。由于包装技术、包装材料的不断更新，消费者的偏好不断变化，采用新的包装可以弥补原包装的不足，企业在改变包装的同时必须配合做好宣传工作。

6. **绿色包装策略**

随着消费者环保意识的增强，绿色环保成为社会发展的主题，伴随着绿色产业、绿色消费而出现的绿色概念营销方式成为企业经营的主流。因此，在对商品进行包装设计时，选择可重复利用或可再生、易回收处理、对环境无污染的包装材料，容易赢得消费者的好感与认同，也有利于环境保护和与国际包装技术标准接轨，从而为企业的发展带来良好的前景。如用纸质包装替代塑料袋装，羊毛材质衣物中夹放轻柔垫纸来取代硬质衬板，既美化了包装，又顺应了发展潮流，一举两得。

近年来，佰草集 80% 以上的产品都采用可回收降解外包装。

7. **分量式包装策略**

分量式包装策略即对一些称重产品，根据消费者在不同时间、地点购买和购买量不同，采用重量、大小不同的包装。一些价格较贵的产品，可实行小包装，给消费者以便利感；一些新产品，为让消费者试用也可采用小包装，其目的在于给消费者以便利感、便宜感、安全感。

8. 等级式包装策略

由于消费者的经济收入、消费习惯、文化程度、审美眼光、年龄等存在差异，对包装的需求心理也会有所不同。一般来说，高收入者、文化程度较高的消费者，比较注重包装设计的制作审美、品位和个性化；而低收入消费者则更偏好经济实惠、简洁便利的包装设计。因此，企业将同一商品针对不同层次的消费者的需求特点，制定不同等级的包装策略，以此来争取不同层次的消费群体。

9. 礼品式包装策略

这种包装策略是指包装华丽、富有欢乐色彩，包装物上常冠以“福”“禄”“寿”“喜”“如意”等字样及问候语，其目的在于增添节日气氛和欢乐，满足人们交往、礼仪之需要，借物寓情，以情达意。

图 4－13 某品牌化妆品包装礼盒

4.6 化妆品品牌策略

4.6.1 品牌的概念

品牌是给拥有者带来溢价、产生增值的一种无形的资产，它的载体是用以和其他竞争者的产品或劳务相区分的名称、术语、象征、记号或者设计及其组合，增值的源泉来自消费者心智中形成的关于其载体的印象。简单地讲，品牌就是指消费者对产品及产品系列的认知程度。

从一般意义上来说，品牌是一个名称、名词、符号或设计，或者是它们的组合，其目的是识别某个销售者或某群销售者的产品或劳务，并使之同竞争对手的产品和劳务区别开来。

从品牌战略开发的定义上来说，品牌是通过以上这些要素及一系列市场活动而表现出来的结果所形成的一种形象认知度、感觉、品质认知，以及通过这些而表现出来的客户忠诚度，总体来讲它属于一种无形资产，所以这时候品牌是作为一种无形资产出现的。

4.6.2 品牌的特征

1. 品牌是专有的品牌

品牌是用以识别生产或销售者的产品或服务的。品牌拥有者经过法律程序的认定，享有品牌的专有权，有权要求其他企业或个人不能仿冒、伪造。这一点也是指品牌的排他性，然而我国的企业在国际竞争中没有很好地利用法律武器，没有发挥品牌的专有权。近年来我们不断看到国内的金字招牌在国际市场上遭遇的尴尬局面："红塔山"在菲律宾被抢注，100 多个品牌被日本抢注，180 多个品牌在澳大利亚被抢注。

2. 品牌是企业的无形资源

由于品牌拥有者可以凭借品牌的优势不断获取利益，可以利用品牌的市场开拓力形象扩张力，不断发展资本内蓄力，因此我们可以看到品牌的价值。这种价值我们并不能像物质资产那样用实物的形式表述，但它能使企业的无形资产迅速增大，并且可以作为商品在市场上进行交易。2016 年，全球排名前三位的品牌企业分别是谷歌、苹果、微软，它们的品牌价值分别达到了 2 291 亿美元、2 284 亿美元、1 218 亿美元。

3. 品牌转化具有一定的风险及不确定性

品牌创立后，在其成长的过程中，由于市场的不断变化，需求的不断提高，企业的品牌资本可能壮大，也可能缩小，甚至可能在竞争中退出市场。品牌的成长由此存在一定风险，对其评估也存在难度。对于品牌的风险，有时由于企业的产品质量出现意外，有时由于服务不过关，有时由于品牌资本盲目扩张、运作不佳，都会给企业品牌的维护带来难度，使企业品牌效益的评估也出现不确定性。

4. 品牌的表象性

品牌是企业的无形资产，不具有独立的实体，不占有空间，但它最原始的目的就是让人们通过一个比较容易记忆的形式来记住某一产品或企业。因此，品牌必须有物质载体，需要通过一系列的物质载体来表现自己，使品牌形式化。品牌的直接载体主要是文字、图案和符号，间接载体主要有产品的质量、产品服务、知名度、美誉度、市场占有率。没有物质载体，品牌就无法表现出来，更不可能达到品牌的整体传播效果。优秀的品牌在载体方面表现较为突出，如"可口可乐"的文字，使人们联想到其饮料的饮后效果，其红色图案及相应包装能起到独特的效果。

5．品牌的扩张性

品牌具有识别功能，代表一种产品、一个企业，企业可以利用这一优点展示品牌对市场的开拓能力，还可以帮助企业利用品牌资本进行扩张。

4.6.3 品牌的分类

1．根据品牌知名度的辐射区域划分

根据品牌的知名度和辐射区域划分，可以将品牌分为地区品牌、国内品牌、国际品牌。地区品牌是指在一个较小的区域之内生产销售的品牌，例如，地区性生产、销售的特色产品。这些产品一般在一定范围内生产、销售，产品辐射范围不大，主要是受产品特性、地理条件及某些文化特性影响，这有点像地方戏种秦腔主要在陕西，晋剧主要在山西，豫剧主要在河南等的现象。

国内品牌是指国内知名度较高，产品辐射全国，全国销售的产品。例如家电巨子——海尔、香烟巨子——红塔山、饮料巨子——娃哈哈。国际品牌是指在国际市场上知名度、美誉度较高，产品辐射全球的品牌，例如可口可乐、麦当劳、万宝路、奔驰、爱立信、微软、皮尔·卡丹等。

2．根据品牌产品生产经营的不同环节划分

根据产品生产经营的所属环节可以将品牌分为制造商品牌和经营商品牌。制造商品牌是指制造商为自己生产制造的产品设计的品牌。经销商品牌是经销商根据自身的需求、对市场的了解，结合企业发展需要创立的品牌。制造商品牌很多，如 SONY（索尼）、奔驰、长虹等。经销商品牌如“西尔斯”、百货店“王府井”等。

3．根据品牌来源划分

依据品牌的来源可以将品牌分为自有品牌、外来品牌和嫁接品牌。自有品牌是企业依据自身需要创立的，如本田、东风、永久、摩托罗拉、全聚德等。外来品牌是指企业通过特许经营、兼并、收购或其他形式而取得的品牌，例如联合利华收购的北京“京华”牌，香港迪生集团收购法国名牌商标 S. T. Dupont。嫁接品牌主要指通过合资、合作方式形成的带有双方品牌的新产品，例如，琴岛－利勃海尔。

4．根据品牌的生命周期长短划分

根据品牌的生命周期长短来划分，可以分为短期品牌、长期品牌。短期品牌是指品牌生命周期持续较短时间的品牌，由于某种原因在市场竞争中昙花一现或持续一时。长期品牌是指品牌生命周期随着产品生命周期的更替，仍能经久不衰、永葆青春的品牌。例如历史上的老字号全聚德、内联升等。也有些是国际长久发展的世界知名品牌，如可口可乐、奔驰等。

4.6.4 品牌的作用

1. 品牌是产品或企业核心价值的体现

品牌是消费者或用户记忆商品的工具。它不仅要将商品销售给目标消费者或用户，而且要使消费者或用户通过使用对商品产生好感，不断宣传，形成品牌忠诚，使消费者或用户重复购买。消费者或用户通过对品牌产品的使用，形成满意度，就会围绕品牌形成消费经验，存储在记忆中，为将来的消费决策提供依据。

2. 品牌是识别商品的分辨器

品牌的建立是由于竞争的需要，用来识别某个销售者的产品或服务的。品牌设计应具有独特性，有鲜明的个性特征，品牌的图案、文字等与竞争对手的相区别，代表该企业的特点。同时，互不相同的品牌各自代表着不同形式、不同质量、不同服务的产品，可为消费者或用户购买、使用提供借鉴。通过品牌人们可以认知产品，并依据品牌选择购买。每种品牌代表了不同的产品特性、不同的文化背景、不同的设计理念、不同的心理目标，消费者和用户可根据自身的需要进行选择。

3. 品牌是质量和信誉的保证

企业设计品牌，创立品牌。比如“海尔”，作为家电品牌，人们提到“海尔”时就会联想到海尔家电的高质量、海尔的优质售后服务及海尔人为消费者用户着想的动人画面。再如“耐克”，作为运动鞋的世界知名品牌，其人性化的设计、高科技的原料、高质量的产品，为人们所共睹，“耐克”品牌代表的是企业的信誉、产品的质量。

4. 品牌是企业的“摇钱树”

品牌以质量取胜，品牌常附有文化、情感内涵，所以品牌给产品增加了附加值。同时，品牌有一定的信任度、追随度，企业可以为品牌制定相对较高的价格，获得较高的利润。品牌中的知名品牌在这一方面表现最为突出，如海尔家电，其价格一般比同等产品高；耐克运动鞋，其价格比李宁运动鞋、安踏运动鞋高出不少。品牌作为无形资产，已为人们所认可。

5. 品牌用来区分对手

制造商利用品牌将自己的产品与竞争对手的产品相区别，早期的企业对品牌的认识就是这么简单。它们相信只要给自己的产品或服务起一个名称，就足以将对手区分开来，所以许多品牌的名字直接采用企业创办者的姓氏或名字，以便客户识别。但一个品牌要在竞争对手林立的市场中脱颖而出，还需要通过产品提供给消费者特殊的利益，满足消费者的实际需求，才能获得成功。例如“人头马”如果不能给消费者带来“与众不同”的感受，它也无法真正与其他酒品牌相区别。

4.6.5 化妆品品牌策略

品牌策略有4种，即产品线扩展策略、多品牌策略、新品牌策略、合作品牌策略。

1. 产品线扩展策略

产品线扩展指企业现有的产品线使用同一品牌，当增加该产品线的产品时，仍沿用原有的品牌。这种新产品往往都是现有产品的局部改进，如增加新的功能、包装、式样和风格等。通常厂家会在这些商品的包装上标明不同的规格、不同的功能特色或不同的使用者。产品线扩展的有利方面：扩展产品的存活率高于新产品，通常新产品的失败率在80%到90%之间；满足不同细分市场的需求；完整的产品线可以防御竞争者的袭击。产品线扩展的不利方面：它可能使品牌名称丧失它特定的意义，随着产品线的不断加长，会淡化品牌原有的个性和形象，增加消费者认识和选择的难度；有时因为原来的品牌过于强大，致使产品线扩展造成混乱，加上销售数量不足，难以冲抵它们的开发和促销成本；如果消费者未能在心目中区别出各种产品，则会造成同一种产品线中新老产品自相残杀的局面。像江苏隆力奇生物科技股份有限公司由发家时只生产蛇油膏，而到如今已发展成为一家涉及化妆品、家用洗涤品、养生保健产品、家具、房地产、物流等八大系列1 000 多个品种的大型集团企业。

2. 多品牌策略

在相同产品类别中引进多个品牌的策略称为多品牌策略。一个企业建立品牌组合，实施多品牌战略，往往也是基于同样的考虑，并且这种品牌组合的各个品牌形象相互之间是既有差别又有联系的，不是大杂烩，组合的概念蕴含着整体大于个别的意义。

多品牌提供了一种灵活性，有助于限制竞争者的扩展机会，使得竞争者感到在每一个细分市场的现有品牌都是进入的障碍。在价格大战中捍卫主要品牌时，多品牌是不可或缺的。把那些次要品牌作为小股部队，给发动价格战的竞争者以迅速的侧翼打击，有助于使挑衅者首尾难顾。与此同时，核心品牌的领导地位则可毫发无损。领先品牌肩负着保证整个产品门类的赢利能力的重任，其地位必须得到捍卫；否则，一旦它的魅力下降，产品的单位利润就难以复升，最后该品牌将遭到零售商的拒绝。

3. 新品牌策略

为新产品设计新品牌的策略称为新品牌策略。当企业在新产品类别中推出一个产品时，它可能发现原有的品牌名不适合于它，或是对新产品来说有更好、更合适的品牌名称，企业需要设计新品牌。例如，春兰集团以生产空调著称，但当它决定开发摩托车时，再采用春兰这个女性化的名称就不太合适了，于是采用了新的品牌“春兰豹”。又如，原来生产保健品的养生堂开发饮用水时，使用了更好的品牌“农夫山泉”。

4. 合作品牌策略

合作品牌是两个或更多的品牌在一个产品上联合起来。每个品牌都期望另一个品牌能强化整体的形象或购买意愿。合作品牌的形式有多种。一种是中间产品合作品牌，如富豪汽车公司的广告中说，它使用米其林轮胎。另一种形式是同一企业合作品牌，如摩托罗拉公司的一款手机使用的是“摩托罗拉掌中宝”，其中的掌中宝也是公司注册的一个商标。还有一种形式是合资合作品牌，如日立的一种灯泡使用“日立”和“GE”联合品牌。

珀莱雅方玉友：以微笑曲线博弈国际巨头

在珀莱雅化妆品股份有限公司总经理方玉友的办公室墙上，挂着一幅中国地图，上面贴着红旗标。每当一位亲友成为一个地区的代理商，或者开一家专卖店时，他就在地图上插一面红旗。不知不觉，地图上已插了100多面红旗。最新公布的一份业绩报告显示，珀莱雅2012年零售额已近40亿元。从代理化妆品到自创品牌，方玉友一路走来的坚持和曲折，正印证着中国美妆界20余年的兴盛与动荡。

卖房筹资，“门外汉”赔光本钱

温州人方玉友涉足化妆品业，源于1996年他接到的一个电话。当时在西安代理兰贵人的表弟在电话里说：“哥，你快出来吧。化妆品利润很大。”

虽然对化妆品一窍不通，方玉友仍然动心了。他卖掉了自己的房子，又在亲友那里东拼西凑，筹到了七八十万元。带着这笔启动资金，他兴冲冲地跑到石家庄与厂家见面。前一晚，他接受了姐夫侯军呈的临时培训：“你都代理过哪些化妆品”“你计划在哪里开店”……一夜没睡又加上紧张，最终他只记住了店铺地址和几个品牌名字。

洽谈当天，方玉友穿着喇叭裤，理着成龙头，让侯军呈又笑又气。对方来的是丁家宜老板，一个台湾商人。方玉友“长这么大第一次跟领导级的人物见面”，一激动把“兰贵人”说成了“丁贵人”，连他自己都觉得没戏了。但也许是因为他身上淳朴真诚的气息打动了对方，他最终拿到了丁家宜石家庄的代理权。

为了将这第一笔生意做好，方玉友模仿姐夫和表弟，先在报纸上进行广告轰炸。35万广告费哗地划了出去，但他代理的产品只卖出来不到5万元。不到三个月，方玉友赔光了所有的钱。当时临近春节，他记忆最深的是“屋外结冰，屋里面也结着冰”，但这个不服输的温州人想得最多的则是，“自己一定要活下来”。

一夜成名，代理商转为品牌商

吸取了代理丁家宜冒进的教训之后，通过一个朋友的牵线搭桥，方玉友取得艾丽碧丝的代理权，并借此翻了身。随后8年时间里，方玉友前后总共代理过23个品牌，包括小护士等国产品牌。每次购进各个品牌产品后，他首先在外包装上全部贴上“燎原日化”的标签，然后再发往各个分销商和网点，让方玉友和他的“燎原日化”在河北几乎一夜成名。

依靠着艾丽碧丝等品牌建立的销售网络，加上稳步开拓商场、超市、专卖店渠道，方玉友深刻体会到了化妆品经销这门并不简单的科学艺术，他的代理事业也开展得红红火火。但是，市场触角敏锐的方玉友注意到，随着外资品牌的侵入，这些国产化妆品品牌多数“卖的卖，死的死”。他意识到，新一轮的市场洗牌开始了，自己要怎样跟上节奏？左思右想，方玉友的解决方案落在了自创品牌上。

这与姐夫侯军呈的想法不谋而合。两人碰头一合计，决定把新公司开在杭州，那里山清水秀，而且和广州、义乌比起来，杭州的化妆品行业口碑甚好，同时竞争不那么激烈，当时总共只有高丝等三家化妆品厂。于是，2003 年，方玉友完成了从代理商向品牌商的转型，自创的护肤品品牌珀莱雅也在这一年诞生在了杭州。

全国撒网，不随大流另造渠道

创立之初，珀莱雅作为一个新生的国产品牌，知名度几乎为零，渠道更是单一。商场超市被外资品牌霸占，进场门槛高不可攀。

方玉友认为，美妆界其实有一个立体渠道客观存在，那就是化妆品专营店。与专柜、超市不同，化妆品专营店客流量相对较小，营销人员有足够的时间和精力为前来的客户提供一对一服务。但当时的化妆品专营店因极度缺乏营销理念，只能陷入互相杀价、假货泛滥的恶性循环。

为了改变这一渠道的病态运营模式，方玉友将商场营销模式移植到专营店，赠送试用装、给客户讲解产品理念、建立会员制、举办各种促销活动、完善售后服务……这种在珀莱雅内部被称为“微笑曲线”的营销方式，迅速赢得了消费者对国产化妆品的信任。渠道的强势驱动，多少弥补了珀莱雅这个新生品牌在影响力、渠道、消费者口碑等各方面的不成熟。随后，珀莱雅用 4 年的时间，做到 3 000 多家网点，销量稳步提升。

2008 年，珀莱雅将台湾明星大 S 定为形象代言人，并将广告打上了中央电视台，产品销量翻了一番，零售额达到了 20 亿元，这一年也被业内人士称为“珀莱雅年”。用方玉友自己的话说，“一群连普通话都说不清的浙江人全国撒网”，便构成了一个成熟的零售网络。

精于“折腾”，1 个字 100 万元打广告

在业界，方玉友被视为一个“精于折腾的主儿”。

最初，珀莱雅盯准三、四线城市，主打 100 元到 200 元左右的产品，强调与消费者互动。但他并不想一直钉死在低端市场，因为他的目标是做“世界的珀莱雅”。2008 年的“珀莱雅年”，始终提醒自己保持清醒头脑的方玉友，开始了自己的品牌“豪赌”。他用以前的全部资金，和未来三四年能够赚到的预算资金，推行全新的品牌策略，在品牌代言人、工厂、产品定位、研发等方面砸下重金，加强同《瑞丽》、《时尚 COSMO》、浙江卫视、湖南卫视等强势媒体的合作。他在公司会议上道出这个大胆的决定时，据常务副总经理曹良国回忆，“足足十分钟，没有一个人敢说话”。方玉友自己则形容，他的投资要点就是“快、准、狠”。

在产品营销上，方玉友同样能“折腾”。2007 年，他找到资深营销师叶茂中，当时叶茂中因“地球人都知道”等几个广告语被热捧。叶茂中给珀莱雅一个产品策划了“补水、锁水、活水”的广告语，方玉友为这六个字投入了令人咋舌的600 万元。当时珀莱雅第一次提出活水概念，这款产品至今仍是明星产品。

2011 年，电视剧《宫》热播，方玉友豪掷一个多亿，拿到了冠名权，结果，“珀莱雅宫”比该剧的大名《宫锁心玉》叫得更响，珀莱雅这个名字一时间红透全国，方玉友成功“折腾”到了珀莱雅的品牌效应。

（资料来源：新浪网 http://www.sina.com.cn/，略有修改）

案例思考：

1. 从方友玉身上你读懂了什么？

2. 珀莱雅从小做到大，请你归结几点它成功的要素？

训练项目：产品策略综合训练。

训练目的：

（1）能正确认识化妆品整体概念的重要意义。

（2）学会运用产品组合的知识开展公司产品组合策划。

（3）学会针对不同的化妆品采取不同形式的包装策略。

训练时间：80 分钟。

训练组织：

（1）组建训练团队，分 5 个团队，每个团队 6 ~ 8 人。

（2）5 个团队进行抽签，抽出 5 种不同的产品，每组分别说出该产品的核心产品、形式产品和附加产品。

（3）通过现场网络查找资料，抽签分别整理出自然堂、丸美、珀莱雅、相宜本草和隆力奇五家企业的产品组合情况。

（4）5 个团队抽签分别制定出补水、美白、防晒、抗皱、养颜五个系列产品的包装设计方案。

（5）各团队派代表上台，展示汇报各团队所抽产品的整体概念、企业的产品组合情况和品牌企业的包装设计方案。

（6）团队之间互评表现，最后由教师整体评价，并给予指导。

考核标准：

（1）产品整体概述的描述是否清晰、准确。

（2）企业产品组合情况的整理汇报材料是否完整、具体和准确。

（3）各团队汇报的品牌包装设计方案是否新颖、富有创意和切合社会市场营销理念的需求。

（4）团队分工是否合理、团队合作是否和谐和团队是否具有拼搏精神。

如何写出亮眼的化妆品包装文案

包装文案的本质，不是产品说明，也不是产品修饰，而是利用信息不对称，达到品牌的目的。这目的一般都相当单纯——买买买！在早年网络和全球化都不发达的情况下，包装文案相对容易写，只要稍微写写最终效果，就有人相信。但问题是，时代在变，如今是一个可以随时“人肉”的时代，消费者在购买前，可以上网查询、比价、比评论。

1. 化妆品包装文案的 4 个挑战

信息的透明化，让如今的包装文案多了 4 个挑战。

第一，文案说得清楚吗？多说一些理由，来支持最终效果。理由可以有 4 种：成分、机理、效果证明（奖项、证书、实验室数据、真人对比）、名人。比如药妆品牌一般是讲成分、效果和医生证明；植物品牌讲成分和机理；精油品牌讲成分。

第二，文案说得好听吗？这些理由和最终效果能让人有联想，能够联想到一幅具体的图像，进而产生对产品本身的期待。好听也有 4 种途径：讲原产地、讲创始人、讲成分的来龙去脉、讲价值观。

第三，文案说得可信吗？可信度是个相对主观的指标，你相信，他不一定相信。可信度不仅和包装文案直接相关，也和品牌影响力相关。不同品牌宣传同样的 10 种功效，成熟品牌可信度就较高。新品牌只有在消费者陌生认知范围内，才有一定可信度——因为没有可比性。

第四，文案说得能让人看完吗？消费者在店内拿起包装，看的时间一般不会超过 30 秒，如何在 30 秒内让人一目了然且能看得完，这一点很关键。这就非常考验文案的结构、语言风格和所用字数了。

2. 三步教你写出亮眼的包装文案

通常一个包装文案的字数在 1 000 字左右（除去成分表、地址等固定信息）。1 000 字如何写得让人愿意看、能看完、看得明白、看完后觉得可信？

首先，要明确文案的目的。文案本身是服务于生意目标的。如果生意目标是抢占空白市场，文案的目的就是教育消费者。如果生意目标是和竞品抢占市场，那么文案的目的就是竞争。如果生意目标是拓宽现有市场，那文案的目的就是拓展既有市场。

其次，要明确文案的内容策略。策略服务于目的。教育型文案需要多介绍产品背景。竞争型文案则不需要背景，只需要强调与竞争对手的差异即可。而拓展型的文案则更侧重结果。

经典的战略管理教材中有 3 种竞争策略：差异化、成本领先、聚焦。文案花样再多，也万变不离其宗，就是这 3 种。

差异化怎么写？可以是功能差异化，也可以是理念差异化。功能差异化可以写最终效果、成分、机理。理念差异化可以写开发故事、创作灵感、价值观，或自己生产产品的底线（比如不做动物实验、不用动物成分等）。

成本领先其实很少会在包装文案中体现，一般会在宣传中体现。当然也有品牌（比如网销/流通渠道品牌）直接拿大牌和自己对比，期待给人一种物超所值的联想。

聚焦怎么写？聚焦就是和别人切割市场，其实这本来是产品定位要解决的，文案本身只是表达出来而已。比如做祛痘，有人会聚焦成人痘；做美白，有人聚焦祛黄；做控油，有人会聚焦毛孔。

最后，选择文案结构和语言方式。市场上不乏混乱无章的结构形式，想到什么说什么，怎么舒服怎么来，这样在过去也许行得通，但现在消费者是没有这个耐心的。“总分总”是一种最常用的结构：一句话卖点＋若干点解释说明＋最后收尾强化卖点。语言方式取决于你的品牌定位，有的品牌性格偏理性，有的品牌性格偏感性。语言风格随着品牌性格而定。比如韩国品牌普遍语言风格可爱随性、充满了奇幻色彩；而欧美品牌则非常理性，摆事实讲道理。

3. **结语**

总之，文案和设计是现在社会比较缺的两类人才。为什么缺？因为数量易得，质量难求。好的文案和设计，犹如最懂得人心的心理学家，能够把你想表达的东西，明白无误地表达出来；又像最高明的化妆师，能将你那些腹稿中的想法，以更艺术的方式升华出来。所以，会做战略、会写 PPT 方案、会夸夸其谈，在实际的营销工作中，还远远不够，因为你所有的战略、方案、言语，如果没法落实在文案和设计上，就无济于事，消费者根本不知道你背后那些丰满的心理活动和方案，对吧？

（资料来源：中国化妆品网 http://www.c2cc.cn/，略有修改）

项目五

设计化妆品价格

知识目标

- 了解化妆品定价目标与影响定价因素的相关概念。
- 掌握化妆品定价的相关方法。
- 掌握化妆品定价的相关策略。
- 了解化妆品价格变动与调整的相关策略。

技能目标

- 能对化妆品定价目标与影响定价的因素有较为深刻的认识。
- 能对化妆品价格变动与调整的相关策略进行正确的区分。
- 能对化妆品定价的方法和策略进行全面、综合的运用。

A 市某大型美容会所连锁机构 B 已研发出一系列新的产品，在未来，如何制定行之有效的价格决策和定价目标，如何应对竞争对手的价格竞争，是他们目前首要解决的问题。

任务 1：对影响 A 市化妆品市场的竞争者做一个市场调研策划，并在此基础上写出市场竞争调研报告。

任务 2：根据企业本身情况、产品生产情况及外部竞争情况设计出一到两套定价方法。

任务 3：根据国内市场消费者和竞争对手的情况，制定出一套有市场竞争力的价格策略方案。

丸美：一瓶眼霜卖30亿的秘密

近几年来，中国化妆品行业平均增速为13%，丸美却从2007年起一直保持着30%以上的增长。它是怎么做到的？

一、利基市场

何为“利基市场”？法国人信奉天主教，在建造房屋时，常常在外墙上凿出一个不大的神龛，以供放圣母玛利亚。神龛虽然小，却洞里有乾坤，这一现象后来被引用来形容大市场中的缝隙市场。

十年前，中国化妆品行业本土品牌明争暗斗，欧莱雅、资生堂等跨国品牌也即将发力，整个行业竞争开始从浅滩驶向深海。丸美正是在这一阶段创立的。

丸美创始人孙怀庆没有选择按常理出牌。一上来，他便坚持高举高打眼霜市场，第一款眼霜产品定价160元。彼时的中国化妆品行业，眼霜卖得最好的小护士均价只有17元，甚至连欧莱雅和欧珀莱的均价也不过75元和90元。选择这种打法，无异于在大风之中点燃火柴。多年以后，丸美已经是眼霜品类中当之无愧的本土第一品牌，但在当时，眼霜市场却是一个十足的“利基市场”。

二、高位起跑

很多人不理解，为什么丸美当年首推的那款高定价眼霜可以卖到品类第一名；同样很难理解的是，十年以后，这款经过几代升级的眼霜，售价已达到438元，也同样卖到了第一名。

“丸美这样搞，是会把自己玩死的。”这是当年很多同行的反应。孙怀庆说，并非丸美刻意把价格标高，而是从日本乃至全世界进口原材料的行为本身就已经决定了这款产品的高成本。那么，既然选择了这条路，丸美就必须付出更多的努力，来配上这种高位起跑的产品定位。初次亮相，产品VI（视觉识别系统）上，孙怀庆选择了调性鲜明的波尔多红，他认为这种色彩最能体现成熟女人的高贵典雅；与此同时，丸美在产品包装上还使用了正金色，为了不艳俗，孙怀庆还刻意要求团队将黄金色中的黄色抽掉。

产品定位和研发做得好，这很重要，更重要的是怎么卖。针对那款高定价的眼部动力产品，孙怀庆想到的广告语是，“你的眼睛，还有胃口吗？”那是2002年，丸美的一款产品宣称可以给眼部细胞开胃，这样你的眼周肌肤就可以吃下更多的营养。企划部部长Jacky说，这句话现在听起来不足为奇，但在当时，这是一个很牛的理念。多年后，许多国际大牌也开始采用类似的表述。市场慢慢打开，没有代言人、没有试用装、没有广告的丸美却开始有了回头客。

三、精品店策略

眼霜产品一炮打响。丸美在无意中走出了一条“单品—品牌—系列”的经典开发模式。产品是看得见的“形”，渠道则是冰山下的“魂”。身处跨国品牌云集的腥烈战场，行业竞争年复一年地加速剧烈，丸美能够突出重围，很大原因还是它借助了行业第三销售渠道的崛起大势。

2002年前后，国内化妆品精品店开始起步，其打着“比百货专柜更平民，比超市更专业”的旗号走进了历史发展的黄金十年。只是在当年，精品店渠道并不为品牌商们所重视，本土大牌们重视的是批发渠道，国际品牌则重视百货商场，但孙怀庆却坚定看好精品店的未来。他认为，本土化妆品品牌在“百货商场进不去，而超市货架空间又有限”的大背景下，必然会寻找新的出口，而精品店渠道必然会顺理成章地承载起这一历史需求。

果不其然，自2002年以后，各类化妆品精品店开始星罗棋布地出现于各大城市。丸美成了这一渠道的明星，鉴于其独有的品类战略，本土品牌中无人能够夺其光环。今天，精品店渠道比当年膨胀了几十倍，而丸美凭借代理模式，几乎完美地借势成功。要知道，一家企业如同一个人，其一生中能够遭遇的历史机遇并不多。抓住了，黄袍加身；抓不住，则空留遗恨。

四、广告“轰炸”

时至2006年，丸美销售收入破亿元，而从宏观上俯瞰，2006年的中国化妆品行业似乎并无大事可叙。恰恰是在这一年，孙怀庆提出要打一场“全要素”的仗。所谓的全要素战役，指的是“一无代言人二无试用装三无广告”的丸美，要开始用足营销手段拉动企业增长。这其实是一场冒险。2007年，之前完全不做品牌推广的丸美，开始请代言人，并在中央电视台、湖南卫视等媒体做起了广告，早期因成本昂贵而舍不得投放市场的试用装也开始免费赠送。

在化妆品行业，企业一般只拿当年收入的10%～15%来投放广告，丸美却拿出了整年收入的三分之一。丸美请来当年的香港影视红星袁咏仪，集束炸弹般地全力投入弹力蛋白眼精华广告。弹力蛋白眼精华，是孙怀庆抱以厚望的黄金单品。事实上，这则广告也是丸美企业史上一支非常有代表性的广告。至于那句后来家喻户晓的“弹，弹，弹，弹走鱼尾纹”的广告词，正是孙怀庆和广告公司吃了几十次麦当劳，开了不计其数次脑力碰撞会后想到的。

当年，孙怀庆每月砸下的广告费是300万元，他一共准备了2 400万元进行空中轰炸。只是，广告播出了一个月，市场没有动静，两个月、三个月下来，还是没动静。时间来到第四个月，一个电话响起，紧接着，一片电话响起，终端开始捷报频传。丸美的月度销售额开始以50%、70%的速度逐月增长。自此以后，丸美的销售额开始“翻山越岭”，每年至少保持30%的速度向前推进。尤其是最近三年，整个化妆品行业的销售增长率不过百分之十几，但丸美却一直保持着行业平均增速三倍以上的增长态势。

至于代言人阵容，也从袁咏仪、陈鲁豫到李宇春、周迅……梯队结构完整，“能够从跨国巨头手里抢到的也都抢到了”。

（资料来源：中国经营网 http://www.cb.com.cn/，略有修改）

【问题引出】

（1）丸美的产品为什么可以卖这么高的价格？

（2）你认为影响产品定价的因素有哪些？

5.1　化妆品定价目标与影响定价的因素

5.1.1　定价目标

【小思考】

化妆品定价的目标哪种较好？

定价目标是企业制定产品价格时首先要考虑的因素。企业会针对自己的具体情况制定不同的价格目标，这些定价目标主要有以下几种。

1. 以获取利润为目标

利润目标是企业定价目标的重要组成部分，获取利润是企业生存和发展的必要条件，是企业经营的直接动力和最终目的。因此，利润目标为大多数企业所采用。

2. 以提高市场占有率为目标

市场占有率是衡量企业营销绩效和市场竞争态势的重要指标，较高的市场占有率，可以保证企业产品的销路，巩固企业的市场地位，从而使企业的利润稳步增长。市场占有率目标在运用时存在着保持和扩大两个互相递进的层次。保持市场占有率的定价目标的特征是根据竞争对手的价格水平不断调整价格，以保证足够的竞争优势，防止竞争对手占有自己的市场份额。扩大市场占有率的定价目标就是从竞争对手那里夺取市场份额，以达到扩大企业销售市场乃至控制整个市场的目的。在实践中，市场占有率目标被国内外许多企业所采用，其方法是以较长时间的低价策略来保持和扩大市场占有率，增强企业竞争力，最终获得最优利润。

3. 以产品质量领先为目标

“一分钱一分货”，质价相符是定价的一般原则，质量优良的产品和服务，往往在成本、开发研究、培训等方面做了较大的投入。为了补偿这些支付，企业往往会给这些质量优良的产品或服务制定较高的价格；反过来，这种较高的价格又进一步提高了产品的优质形象，增加对高收入消费者的吸引力。

4. **以维持生存为目标**

当生产能力过剩，市场竞争激烈，或顾客需求发生变化，而造成产品积压，资金周转困难影响企业生存时，企业就应该为其产品制定较低的价格，以求收回成本，使企业得以继续经营下去。这时，生存比获利更为重要，但这个目标只能作为企业面临困境时的短期目标，情况一旦出现转机，企业应马上选择其他的定价目标。因为从长远来看，企业必须获取利润才能得到发展。

5.1.2 影响化妆品企业定价的因素

1. **产品成本**

成本是商品价格的最低限度。一般来说，商品价格必须能够补偿产品生产及市场营销的所有支出，并补偿商品的经营者为其所承担的风险支出。成本的高低是影响定价策略的一个重要因素。企业对产品定价时，一般都会遵循这样的思路：产品价格 = 生产成本 + 流通费用 + 企业利润 + 税金，这样才能保障企业再生产的条件。随着产量的增加和生产经验的积累，产品成本会不断发生变化，这便意味着产品价格也应随之发生变化。

产品成本可分解成固定成本和变动成本。其中固定成本是企业在一定规模内生产经营某一商品支出的固定费用，在短期内不会随产量的变动而发生变动的成本费用，比如厂房、设备等固定资产投资所发生的费用，企业管理费用等。变动成本是指企业在同一范围内支付变动因素的费用，这是随产量的增减变化而发生变化的成本，比如原材料、动力等可变生产要素支出的费用，生产多，变动成本多。

平均成本等于总成本除以产出的单位数。平均成本由平均固定成本和平均变动成本构成。边际成本是每增加或减少 1 单位产品而引起总成本变动的数值。在一定产量上，最后增加的那个产品所花费的成本，引起总成本的增量，这个增量即边际成本。企业可根据边际成本等于边际收益的原则，以寻求最大利润的均衡产量；同时，按边际成本制定产品价格，使全社会的资源得到合理利用。

2. **市场需求**

市场需求对企业定价有着重要影响。而需求又受价格和收入变动的影响，因价格与收入等因素而引起需求相应的变动率，就叫作需求弹性。需求弹性分为需求的收入弹性、价格弹性和交叉弹性。

（1）需求的收入弹性。需求收入弹性被用来表示消费者对某种商品需求量的变动对收入变动的反应程度。以 Em 表示需求收入弹性系数，Q 代表需求量，ΔQ 代表需求量的变动量，I 代表收入，ΔI 代表收入的变动量，则需求收入弹性系数的一般表达式为：

$$Em = \frac{\Delta Q/Q}{\Delta I/I}$$

需求的收入弹性可以是正的，也可以是负的，并分为三种引人注意的范围：大于 1

（正常品，富有收入弹性）；在0与1之间（正常品，缺乏收入弹性）；小于0（低档品）。

（2）需求的价格弹性。需求价格弹性是指需求量对价格变动的反应程度，是需求量变化的百分比除以价格变化的百分比。需求量变化率是对商品自身价格变化率反应程度的一种度量，等于需求变化率除以价格变化率。即：

需求的价格弹性=需求量变化的百分比/价格变化的百分比

假设 Q 为某个商品的需求，P 为该商品的价格，则计算需求的价格弹性 Ed 为：

$$Ed=\frac{\Delta Q/Q}{\Delta P/P}=-\frac{\Delta Q}{\Delta P}\cdot\frac{P}{Q}$$

其中：Ed 代表需求价格弹性系数，Q 表示需求量，ΔQ 是需求量的变化量，P 表示价格，$\triangle P$ 是价格的变化量。

当需求量变动百分数大于价格变动百分数，需求价格弹性系数大于1时，叫作需求富有弹性或高弹性；当需求量变动百分数等于价格变动百分数，需求价格弹性系数等于1时，叫作需求单一弹性；当需求量变动百分数小于价格变动百分数，需求价格弹性系数小于1时，叫作需求缺乏弹性或低弹性。

在以下条件下，需求可能缺乏弹性：①市场上没有替代品或者没有竞争者；②购买者对较高价格不在意；③购买者改变购买习惯较慢，也不积极寻找较便宜的替代品；④购买者认为产品质量有所提高，或者认为存在通货膨胀等，价格较高是应该的。

（3）需求的交叉弹性。需求交叉弹性的概念可以用来衡量替代品或互补品的价格变动的影响。需求的交叉弹性是在其他条件不变的情况下，一种产品的需求量对其替代品或互补品价格变动的反应程度的衡量。可以用以下公式计算需求的交叉弹性：

需求的交叉弹性=需求量变动的百分比/替代品或互补品价格变动的百分比

需求的交叉弹性可以是正的，也可以是负的。替代品的交叉弹性是正的，而互补品的交叉弹性是负的。

【引例5-1】

香奈儿、迪奥推奢侈品涨价潮　称因中国需求强劲

2013年年初，奢侈品蜂拥涨价。继SK-Ⅱ专柜于1月4日上调80%产品的价格后，迪奥将于2月1日进行全球涨价，涨幅达30%左右；香奈儿也将于1月中旬进行全球范围调价，涨幅在7%~30%，涉及品类包括护肤品、彩妆、香水。记者分别致电迪奥和香奈儿的专柜，证实了此消息。

对于此次“涨价潮”，有企业公开表示是因为原料上涨，但财富品质研究院院长周婷表示，营销成本上涨、原料成本上涨都是表象原因，真正原因在于价格策略，“中国市场对奢侈品的需求非常强劲，企业保持涨价，是有意识地制造供求不平衡，实现利润空间的最大化”。周婷认为，目前奢侈品牌的策略是品牌利益最大化而不是消费者利益最大化。在消费者需求很强时，其策略导致奢侈品牌一方面控制产量，另一方面提高价格，以保持或者扩大自己的市场空间以及利润空间。

品牌营销专家于斐表示，欧美市场的萎缩和中国市场的强劲势头为奢侈品涨价带来了动机，“目前，国外奢侈品企业掌握了市场话语权，有价值导向的能力”。

（资料来源：新浪网 http://www.sina.com.cn/，略有修改）

【小讨论】

影响此次化妆品奢侈品牌涨价的深层次原因是什么？

3. **市场竞争情况**

市场竞争情况是影响企业制定产品价格的重要因素。产品的最低价格取决于该产品的成本费用，最高价格取决于产品的市场需求状况，而在上限和下限之间，企业能把这种产品价格定多高，则取决于市场竞争状况。竞争因素对国际营销定价的影响，取决于目标市场的竞争结构。依据市场竞争程度的不同，市场竞争结构可分为完全竞争市场、垄断竞争市场、寡头垄断市场和完全垄断市场，垄断竞争和寡头竞争也统称不完全竞争市场。在不同竞争结构的市场条件下，企业的定价行为也表现出不同的特征。

（1）完全竞争市场对定价的影响。具备以下几个方面特征的市场被称为完全竞争市场。①市场上有众多的买者与卖者，以至于单个买者的购买量或单个卖者的销售量都无法影响市场价格的决定；②产品是同质的，说明厂商之间的产品完全可以相互替代，这才导致完全的竞争；③厂商进入与退出市场是充分自由的；④信息是充分的，买卖双方的信息是完全对称的。在完全竞争市场条件下，产品的市场价格是由整个行业的供求关系自发决定的，单个厂商只是“价格的接受者”，而不是价格的决定者。

（2）垄断竞争市场对定价的影响。有许多厂商生产和销售有差别的同种产品的市场称为垄断竞争市场。垄断竞争市场的特征有以下几个方面：①有大量的企业生产有差别的同类产品，由于存在产品差别，消费者并不同等对待不同企业的产品，不同企业的产品不能相互完全替代，从而使它们各自具有一定的垄断力量。但是，许多不同企业的产品属于同一类产品，彼此之间有相似之处，从而这些企业之间又存在竞争。它们的产品相互替代的程度越高，竞争程度就越高。因此，每个厂商既是垄断者，也是竞争者。②生产相近的同类产品的厂商数目如此之多，垄断竞争厂商虽然对自己产品的价格有一定的控制力量，但在长期中又处于同类产品竞争的压力之下。不过单个厂商的行为又不会对同行业的厂商造成太大的影响。③厂商在市场上进出比较容易，资本不多，规模不大。在垄断竞争市场条件下，厂商通过改进产品品质、精心设计商标和包装、改善售后服务以及广告宣传等手段，来区别本企业与竞争对手的产品，因此，本企业对产品价格有一定的自由定价空间，但受竞争对手产品价格的影响。

（3）寡头垄断市场对定价的影响。寡头垄断市场是指少数几家厂商控制整个市场产品的生产和销售的这样一种市场组织。在寡头竞争市场条件下，寡头厂商的价格和产量的决定是一个很复杂的问题。在无差异的寡头市场，价格的制定由几家寡头厂商的供应与市场需求的平衡所决定，任何一家寡头厂商如果改变价格，将一无所获。但是，在有差异的寡头市场，寡头厂商的定价具有很大的自由度，如果寡头厂商勾结，则市场价格可被寡头组织完全操纵。寡头垄断市场在化妆品行业一般很少存在。

（4）完全垄断市场对定价的影响。完全垄断市场是指整个行业的市场完全处于一家厂商所控制的状态，也就是一家厂商控制某种产品的市场。在完全垄断的市场类型中，一个厂商就是整个行业，产品没有任何替代品。形成垄断的原因主要包括资源独占、享有专利权、政府特许经营及自然垄断。在完全垄断的条件下，某些国际产品完全被一个企业所垄断，这个跨国企业在这些国际产品的定价上享有较大的自由，可以定出较高的价格，但这种高价也必须以东道国消费者可以接受的程度和各国政府允许的范畴为限，否则跨国企业可能会受到抑制和制裁而蒙受不必要的损失。完全垄断市场在化妆品行业几乎不存在。

5.2　化妆品定价方法

化妆品企业定价的方法有很多，根据影响定价的主要因素，大体上可以总结出三种基本定价方法，即成本导向定价法、需求导向定价法和竞争导向定价法。

5.2.1　成本导向定价法

成本导向定价法是以产品的成本为中心，制定对企业最有利的价格的一种定价方法。常见的有以下两种具体的定价方法。

1. 成本加成定价法

成本加成定价法是按产品单位成本加上一定比例的利润制定产品价格的方法。大多数企业是按成本利润率来确定所加利润的大小的。即：

价格 = 单位成本 + 单位成本 × 成本利润率 = 单位成本 ×（1 + 成本利润率）

成本加成法定价的优点是：产品价格能保证企业的制造成本和期间费用得到补偿后还有一定利润，产品价格水平在一定时期内较为稳定，定价方法简便易行；缺点是：忽视了市场供求和竞争因素的影响，忽略了产品寿命周期的变化，缺乏适应市场变化的灵活性，不利于企业参与竞争，容易掩盖企业经营中非正常费用的支出，不利于企业提高经济效益。

2. 目标定价法

目标定价法是根据总成本和预计的销量，确定目标收益率，核算价格的方法。这种方法以预计销量倒推价格。价格是影响销量的重要因素，因而就可能出现达不到预计销量，实现不了预期目标收益的情况。

目标利润价格 = 单位成本 +（目标利润率 × 投资成本）/销售量（标准单位）

目标定价法要使用损益平衡图这一概念。损益平衡分析，是用于研究成本、销售收入与利润三者关系的一项重要分析方法。损益平衡分析，就其性质而言，基本是一个由企业的总成本曲线和总收入曲线组成的损益平衡图。损益平衡分析有助于了解产品的产销量、价格与成本结构的关系，它对规定价格、控制成本和其他财务决策都有用处。

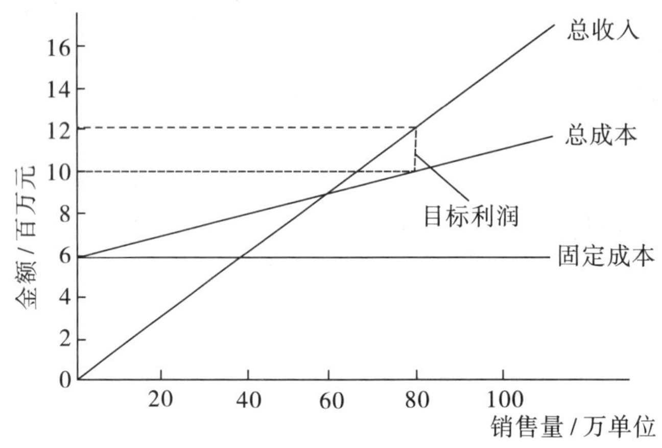

图 5－1　决定目标价格的损益平衡图

注：该图的横轴表示测定产品的产销量，纵轴表示销售收入和成本。

5.2.2　需求导向定价法

需求导向定价法是指企业在定价时不再以成本为基础，而是以消费者对产品价值的理解和需求强度为依据来制定价格。常见的方法有以下两种。

1．理解价值定价法

理解价值定价法也称觉察价值定价法，是以消费者对商品价值的感受及理解程度作为定价的基本依据。把买方的价值判断与卖方的成本费用相比较，定价时更应侧重考虑前者。因为消费者购买商品时总会在同类商品之间进行比较，选购那些既能满足其消费需要，又符合其支付标准的商品。消费者对商品价值的理解不同，会形成不同的价格限度。这个限度就是消费者宁愿付货款而不愿失去这次购买机会的价格。如果价格刚好定在这一限度内，消费者就会顺利购买。

为了加深消费者对商品价值的理解程度，从而提高其愿意支付的价格限度，零售店定价时首先要搞好商品的市场定位，拉开本企业商品与市场上同类商品的差异，突出商品的特征，并综合运用这种营销手段，加深消费者对商品的印象，使消费者感到购买这些商品能获得更多的相对利益，从而提高他们接受价格的限度。零售店则据此提出一个可销价格，进而估算在此价格水平下商品的销量、成本及盈利状况，最后确定实际价格。

2．需求差异定价法

需求差异定价法以不同时间、地点、商品及不同消费者的消费需求强度差异为定价的基本依据，针对每种差异决定其在基础价格上是加价还是减价。主要有以下几种形式。

（1）因地点而异。如国内机场的商店、餐厅向乘客提供的商品价格普遍要远高于市内的商店和餐厅。

（2）因时间而异。在国庆、春节等购物黄金假期，商品价格较平时会有一些变动。对化妆品而言，在每年的国际劳动妇女节、情人节、圣诞节等节日期间，化妆品商家也会制定不同的销售价格。

（3）因商品而异。在2012年奥运会举行期间，标有奥运会跳水标志的自然堂系列化妆品的价格，比其他同类商品的价格要高。

（4）因顾客而异。因职业、阶层、年龄等原因，零售店在给商品定价时给予相应的优惠或提高价格，可获得良好的促销效果。

实行差异定价要具备以下条件：市场能够根据需求强度的不同进行细分；细分后的市场在一定时期内相对独立，互不干扰；高价市场中不能有低价竞争者；价格差异适度，不会引起消费者的反感。

5.2.3　竞争导向定价法

竞争导向定价法是企业通过研究竞争对手的生产条件、服务状况、价格水平等因素，依据自身的竞争实力、参考成本和供求状况来确定商品价格的方法。竞争导向定价主要包括以下三种。

1. 随行就市定价法

在垄断竞争和完全竞争的市场结构条件下，任何一家企业都无法凭借自己的实力而在市场上取得绝对的优势。为了避免竞争特别是价格竞争带来的损失，大多数企业都采用随行就市定价法，即将本企业某产品价格保持在市场平均价格水平上，利用这样的价格来获得平均报酬。此外，采用随行就市定价法，企业就不必去全面了解消费者对不同价差的反应，也不会引起价格波动。

2. 产品差别定价法

产品差别定价法是指企业通过不同营销努力，使同种同质的产品在消费者心目中树立起不同的产品形象，进而根据自身特点，选取低于或高于竞争者的价格作为本企业产品价格。因此，产品差别定价法是一种进攻性的定价方法。

3. 密封投标定价法

在国内外，许多大型化妆品企业的原材料供应、包装设计的买卖和承包，往往采用发包人招标、承包人投标的方式来选择承包者，确定最终承包价格。一般来说，招标方只有一个，处于相对垄断地位，而投标方有多个，处于相互竞争地位。招标物的价格由参与投标的各个企业在相互独立的条件下来确定。在买方招标的所有投标者中，报价最低的投标者通常中标，它的报价就是承包价格。这样一种竞争性的定价方法就称密封投标定价法。

【引例5-2】

一家著名化妆品公司的定价法则

化妆品公司身处“出售美丽”的行业，在这个充满感性色彩的行业，成本并不是竞争者们克敌制胜的法宝，因此，企业中以控制成本为首要任务的生产制造部门在各化妆品公司中往往居于从属的地位。对股东价值和顾客价值贡献最大的是企业的营销部。营销部最主要的任务，是提高顾客对产品价值的感知，也就是让顾客感到企业生产出来的产品质量好、功能强、价值高，从而为企业的高价格战略提供支持。

这种注重顾客价值的竞争模式在这个行业已经奉行了多年，因此考察该行业中领先公司的价值定价实践，对于我们的许多生产制造型企业都具有启发意义。但是，由于价格政策在大多数的公司中都属于企业的核心机密，根据被采访对象的要求，本文隐去了该公司名称，修订了部分可以使读者联想到被采访者的信息。这些处理，并不会妨碍读者理解价值定价法的实际做法和基本思想。

本文所考察的是一家跨国化妆品公司（以下简称“ABC公司”），也是多品牌战略实施得非常成功的公司之一，旗下有高、中、低档等各层级品牌。

1. 先定位，再定价，而后定成本

化妆品行业很久以前就掌握了“价值定价法”的诀窍，高明的玩家为产品确立的价格远远超过该产品的制造成本。国际一线品牌兰蔻、雅诗兰黛、资生堂等产品通过多年积淀的品牌和广告效应得以获得极高的品牌溢价，相比之下，一些普通的品牌如国内的大宝、隆力奇等，则被低端的价格束缚了手脚，无从获得高额毛利率。

ABC公司的一位业务地区副总裁Z（化名）表示，该公司的定价方法从表面上看并没有与众不同的奥妙，同样遵从如下公式：产品价格=制造成本+研发成本+市场推广费用+销售费用+管理费用+汇兑损益+合理利润+品牌溢价。

乍一看，这种定价方法似乎也是在遵从成本加成原则，但实际上并非如此。由于这是一家涵盖高中档品牌的全系列化妆品公司，因此不管是采用成本加成定价还是价值定价，在定价之前都要首先对各个产品线进行清晰的定位，然后根据这些定位来确定各品牌产品的大致价格。

拥有20多个美发美容品牌的ABC公司在产品线定位方面堪称典范。与其他化妆品公司类似，ABC公司的全部产品可以归入美容店专用产品、大众化妆品、高级化妆品和生物类化妆品四大业务部门。

当然四大业务部门只是大体上的产品线划分，产品线内部还有定位高低之别。以大众化妆品为例，可能在这个产品线中还会推出高端产品，比如X，然后根据市场需要，再推出低端一些的产品，比如Y。这些产品线及产品线中的产品泾渭分明，互不干扰，定位非常清晰。

在ABC公司内部为产品线和产品划出清晰的定位范围之后，还要考察外部竞争对手的产品定价情况。ABC公司的业务地区副总裁说：“依据顾客对我们的品牌价值和质量

的认可，我们一贯的做法是，让各个系列的产品价格比市场上其他同档次的品牌都高出20%。”

因此，ABC公司的定价过程和政策可以概述为：根据某个产品的定位来确定市场上它的同类或同档次产品；然后根据同类产品的价格，将其上浮20%或更多，便是该产品的定价。

根据市场定位来定价，而后再根据定价考虑该产品的各项成本分布，最终控制一个合理的利润率，是罗伯特·多兰和赫尔曼·西蒙在《定价圣经》中阐述的价值定价法的核心要义：价格决定成本，而非成本决定价格。这一方法也在ABC公司的定价实践中得到了体现。

2. 用营销应对成本动荡

先定位后定价再考虑成本，是一种实现利润最大化的定价方法。在这种方法中，由于成本所占的比例不大，因此即使面临成本的剧烈变动，企业也不会受到很大的影响。譬如，虽然今年成本上涨猛烈，ABC公司在中国的各产品并未出现大规模提价或集体涨价的局面。

不过，采行价值定价的企业虽然更重视顾客价值，但这些企业也并不完全忽视成本控制。ABC公司的业务地区副总裁说：“虽然我们的价格为我们提供了盈利空间，但我们也在通过采购成本的压缩、管理费用的缩减等内部措施来降低成本，进一步维持甚至提升利润空间。”

譬如，ABC公司在压缩采购成本方面就做出了较大努力，很多原本在欧美、日本地区采购的产品都转移到了中国和亚洲国家，同时他们还在缩减供应商数量，以便通过集中采购获得更优惠的价格，并节省更多的物流及人工费用。

当然，成本压力实在无法消化的时候，也会提价，只是方法更为巧妙。Z副总裁表示，ABC公司很少针对某个特定品种进行“硬涨价”——硬性提高产品售价，而是通过推出新品，在这个产品上“赋予消费者更多价值”来提高价格。也就是说，即使涨价也是基于价值的提升上。比如，为了将一款高档护肤品的价格提升100元，ABC公司在配方中加入了新的活性成分，并且推出了新包装。大众品牌也可以这样做，比如，在一款大众品牌的粉底中加入“植物”“天然”等价值概念之后，其价格上升了不少。此外，为了更好地控制顾客的价值感知，避免他们的感知发生混乱，ABC公司在推出新品的同时，老的产品也会退出柜台。这样，消费者由于无从购买和比较，“涨价”的概念也就被淡化，而新的价值概念则得到加强。

长期以来，市场营销都是一场心理游戏。消费者的心智空间，就是各种各样的化妆品公司和奢侈品公司大动干戈的战场。在人们渐渐摆脱了基本的生理需求之后，追求生活质量、渴望认可和尊重、寻找归属、实现自我的需求渐渐成为我们更在意的需求。如果说制造满足了消费者基本的需求，那么营销满足的，正是消费者这些更高层次的需求。营销宣传中的“顾客价值”，在某些情况下可以用金钱来衡量，但在更多的情况下则需要用我们的心理满足感来衡量。在众多公司的财务报表中，我们发现的占销售费用20%~30%的营销费用，就是为我们的这些心理满足感服务的。

企业的价值定价要获得成功，最需要做的，可能还是洞察我们的人性。在竞争手段层出不穷，眼球经济日益强势，消费者越来越精明的今天，可以想见这是一项旨在增加消费者幸福感的巨大工程，而不是小打小闹的骗术。要牢记的是，价值存在于消费者的心中，而不是商场的价格标签上。

（资料来源：中国化妆品网 http://www.zghzp.com/，略有修改）

【小思考】

ABC 化妆品公司的定价法则给我们什么启示？

5.3 化妆品定价策略

5.3.1 新产品定价策略

新产品能否在市场上打开销路，并给企业带来预期的收益，价格因素起着重要的作用。常见的新产品定价策略有三种：撇脂定价策略、渗透定价策略和满意定价策略。

1. **撇脂定价策略**

新产品的高价策略，指在产品生命周期的最初阶段，把产品的价格定得比较高。即在产品刚刚上市时，以高价出售尽快收回投资，以后随着寿命周期的演变，再分阶段降价。采用这种策略，可使企业在短期内获取尽可能多的收益。

化妆品企业采取这种定价策略的条件是：

（1）市场上存在一批购买力很强，并且对价格不敏感的消费者。

（2）这样的一批消费者的数量足够多，企业有厚利可图。

（3）暂时没有竞争对手推出同样的产品，本企业的产品具有明显的差别化优势。

（4）当有竞争对手加入时，本企业有能力转换定价方法，通过提高性价比来提高竞争力。

（5）本企业的品牌在市场上有传统的影响力。

在上述条件具备的情况下，企业可采取撇脂定价的方法。以高价开始，顾客接受不了时再降价。这比以低价开始造成市场脱销再提价的方法，给消费者留下的印象要好得多。缺点是新产品刚刚投放市场，假如宣传跟不上，高价往往不利于开拓市场，同时还会吸引竞争者加入。

【引例 5－3】

奢侈品高价不怪关税　800 元化妆品关税仅几元

关税在奢侈品价格中所占的比重之低，甚至超出了人们的想象。比如，法国一个著名品牌的化妆品，国内零售价格是800元/瓶，每瓶实际征收的关税只有2.3元。

近段时间，一组数据常被各种媒体引用：2013年，中国人通过海淘、代购、旅游购物等方式，在境外购买商品的消费金额约合6 000亿元。有观点认为，内需外流的主要原因，是境内外商品存在价格差，中国过高的关税抬高了中高端消费品特别是奢侈品的售价，应当通过降低关税拉平奢侈品价格，吸引境外消费“回流”。

很多消费者也关心，国内进口的高端消费品中，关税在商品价格中究竟占多大比重？降关税，真的能让奢侈品大幅降价吗？

笔者了解到，进口奢侈品中，包含关税和进口环节增值税、消费税。其中，关税在奢侈品价格中所占的比重之低，甚至超出了人们的想象。比如，法国一个著名品牌的化妆品，国内零售价格是800元/瓶，每瓶实际征收的关税只有2.3元；一瓶进口名牌香水，国内零售价格700元，里面所含的关税只有6.2元，还不到价格的1%。就算把关税降到零，一分不收，这些七八百元一瓶的大牌化妆品，价格最多也就降个三五元。

对于进口化妆品，我国实行的关税税率一般为10%。按道理，一瓶七八百元的化妆品，关税得占七八十元才对，怎么会连1%都不到？实际上，商品在进口环节征税，是以进口报关价格为基础的，而不是以零售价作为征税依据。通常奢侈品进口报关价格很低，只有国内市场零售价格的3%~20%。也就是说，一瓶零售价800多元的化妆品，它的进口报关价格只有二三十元，关税税率按10%征收，也就几元钱。即使加上进口环节增值税、消费税，进口环节税收占奢侈品零售价格的比例也十分有限。由此看来，税收因素在奢侈品零售价格中的比重很低，奢侈品价格贵，境内外价差大，税收不是决定性主因。

从横向比较来看，我国的关税总水平并不高。2010年起，中国已履行完成加入世贸组织的降税承诺，关税总水平下调至9.8%，仅为世界各国平均关税税率的1/4左右。就服装、箱包、化妆品等主要消费品而言，中国关税税率也明显低于印度、巴西等绝大多数发展中国家，与韩国这样经济较为发达的国家水平接近。以箱包为例，印度征收的关税税率为35%，消费税税率为24%，而我国箱包关税税率为10%，不征收消费税。但是印度奢侈品价格相对并不高，甚至有一部分低于欧美市场价格。比如“蔻驰”手包，在新德里的平均售价是中国大陆的1/3，是美国的1/2。

那么，究竟什么原因导致我国境内奢侈品价格偏高？应该说，还是奢侈品品牌的定价策略起了主导作用。打上“奢侈”烙印的奢侈品具有稀缺性、独特性，不同于普通商品。奢侈品的定价，是以减少商品供给制造出“稀缺性”，并通过高定价来抬高“身价”，显示和维持品牌价值，以满足少数人对名牌的心理需求。此外，奢侈品的售价，更多地取决于品牌商、代理商的利润，以及场租、广告、物流费用等，这些成本无疑也会由消费者来承担。而我国在上述方面的价码往往高于发达国家。

（资料来源：中国质量新闻网 http://www.cqn.com.cn/，略有修改）

2. 渗透定价策略

渗透定价策略与撇脂定价策略相反。在新产品上市初期把价格定得低些，待产品渗入市场，销路打开后，再提高价格。渗透定价策略设定最初低价，以便迅速和深入地进入市场，从而快速吸引大量的购买者，赢得较大的市场份额。较高的销售额能够降低成本，从而使企业能够进一步减价。

渗透定价法的优点是：新产品能迅速占领市场，市场占有率高；微利阻止了竞争者进入，可增强企业的市场竞争能力；低价策略，促进消费需求。它的缺点是：利润微薄；降低企业优质产品的形象。

化妆品企业采用这种定价方法的适用条件是：

（1）市场对价格敏感，需求对价格极为敏感，低价可以刺激市场迅速增长。

（2）生产经营费用随经验的增加而降低。

（3）低价不会引起实际或是潜在的过度竞争。

【引例5－4】

韵雅丽人化妆品超市知名品牌低价售轰动全国

近年来，一个名为韵雅丽人化妆品超市的连锁品牌在各大中小城市频频出现，许多消费者表示其出售化妆品品牌大并且价位相对低廉，目前已经成为很多人购买化妆品最喜欢的地方，因其品牌种类齐全、款式多样化也是一些都市消费者一站式购买化妆品的好去处。

据了解，目前韵雅丽人化妆品超市在全国已经拥有了389家专卖店以及加盟店，其主要分布在各大中型城市，以出售商品品牌大、质量好并且价位低廉深受广大消费者喜爱，目前已经是很多消费者心目中最值得信赖也最喜欢的化妆品购买场所了。

深圳的一家韵雅丽人化妆品加盟店老板李某表示，因现在很多消费者对化妆品品牌的选择比较固定，并且目前化妆品品牌丰富性强、消费者时间有限，因此如韵雅丽人一类化妆品品牌超市形式连锁品牌在消费者心目当中已经十分受欢迎了。

“它的品牌全而且化妆品款式全嘛，消费者不管喜欢什么化妆品品牌，都可以在这里找到自己想要的，这样我们的赚钱机会也就大了。”在诠释目前化妆品市场的时候李某表示，目前化妆品市场已经十分细化了，其中包括药妆、天然草本系列、男士化妆品品牌、婴幼儿化妆品品牌的消费者在内，想尽快买到自己喜欢的、习惯的化妆品品牌已越来越成为一件难事。与此同时，由于现代人时间越来越少、购买化妆品的时间也跟着压缩，导致消费者“想买一个自己想要的化妆品困难”的心理普遍存在，韵雅丽人的出现无疑让这些消费者看到了希望。

（资料来源：江苏新闻网，略有修改）

3. 满意定价策略

满意定价策略，又称平价销售策略，是介于撇脂定价策略和渗透定价策略之间的一种定价策略。由于撇脂定价法定价过高，对消费者不利，既容易引起竞争，又可能遇到消费者拒绝，具有一定风险；渗透定价法定价过低，对消费者有利，但对企业最初收入不利，资金的回收期也较长，若企业实力不强，将很难承受。而满意定价策略采取适中价格，基本上能够做到使供求双方都比较满意。如大宝 SOD 蜜，市场售价约 8.6 元，比定价 1.5 元的郁美净儿童霜要贵五六元，比定价 100 多元的玉兰油多效修护霜要便宜很多，很多消费者比较中意大宝的这款化妆品。

5.3.2　心理定价策略

心理定价策略是企业根据消费者心理特征而采取的各种灵活多样的定价策略。每一件产品都能满足消费者某一方面的需求，其价值与消费者的心理感受有着很大的关系。这就为心理定价策略的运用提供了基础，使得企业在定价时可以利用消费者心理因素，有意识地将产品价格定得高些或低些，以满足消费者生理的和心理的、物质的和精神的多方面需求，通过消费者对企业产品的偏爱或忠诚，扩大市场销售，获得最大效益。

心理定价策略主要有以下几种形式。

1. 尾数定价策略

尾数定价，也称零头定价或缺额定价，即给产品定一个零头数结尾的非整数价格。大多数消费者在购买产品时，尤其是购买一般的日用消费品时，乐于接受尾数价格，如 0.99 元、9.98 元等。消费者会认为这种价格经过精确计算，购买不会吃亏，从而产生信任感。同时，价格虽离整数仅相差几分或几角钱，但给人一种低一位数的感觉，符合消费者求廉的心理愿望。这种策略通常适用于基本生活用品。

2. 声望定价策略

声望定价即针对消费者“便宜无好货、价高质必优”的心理，对在消费者心目中享有一定声望，具有较高信誉的产品制定高价。不少国际知名的化妆品，如香奈尔、迪奥、兰蔻、雅诗兰黛等高档化妆品，在消费者心目中享有极高的声望价值。购买这些产品的人，往往不在乎产品价格，而最关心的是产品能否显示其身份和地位，价格越高，心理满足的程度也就越大。

【引例 5－5】

买瓶香水还是买栋楼　揭秘世上最昂贵香氛

40 万美金在你的概念中等同于什么样的价值？是一幢豪宅还是一辆名车？作为当今世上最昂贵的香水，“Imperial Majesty”每瓶售价 215 000 美元，而装它的瓶子价格也高达 175 000 美元——这一价格包括送货上门，送货的是一辆宾利。此款香水全球仅推出 10 瓶——5 瓶在伦敦 Harrods 百货公司出售，另外 5 瓶则上柜于纽约的 Bergdorf Goodman 百货公司。

“Imperial Majesty”是英国香水品牌克莱夫·克里斯蒂安（Clive Christian）“Clive Christian No. 1”香水的限量版，Clive Christian No. 1 是吉尼斯世界纪录收录的最贵香水。

图 5－2 世界上最贵的香水 Imperial Majesty

这瓶香水的设计师克莱夫·克里斯蒂安（Clive Christian）凭借他在奢侈品行业中取得的成就获得了英国女王授予的皇家 OBE 荣誉勋章。

Imperial Majesty 之所以每瓶售价高达 215 000 美元，是因为香水中含有很多珍稀原料，其中相当一部分的价值都超过黄金。香水由白色檀香、印度茉莉、德国玫瑰等 170 种花蕾提炼而成，每瓶要花上六个月时间制造。不管是男用还是女用，合成方法都十分复杂，产生的香味精致而回味悠长。

Imperial Majesty 香水的“容器”亦名贵非常，瓶身镶嵌有五克拉的钻石，瓶口由黄金制成，因此仅瓶子本身售价就要 175 000 万美元。

这么名贵的“容器”来自水晶世家：Baccarat。1817 年，Baccarat 开始在法国 Lorraine 地区的 Baccarat 村制作水晶制品，不久便出品了它的第一批水晶香水瓶。早期的 Baccarat 香水瓶能够在拍卖会上拍得相当高的价钱。直到今天，每逢香水品牌或时装品牌发布价值较高的限量版时，都会向 Baccarat 订购水晶香水瓶。

Clive Christian 出品的 No. 1 系列香水中，最珍贵的是仅发行了 100 瓶的限量版、瓶颈处有交织字母的版本以及可按照顾客要求改变瓶身形状的特别订购版。其中，特别订购版尤其受到名流和富翁们青睐，“贝嫂”维多利亚就曾为丈夫定制过一瓶球靴形状的 No. 1 香水。

（资料来源：网易网 http://www.163.com/，略有修改）

【小讨论】

案例中用的是什么定价策略？这种方式可以推广吗？

3. 习惯定价策略

习惯定价策略是企业依据长期被消费者接受和承认的并已成为习惯的价格对产品进行定价。某些产品在长期经营过程中，消费者已经接受了其属性和价格水平，符合这种标准的容易被消费者接受，反之则会引起消费者排斥。比如，郁美净儿童霜每袋 1.5 元，这对于顾客购买心理来说是个习惯价格。但是有些地方的郁美净儿童霜涨到 2 元或 2.5

元，这样顾客在购物时心理上会有些排斥。

4. **招徕定价策略**

这是适应消费者“求廉”的心理，将产品价格定得低于一般市价，个别的甚至低于成本，以吸引顾客、扩大销售的一种定价策略。采用这种策略，虽然几种低价产品不赚钱，甚至亏本，但从总的经济效益看，由于低价产品带动了其他产品的销售，企业还是有利可图的。

5.3.3　折扣定价策略

长期以来，折扣一直被企业作为增加销售的主要方法之一，也是化妆品企业常用的定价策略，折扣定价策略主要有以下几种。

1. **数量折扣**

数量折扣指按购买数量的多少，分别给予不同的折扣，购买数量越多，折扣越大。其目的是鼓励大量购买，或集中向本企业购买。数量折扣包括累计数量折扣和一次性数量折扣两种形式。累计数量折扣规定顾客在一定时间内，购买商品若达到一定数量或金额，则按其总量给予一定折扣，其目的是鼓励顾客经常向本企业购买，成为可信赖的长期客户。一次性数量折扣规定一次购买某种产品达到一定数量或购买多种产品达到一定金额，则给予折扣优惠，其目的是鼓励顾客大批量购买，促进产品多销、快销。数量折扣的促销作用非常明显，企业因单位产品利润减少而产生的损失完全可以从销量的增加中得到补偿。此外，销售速度的加快，使企业资金周转次数增加，流通费用下降，产品成本降低，从而导致企业总盈利水平上升。

运用数量折扣策略的难点是如何确定合适的折扣标准和折扣比例。假如享受折扣的数量标准定得太高，比例太低，则只有很少的顾客才能获得优待，绝大多数顾客将感到失望；购买数量标准过低，比例不合理，又起不到鼓励顾客购买和促进企业销售的作用。因此，企业应结合产品特点、销售目标、成本水平、企业资金利润率、需求规模、购买频率、竞争者手段以及传统的商业惯例等因素来制定科学的折扣标准和比例。

2. **现金折扣**

现金折扣是对在规定的时间内提前付款或用现金付款者所给予的一种价格折扣，其目的是鼓励顾客尽早付款，加速资金周转，降低销售费用，减少财务风险。采用现金折扣一般要考虑三个因素：折扣比例；给予折扣的时间限制；付清全部货款的期限。在西方国家，典型的付款期限折扣表示为“3/20，Net 60”，其含义是在成交后 20 天内付款，买者可以得到 3% 的折扣，超过 20 天，在 60 天内付款不予折扣，超过 60 天付款要加付利息。

由于现金折扣的前提是商品的销售方式为赊销或分期付款，因此，有些企业采用附加风险费用、治理费用的方式，以避免可能发生的经营风险。同时，为了扩大销售，分期付款条件下买者支付的货款总额不宜高于现款交易价太多，否则就起不到“折扣”促销的效果。

提供现金折扣等于降低价格，所以，企业在运用这种手段时要考虑商品是否有足够的需求弹性，保证通过需求量的增加使企业获得足够利润。此外，由于我国的许多企业和消费者对现金折扣还不熟悉，运用这种手段的企业必须结合宣传手段，使买者更清楚自己将得到的好处。

3. 功能折扣

中间商在产品分销过程中所处的环节不同，其所承担的功能、责任和风险也不同，企业据此给予不同的折扣称为功能折扣。对生产性用户的价格折扣也属于一种功能折扣。功能折扣的比例，主要考虑中间商在分销渠道中的地位、对生产企业产品销售的重要性、购买批量、完成的促销功能、承担的风险、服务水平、履行的商业责任以及产品在分销中所经历的层次和在市场上的最终售价等。功能折扣的结果是形成购销差价和批零差价。

鼓励中间商大批量订货，扩大销售，争取顾客，并与生产企业建立长期、稳定、良好的合作关系是实行功能折扣的一个主要目标。功能折扣的另一个目的是对中间商经营的有关产品的成本和费用进行补偿，并让中间商有一定的盈利。

【引例5－6】

网上低折扣化妆品“悠着买”

2014年9月初，国家食药监总局提醒，不要轻信网上所谓低折扣优惠促销品牌化妆品的虚假宣传，以免上当受骗，如发现类似销售化妆品的行为，应及时向食品药品监管部门投诉举报。事实上，这与近期频发的化妆品重大案件密切相关。

国家食药监总局称，今年以来食品药品监管系统查处涉案金额超1 000万元的化妆品重大案件8件，其中部分案件涉案金额超亿元。网络售假事件频现，聚美优品、亚马逊、京东、1号店、当当网、天猫和凡客等第三方销售平台纷纷“中枪”，无一幸免。

记者发现，在这些第三方平台上，各种大牌化妆品促销广告在页面的显眼位置，有的号称国外“海淘”产品。在广州一卖家化妆品店，一款兰蔻400毫升爽肤水打折后仅售80元，而在专柜正品销售价格为500多元。更有网店销售的名牌产品彩妆销售仅10多元，为正牌价格的1/10。

国家食药监总局介绍，不法分子多在网上开设化妆品专卖店，以不足1元或几元的极低价格，从化妆品制假黑窝点购进包装高度仿真的假冒知名品牌化妆品，在网上以正品大幅度折扣的价格公开售卖，打出“原装正品，支持专柜验货，如假包退，假一赔三，7天无理由退货”等承诺，吸引消费者。

有业内人士称，如果网店内化妆品的售价为专柜价格的4折以下，则其为仿冒的可能性很大。被假冒的化妆品品牌多为欧莱雅、迪奥、雅诗兰黛、香奈儿、兰蔻、古驰等。

食药监部门提醒，如发现类似销售化妆品的行为，应及时向食品药品监管部门投诉举报。食品药品监管部门将及时开展调查，严厉打击制售假冒化妆品的违法行为。

（资料来源：长江商报网 http://www.changjiangtimes.com/，略有修改）

5.4　化妆品价格变动与调整

营销者在定价之后，由于宏观环境变化和市场供求发生变动，企业必须主动地调整价格，以适应激烈的市场竞争。

5.4.1　降价策略

1. 企业降价的原因

（1）企业的生产能力过剩。企业库存积压严重，需要扩大业务，但是企业又不能通过产品改良和加强促销等手段来扩大销售，这时就必须考虑通过降价来提高销售量。

（2）在强大的竞争压力下，企业的市场占有率下降，迫使企业降低价格来维持和扩大市场份额。

（3）企业为了控制市场，通过降低成本来降价。企业通过销售量的扩大来进一步降低成本费用，从而降低价格。

（4）市场需求不振。在宏观经济不景气的形势下，价格下降是许多企业借以渡过经济难关的重要手段。

（5）根据产品寿命周期阶段的变化进行调整。相对于介绍期时较高的价格，在进入成长期后期和成熟期后，市场竞争不断加剧，可以通过下调价格来吸引更多的消费者。

2. 顾客对降价的心理反应

顾客对某化妆品降价可能会有这些理解：

（1）这款化妆品有某些缺陷或是质量下滑了，销售不畅。

（2）这家化妆品企业经营出了问题，也许是资金链或者现金流断裂了。

（3）价格还会进一步下跌。这是价格预期心理，产生这种心理后，顾客并不会马上购买产品，而是等待价格继续下降。

3. 竞争者对降价的反应

竞争者对化妆品企业的降价行为，可能会有这些理解：

（1）该企业可能将推出新产品。

（2）该企业想与自己争夺市场。

（3）该企业想促使全行业降价来刺激需求。

（4）该企业经营不善，想改变销售不畅的状况。

4. **降价策略**

因企业产品所处的地位、环境以及引起降价原因的不同，企业选择降价的方式也会各不相同，具体来说有以下两种。

（1）直接降价。即直接降低产品价格，例如汽车销售中常采取直接降价。

（2）间接降价。即企业保持价格目录表上的价格不变，通过送货上门、赠送礼品或者增大各种折扣、回扣，以及为消费者购买保险等手段，在保持名义价格不变的前提下，降低产品的实际价格。

【引例5-7】

彩妆营销：高性价比，永远是王道！

彩妆的营销，高手出招，观者见仁见智，市场上有打概念牌、高端牌、洋外衣牌的，也有打广告牌、促销牌的，五花八门，令人眼花缭乱，无所适从，而真正的智者，往往能拨云见日，洞悉本质。只有把握市场竞争的本质，才能无往而不胜，而向消费者提供高性价比的产品，将是企业制胜的王道。

相传早年，松下幸之助看到乞丐在自来水龙头下喝水，而萌发一个想法：要做出像自来水那样廉价而实用的产品，开启开关，就能满足人们的需要。这位被后世奉为管理之神的人，就是这样一个智者，他揭示了一个浅显的道理——廉价而实用，在我们看来，高性价比的产品就是如此。日本虽小，但强势品牌林立，汽车、电子等众多领域有着巨大的优势和竞争力，与这一理念无不吻合。

放眼我们国内的彩妆品牌，多是标榜洋品牌、贵族、高端等，产品价格一路走高，甚至有彩妆代理商这样认为：店家能卖100元一支的口红，谁愿意卖20元一支呢？这种完全站在商家角度而不顾消费者的营销思想，笔者真为之捏一把汗。此想法已经走到了消费者的对立面。消费者会反问，一款相同的口红，我为什么放着20元的不买，去买你100元的？难道你们把我们当傻瓜不成？

高处不胜寒，这是对国内高端彩妆现状的表述。产品价位过高，能接受高价彩妆的终端网点数量有限，而且很容易形成瓶颈，即一、二级商超进不去，三、四级高端网点数量有限，接受能力有限。这些弊端无疑会扼住这些高价品牌的脖子。无数高价彩妆品牌的折戟，让我们明白，在很长一段时期，高端的彩妆，在国内很难有生存发展的空间。

高性价比彩妆在近年来的发展有目共睹，其制胜的因素很多，质优价廉的亲民路线，是其快速稳健发展的不二法宝。如雅美姿等品牌，创立之初就定位为大众时尚彩妆品牌，没有走一贯的贵族、宫廷路线，而是另辟蹊径，首先与消费者拉近了距离。这些品牌价格虽低，但品质却过硬。笔者认为，营销的好坏，营销水平的高低，决定了品牌发展速度的快慢。而确保品牌长久发展的，是品质。要让品牌成为消费者的选择，高性价比是企业和品牌唯一的机会。

经过六年的发展，高性价比的彩妆品牌，稳中求发展，不冒进、不冒险、不急功近利、心态平和，反观，很多曾轰动一时的彩妆，早已成明日黄花，过往云烟。从近年的发展来看，价格适中的彩妆品牌，能够满足消费者日益增长的爱美需求，又不让彩妆的消费成为负担。彩妆最大的消费群体是些年轻女性，她们经济上刚刚独立，甚至还没走出校门，是对价格敏感度最高的群体。她们知性而有主见，对产品的使用有着自己的审美要求，不会听任促销人员的引导推销。她们会选择，会辨别。高性价比的产品成为她们的选择，而且随着使用人群的扩大，品牌的美誉度和传播效应也在延伸。经销商由开始的不愿意销售，变成了乐于接受，因为高性价比的产品门店好卖，口碑好，返单快，虽然价格不高，但总体的销售额却不错，利润同样可观。从需求来看，彩妆是日常消费品，很难成为奢侈品，因此有不同于包、车、首饰等的品牌经营理念。高价的彩妆品牌是有的，但工艺和品质也是非常卓越的，总之，高性价比，同样适用于国际品牌。

如果一个企业，对时下的营销感到眼花缭乱而无所适从，那么就遵循一个原则吧，就是做出质优价廉的产品来，这样，可能你的品牌不会一夜走红，你也不会暴富，但你的品牌会走得长久，也会笑到最后。我们始终相信，高性价比，永远是彩妆营销的王道！

（资料来源：博锐管理在线 http://www.boraid.cn/，略有修改）

【小思考】

为什么彩妆产品的价格定价回归理性？

5.4.2　提价策略

1. 企业提价的原因

（1）应付产品成本增加，减少成本压力。这是所有产品价格上涨的主要原因。成本的增加或者是由于原材料价格上涨，或者是由于生产或管理费用提高而引起的。企业为了保证利润率不致因此而降低，便采取提价策略。

（2）为了适应通货膨胀，减少企业损失。在通货膨胀条件下，即使企业仍能维持原价，但随着时间的推移，其利润的实际价值也呈下降趋势。为了减少损失，企业只好提价，将通货膨胀的压力转嫁给中间商和消费者。

（3）产品供不应求，遏制过度消费。对某些产品来说，在需求旺盛而生产规模又不能及时扩大导致出现供不应求的情况下，可以通过提价来遏制需求，同时又可以取得高额利润，在缓解市场压力、使供求趋于平衡的同时，为扩大生产准备了应有的条件。

（4）利用顾客心理，创造优质效应。作为一种策略，企业可以利用涨价营造名牌形象，使消费者产生价高质优的心理定式，以提高企业知名度和产品声望。对于那些革新产品、贵重商品、生产规模受到限制而难以扩大的产品，这种效应表现得尤为明显。

2. 顾客对提价的反应

化妆品企业提价通常会影响销售，但是购买者也可能会这样理解：①该产品质量好；②产品很畅销，供不应求；③企业想尽快赚取更多的利润；④物价水平上涨了，该化妆品提价不稀奇。

3. **竞争者对提价的反应**

竞争者对企业提价，可能会有这样的理解：①该企业将高价作为一种策略，以树立名牌形象；②企业想赚取更多的利润；③如果领导者首先提价，其他竞争者可能会想到原材料的价格要涨价。

4. **提价策略**

化妆品企业可以采取以下策略实现提价：①原材料成本增加的情况下，企业可以使用相对便宜的原料；②减少价格折扣；③减少免费服务项目和增加收费项目；④如果产品属于价格不敏感的，对单个产品直接提价，不会招致消费者反感，也可以采取提价的方法；⑤提价同时提高产品质量，树立本企业化妆品高品质形象。

【引例5－8】

用价格让顾客忘记价格

面对琳琅满目的商品，顾客选择时考虑的因素只有一个——价格。这是大多数公司面临的一个难题。

现在许多市场，或者说绝大多数市场，都已经很成熟了，容易出现激烈的价格战。但是很多时候，价格战只会损害品牌资产，侵蚀利润。而且，一旦这些市场成为价格战的阵地，就会培养出消费者的低价期望，使他们对很多因素都漠不关心。是否有办法让顾客不再只关心价格，转而关注产品价值呢？有趣的是，如果想唤起消费者对产品的关注，仍然需要价格这个在消费者意识中根深蒂固的营销要素。研究表明，有4种定价策略能够帮助弱化价格在买卖交易中的显著影响。通过促使消费者思考“我到底想买什么”“我到底需要这个产品的哪些功能”，买卖双方就可以对话。顾客看重价格，所以最佳策略就是把这点变成你的竞争优势。

减弱消费者价格敏感度的第一个定价策略是，吸引他们关注产品或服务的价值。为此，你必须调整自己的定价结构，也就是调整为各种产品定价的基础。如固特异按照轮胎的行驶里程定价，从根本上改变了自己的定价结构。

第二个定价策略是，通过刻意溢价激发顾客的好奇心。苹果公司的案例证明，适度溢价，让产品价格比顾客通常愿意支付的价格高一点，会激发顾客深思。

第三种定价策略是，对价格进行分割，吸引顾客留意产品的关键优点。如宜家把桌子的桌面和桌腿分开定价，以提醒顾客注意产品的组装功能。

当顾客要在多种针对不同口味的产品间进行选择时，我们可以运用最后一种策略——制定单一价格，把客户的价格敏感度转化为竞争优势。在这种情况下，所有产品都应该统一定价，因为这会促使顾客挑选最符合自己需求的产品，他们会详细比较商家出售的各款产品，而不是为了省钱尽量放低自己的要求。

（资料来源：中国服装网 http://www.efu.com.cn/，略有修改）

【小讨论】

如何让化妆品价格变动与调整的效果最好？

靳羽西：成功创业的故事

靳羽西，祖籍广东，出生于广西桂林。16 岁到美国夏威夷的杨伯翰大学学习，获音乐硕士学位和政治学学位；1973 年定居美国纽约，创建靳羽西电视制作公司；1984 年在美国成功地主持了中华人民共和国建国 35 周年的庆典实况，在美国一举成名；1986 年，制作了 104 集的《世界各地》电视系列片，在中央电视台播放，成为中国家喻户晓的人物；1992 年创办靳羽西化妆品公司；1999 年 4 月被授予“世界杰出女企业家”的荣誉称号，获得该项殊荣的共有来自全球 35 个国家的 50 位女性，这些女性共为全球经济做出了 150 亿美元的贡献。由于在沟通东西方文化方面的杰出贡献，靳羽西获得了包括联合国和美国国会在内的各组织机构颁给的二十余个奖项。其中除了“终身成就奖”“杰出妇女奖”之外，还有“特别成就奖”“友好大使奖”“突出人才奖”“国际媒介交流奖”等。她是中国较有名的女人之一。她通过电视节目让中国人第一次惊讶地看到了世界，她的发型和口音被无数的中国女性模仿，她创造了中国第一个化妆品品牌和娃娃，她的头像被印在了中国邮票上，她持续不断地通过媒介告诉中国，国际化是怎么回事。在几亿中国人的时尚观和世界观发生巨变的几十年中，美籍华人靳羽西无疑站在了变革大潮的浪尖。

和共和国同年同月同日生，也许注定了羽西和这个国家你中有我、我中有你的神奇关系。她出生在广西桂林，在香港度过了自己的童年生活，此后才与大批香港人一起移居到了美国。儿童时期的羽西，其实并不喜欢娃娃。每次父母给她买来了娃娃，她首先做的事情竟然是拔掉它们的头发，而她这样做只是为了想知道它们是怎么被植入娃娃体内的。童年时期她最大的爱好是弹琴。从四岁搬到香港起，她就开始弹钢琴，这种爱好一直延续到移居美国后，她获得了夏威夷杨伯翰大学的音乐硕士学位。在那儿的一次大学选美比赛上，羽西正式开始学习化妆、姿态和做头发，那次比赛让她成为一朵“中国水仙花”，同时也影响了她的女性意识。

1978 年，羽西建立了自己的电视制作公司，她持续 12 年的节目《看东方》首次系统地将中国和亚洲介绍给西方观众。职业转折像浪潮一样一层层扑来。1984 年，美国 PBS 电视台和中国中央电视台合作，转播国庆 35 周年庆典，同一天生日的羽西受邀作为美方的主持人，就是那次庆典，北大学生亮出了“小平，你好”的横幅。此后，她受到了中央电视台的关注。1986 年到 1987 年她开始制作和主持 104 集的《世界各地》，成为中国电视史上第一个外籍华人主持人。

两周一次的《世界各地》让灰色的中国看到了外面彩色的世界，童花头、抹着鲜艳口红的羽西，也伴着她俏皮而不流利的中文成为几百万观众的偶像。不过，当时对中国国情并不熟，甚至在国内没认识几个人的羽西其实遭遇的压力非常大。“这个电视节目没有经费来源，没有赞助商，在摄影、灯光、音响以及人才寻找上都有着很多的困难。当时我在美国也有个电视节目，我必须把那个节目做成功了才有钱放在中国的电视节目上。”羽西回忆。

在两次制作电视节目间的20多年中，羽西并没有从传播领域消失，相反，她用了更直接的形式——让中国第一个化妆品品牌来改变形象。1992年，羽西创办了“羽西”公司。当时的羽西，没有任何商业管理经验，同时，中国的女性也很少化妆，根本没有市场可言。她唯一能给予公司的还是她一贯的精神：要做就要做最好的。在前任丈夫的支持下，她花重金投入在品牌研究上，雇了最好的实验室、研发和包装人员，最后研究出来的产品一如她所希望的：适合中国人的皮肤。也许，如果没有亲自开设600个专柜，没有亲自站在柜台上为女性化妆、提建议，没有亲自写下包装上的每一个字，编辑每一篇新闻发言稿，“羽西”的产品不可能获得成功。“卖出第一支口红的时候，我感到最大的困难就是供不应求。”后来公司持续蓬勃发展，2004年，厌倦经商的羽西将自己的品牌卖给了欧莱雅公司。

羽西在北京的家，干净豪华，一如在纽约和上海的家。羽西喜欢在家里举行派对，她喜欢和各种各样的人打交道。“我可以跟任何一个阶层的人接触。这么多年来，我结识了很多朋友。”她说，自己大学毕业出来工作之后，不知道为什么认识了很多上流社会的人，“可能因为我喜欢认识人吧”。

人际面的不断扩大，给羽西的传播事业带来独特的资本。在节目中，她采访了大量的名人，很多都是自己认识的。她曾经采访的联合国前秘书长加利做了她五年的邻居。此外也有通过朋友的朋友认识的，她在一次宴会上认识了《钢琴师》的男主角艾德里安·布洛迪，拍摄了三次终于做完了他的节目。提到这些明星的时候，羽西和他们亲近的一面就展现出来了：“Andy是个大花花公子！他不是偶像！”她突然喊出来。

羽西在中国成名是1986年的事。羽西说：“成功主持国庆盛典之后，中央电视台邀请我到北京，他们请我制作一部104集的电视系列片《世界各地》。这是中国第一部介绍世界的电视系列片（中英文），在中央电视台播出。那时中央电视台是中国唯一的全国电视网，不同于美国有很多电视台，所以我说的每一句话都非常重要。中央电视台请一个外国人制作并主持一个电视节目是史无前例的，甚至在今天都不可能。但是，那时中央电视台没有拍摄该片的资金，因为在1984年时中央电视台一个广告都没有，不像今天，你一打开电视就能看到广告。我就同他们说，你们要拍这部104集的电视片，需要筹资150万美元，而中央电视台没有这个先例。你们必须每集给我3分钟的广告，我自己来找赞助商。我的第一个赞助商是‘雀巢咖啡’；第二个是‘宝洁’公司（Procter & Gamble）。这里还有一个小故事。当得到宝洁公司的赞助时，我非常高兴，立即发了一份电传给有关负责部门，请他们批准这个赞助商，很快他们就回了一份电传说这个赞助商不能批准，因为中国政府不允许‘赌博’（Gambling）。”

（资料来源：青年创业网 http://www.qncye.com/，略有修改）

案例思考：

1. 羽西能成为世界知名高端化妆品品牌，请总结其成功之道？
2. 你能从创始人羽西身上发现她有哪些让人佩服的人格魅力吗？

训练项目： 制定 A 化妆品公司新品牌的定价策略方案。

训练目的：

（1）深入了解公司不同阶段的各种定价策略方案制定的程序、技巧。

（2）熟悉各种定价策略的综合运用。

训练时间： 每组 35 分钟。

训练组织：

（1）学生分组成立团队，每个团队 6 ~7 人。

（2）针对 A 化妆品新品牌制定一份价格定价策略方案，并综合考虑市场的变化和竞争对手的情况。

（3）各团队上台，以 PPT 形式演示方案。

（4）团队之间互评表现，最后由教师整体评价，并给予指导。

考核标准：

（1）定价策略方案制定的程序、技巧及赢利可行性。

（2）定价策略手段应用的合理性。

（3）PPT 方案的演示能力。

教你如何辨别真假化妆品

面对琳琅满目的化妆品，如何辨别真假成为现在很多爱美人士的困惑和烦恼。想要买得放心，选购到 100% 正品的美妆产品，就需要练就一双火眼金睛。在这里，与大家分享一些关于识别化妆品真假的方法。

从外包装上观察：

（1）是否有错别字，很多假货在商品介绍及功效的描述上会出现一些错别字。

（2）正规产品的包装外观会有中文标贴、净含量、供应商名称、批件号、生产日期、CIQ 标签等。盒内印有中文说明书，字迹清晰。需注意查看产品是否含有香精、防腐剂、色素、金属等不安全成分。

（3）去品牌官网查看包装颜色、材质（假的粗糙，真的精美），以及你想买的化妆品是否还在出售，需进行核对，有些产品官网可能已确认停止生产或销售。如果你遇到的产品包装和官网上不同，请谨慎购买。

（4）价格的可信程度。

根据不同质地，试用触感的不同，注重自己的内在感受：

（1）闻味道。好的产品成分纯净，没有浓重的香料、酒精和异味。

（2）对于液态化妆水、精华，购买时需注意观察其色泽和形态，不能有浑浊、沉淀或变色等现象。

（3）取少量化妆品涂抹在手背，均匀服帖于肌肤，舒适润滑，吸收较快，质地细腻为佳；如果涂抹后粗糙、黏腻，甚至造成皮肤刺痒、干涩、泛红等敏感现象则为劣质化妆品。

（4）购买途径是关键，应避免在批发市场、小商店、非正规渠道购买化妆品，以防假冒。

（资料来源：百度经验 http://jingyan.baidu.com/，略有修改）

项目六

设计化妆品分销渠道

知识目标

- 了解分销渠道的相关概念。
- 了解化妆品分销渠道策略的相关概念。
- 掌握化妆品分销渠道设计与管理的方法。
- 了解中间商的具体分类。
- 了解化妆品日化线渠道与专业线渠道的相关概念。

技能目标

- 能对化妆品分销渠道有一个较为深刻的认识。
- 能对化妆品分销渠道的分类和策略进行正确的区分。
- 能对化妆品分销渠道设计与管理的方法进行全面、综合的描述。

B大型美容会所连锁机构A品牌化妆品计划在下半年进入各省渠道市场，面对错综复杂的销售通路，分销渠道如何布局，如何设计分销渠道，分销渠道的策略及管理如何展开是品牌在国内市场获得成功的关键。

任务1：对国内化妆品分销渠道做一个较为全面、深入的渠道分析报告，重点针对华南市场。

任务2：根据国内市场消费者的需求情况，对A品牌化妆品进行初步的分销渠道定位。

任务3：为将要进行引进招商的代理商和经销商制定一套行之有效的中间商激励方案。

韩后引领行业全渠道布局

在2015年夏季群雄并起的化妆品防晒品市场里，韩后杀出重围，不仅一跃成为6月天猫防晒护肤品热销品牌排行榜第二名，更在其微商渠道、CS渠道、KA渠道、屈臣氏大型连锁等都实现爆发式增长。可以说，在其“天然造”品牌理念下，韩后已进入了全渠道增长的快速上升期，而立体化营销更是韩后之所以能置身国内美妆产品一线行列的制胜关键。

韩后之所以能够在炎炎夏日经受住“烤验”，全渠道大卖，源于其针对市场需求变化，不断推陈出新的升级产品。随着生活环境的愈加恶劣，防晒护肤已成为消费者的日常功课，更成为继美白和保湿之后的第三大护肤细分市场，韩后也随之将防晒产品的重要性提至战略高度。

自然路线的裸妆，是这季度大众最迫切需要的主流产品，韩后防晒系列恰恰能够让女性的夏季妆容更加浑然天成，可谓切中用户核心需求，成就了其井喷式的销量爆发。以韩后云防晒系列产品为代表，2014年以来韩后云防晒系列全面升级防晒效果，不仅增加了御光防护、焕白肌肤、广谱防晒三大功效，更针对目前市面上防晒产品普遍的油腻厚重感做出了全面改良——升级后的云防晒产品主打轻薄透质感，能够在有效减少紫外线、污染物伤害的同时，让肌肤尽情呼吸。此外，很多爱美女性在夏季饱受油光的困扰，云防晒系列产品不易融妆的特性也解决了这一常见问题。

此外，面对户外的强晒“烤验”，更需要持久稳定、不易被阳光分解的专业防晒保护。韩后的防晒产品综合多种卓越的抗晒原料，配合珍贵的护肤成分，研制出崭新的云防晒配方；含纯植物保湿成分及植物精华，布下如空气般隐形、清爽、透气、无负担的美白防晒防护网，能有效预防皮肤缺水及脱皮，延缓皮肤老化。切合用户的核心需求再加上不断锤炼的产品品质，无怪乎韩后云防晒系列产品可以取得如此傲人的成绩。

另外，从天猫平台的数据表中可以看到，韩后虽然排第二，但是其购买人数并不是第二，这也可以看出，韩后的重复购买率高很多，用户忠诚度更高，也从侧面印证了韩后“天然造”理念备受大众认可。有业内人士表示，防晒系列的爆发式增长带动了韩后全系列的销售，正逐渐成为韩后市场增长的关键点，这也成为其抢食百亿市场份额的绝佳契机。

玩转O2O韩后发力全渠道

细数现今国际美妆大牌，多选择线下大卖场为主要销售渠道。但在互联网、移动互联的全线冲击下，传统零售渠道将面临转型，谁能提前拥抱全渠道，谁就将主导未来。近两年韩后把现代渠道和电商渠道并列到非常重要的战略地位，将线上与线下共存共融，更让电商成为一个有力的销售增长点。

此次韩后防晒系列产品销量的井喷，不仅体现在天猫旗舰店这样的线上网络渠道。

自进入6月以来，韩后从线上的电商、微商，到线下的CS渠道、KA渠道、屈臣氏大型连锁等也都交出了喜人的成绩单。其中天猫旗舰店月销突破6万支，屈臣氏6月的防晒产品销量突破11万支，CS渠道出货超300万支，创下同期韩后防晒类产品又一销售记录。值得一提的是，韩后微商防晒产品出货已超100万支，位居第一。

为提高防晒市场份额，韩后线上、线下多渠道联动，尤其在电商、微商等渠道加大推广力度，配合“立体化”的营销攻势促进产品的销售增长。同时，韩后也通过聚美优品、京东、天猫、聚划算等有深度合作的平台进行资源整合，造成短期内爆发以迅速提升曝光度。

无论是最早的单渠道还是几年前兴起的多渠道零售、跨渠道营销，都是站在零售商自己的角度，消费者是被割裂的，而全渠道战略则是要建立一个统一的、360度的“顾客视图”。韩后的全渠道战略是真正以消费者为中心，将目前各个独立运作的渠道整合起来，给顾客提供有独特体验的卓越服务。韩后的全渠道战略重点不在单一渠道的最优或最强，它的终极目标是各个渠道之间达到高度协同，你中有我，我中有你，从而为消费者提供无缝的最佳购物体验。

（资料来源：和讯网新闻频道 http://news.hexun.com/，略有修改）

【问题引出】

（1）何谓分销渠道？韩后的分销渠道模式有哪些？
（2）你认为化妆品企业应该如何完善消费者的购物体验？

6.1　了解分销渠道

6.1.1　分销渠道的概念

【小思考】

什么是分销？什么是渠道？什么是分销渠道？

所谓分销渠道，是指某种产品和服务在从生产者向消费者转移的过程中，取得这种产品和服务的所有权或帮助所有权转移的所有企业和个人。因此，分销渠道包括商人中间商（因为他们取得所有权）和代理中间商（因为他们帮助转移所有权），此外，还包括处于渠道起点和终点的生产者和最终消费者或用户，但是不包括供应商、辅助商。

6.1.2　分销渠道的特点

（1）分销渠道反映某一特定商品价值实现的过程和商品实体的转移过程。分销渠道一端连接生产，另一端连接消费，是从生产领域到消费领域的完整的商品流通过程。在这个过程中，主要包含两种运动：一是商品价值形式的运动（商品所有权的转移，即商流），二是商品实体的运动（即物流）。

（2）分销渠道的主体是参与商品流通过程的商人中间商和代理中间商。

（3）商品从生产者流向消费者的过程中，商品所有权至少转移一次。大多数情况下，生产者必须经过一系列中介机构转卖或代理转卖产品。所有权转移的次数越多，商品的分销渠道就越长；反之则越短。

（4）在分销渠道中，与商品所有权转移直接或间接相关的，还有一系列流通辅助形式，如物流、信息流、资金流等，它们发挥着相当重要的协调和辅助作用。

6.1.3 分销渠道的职能

分销渠道的职能在于它是联结生产者和消费者或用户的桥梁和纽带。企业使用分销渠道是因为在市场经济条件下，生产者和消费者或用户之间存在空间分离、时间分离、所有权分离、供需数量差异以及供需品种差异等方面的矛盾。

分销渠道的主要职能有：

（1）调研。调研是指收集制订计划和进行交换所必需的信息。

（2）促销。促销是指进行关于所供产品的说服性沟通。

（3）接洽。接洽是指寻找潜在购买者并进行有效的沟通。

（4）配合。配合是指所供产品符合购买者需要，包括制造、分等、装配、包装等活动。

（5）谈判。谈判是指为了转移所供物货的所有权，而就其价格及有关条件达成最后协议。

（6）物流。物流是指从事产品的运输、储存、配送。

（7）融资。融资是指为补偿分销成本而取得并支付相关资金。

（8）风险承担。风险承担是指承担与渠道工作有关的全部风险。

6.1.4 分销渠道的长度

1. 分销渠道长度的概念

分销渠道长度是指渠道层次的数量，即产品在渠道的流通过程中，经过多少中间环节、经过多少层的中间商参与其销售的全过程。中间环节是指同一产品的买卖方和实现转移商品所有权的机构和个人。商品在分销过程中所经过的环节越多，分销渠道就越长；反之，分销渠道就越短。

2. 分销渠道长度的分类

一般来说，分销渠道的长度可以划分为五种基本类型，即零层分销渠道、一层分销渠道、二层分销渠道、三层分销渠道和多层分销渠道。

（1）零层分销渠道是指企业直接把产品或服务销售给消费者或用户的分销渠道模式。这种直接销售有直接上门推销、邮购、电话推销、电视直销和企业自办专卖店销售五种形式。零层分销渠道是大型或贵重产品以及技术复杂、需要提供专门服务的产品销售采取的主要渠道。

（2）一层分销渠道是指仅仅经过一个中间环节的分销渠道模式。通常在消费品的营销中，这个中间环节就是零售商；而在生产资料的营销中，则可能是批发商或代理商。

（3）二层分销渠道是指经过两个中间环节的分销渠道模式。在消费品的营销中，通常由批发商或零售商组成，也可以由代理商和零售商组成；在生产资料的营销中，则由代理商和批发商组成。

（4）三层分销渠道是指经过三个中间环节的分销渠道模式。这种渠道模式是进出口商品常采用的分销渠道。另外，在一些顾客较为分散的消费品零售市场中，也会适当采用此种渠道模式，如一级批发商、二级批发商和零售商，或代理商、批发商和零售商。

（5）多层分销渠道包括多层代理和多层批发的渠道形式。这种渠道在日化产品、饮料、电子产品等行业尤为多见。

零层分销渠道，称为短渠道，也称直接渠道。其他四种分销渠道称为长渠道，也称间接渠道。

3. 分销渠道长短的优缺点

企业采用短渠道的好处在于：渠道越短，成本越低，越能控制最终零售价格，越容易给顾客提供全面的服务；可以及时获取消费信息，有利于提高企业的服务质量。企业采用短渠道的不足之处在于：网络分散，市场覆盖面较小。通常来说，短渠道要求企业要有雄厚的资金实力、经营管理能力和资源实力；要能够大量存货；要具备相应的物流能力；要能够高效率地承担起批发和零售的职能；要对产品的销售、流通具有很强的控制与管理能力等，并具备相应专业知识和相应的人力资源来有效地执行上述活动。

企业采用长渠道的好处在于：渠道越长，产品覆盖面越大，越有利于生产企业通过控制中间商来增强自己的竞争优势，比如减轻仓储运输费用、销售人员费用和管理费用压力等。采用长渠道的不足之处在于：渠道越长，渠道成本越高，速度较慢，生产企业对产品最终零售价格的控制能力越小，对产品流程和运输的控制能力也就越小。另外，渠道越长，越容易出现服务水平参差不齐的现象，就越需要渠道成员之间的相互协调和合作，对生产企业管理水平的要求也就越高。

6.1.5 分销渠道的宽度

1. 分销渠道宽度的概念

分销渠道宽度是指在任一渠道层次上的竞争程度以及在市场领域中的竞争密度。渠道的宽窄通常以渠道同一层次中的中间商数量、竞争程度及市场覆盖密度来衡量。如果一种产品通过尽可能多的销售点供应给尽可能宽阔的市场，就是宽渠道，否则就是窄渠道。

2. 分销渠道宽度的分类

根据每一层级使用同类型中间商的多少，一般可将分销渠道分为宽渠道和窄渠道两类。

（1）宽渠道是指生产者在特定市场里直接利用两个或相对较多的中间商来经销其产品。宽渠道的优点主要是能使产品迅速进入流通和消费领域，有利于中间商展开竞争，不断提高产品销售效率，迅速实现产品价值及满足消费需求；缺点主要是中间商多，使产销之间关系松散，不容易取得所有中间商的合作，生产者要花较多的精力、时间处理与中间商的关系。

宽渠道经常使用密集分销策略，制造商在一个地区动员尽可能多的中间商销售产品以迅速占领市场。这种方法主要适用于消费品中的日用品、小百货等量大价低的商品，以及产业用品中的原料等。这些商品由于选择性不高，往往需要满足就近购买。

（2）窄渠道是指生产者在特定市场里只直接利用一个中间商销售其产品。窄渠道的优点是生产者与中间商关系非常密切，相互依附关系强。生产者主要依靠所选择的中间商推销自己的产品，中间商也依赖生产者而存在发展。由于利益关系密切，双方可通力合作提高销售竞争能力。如生产者可以向中间商传授产品技术，给予资金、人力等支持，全力指导和支持中间商开展销售业务；中间商则随时将市场信息传达给生产者。但是，窄渠道风险较大，双方都将自身命运与对方连在一起，万一对方发生变化就会使自己陷于被动。

独家经销是最窄的渠道，制造商在一个地区只选择一家中间商，便于控制价格和促销活动，并监督占领市场；中间商不得经销其他厂商产品。这种策略适用于购买者十分重视品牌和技术性强、服务要求高的产品销售，如汽车、计算机等。

【引例6－1】

直销模式中安利的渠道和服务策略

安利（中国）这几年在保健品市场的神奇表现有目共睹。业界人士在惊异于其一路飙升的销售额的同时，更对其营销策略有着特别的兴趣。笔者认为，其差异化的渠道策略和人文性的大服务特点对市场销售有着不可低估的作用。

差异化选择：以无店铺经营为特征的渠道策略

安利纽崔莱采取的是全球直销方式。尽管在中国市场上受制于政策性因素，其直销模式受到一定的限制，但安利依然有明修栈道、暗度陈仓之嫌，其渠道模式是介于直销与店面经营之间的一种形态。

安利纽崔莱选择准直销作为渠道策略是有着非常深刻的原因的。

第一，纽崔莱产品结构如此复杂，单纯的广告传播是不可能完成全部市场信息传递的，因此，需要选择一种“一对一”的营销传播方式来传递比较复杂的产品信息。

第二，纽崔莱是有点类似于OTC的功能性产品，属于营养类保健食品，因此，实施无店铺的直销，对于传递更加细腻的产品功能类信息具有十分重要的作用。

第三，实施无店铺经营能够使消费者、经营者、传播者实现“三位一体”的格局，有利于最大限度地传承企业文化与产品理念，减少在媒体沟通中由于间接性所带来的信息损失。

第四，店面经营之外的无店铺经营，有效减少了安利市场运营的直接成本，增强了安利直接获取市场利润的能力。

制胜法宝：以大服务营销为特征的人文消费

当前，很多本土的医药保健品企业号称已经实施了所谓的服务营销。其实，安利纽崔莱才是真正实施了服务营销战略，其营养师制度使得安利很少采用大众传播但产品却深入人心。以大服务、增值服务为特征构建的人文消费使得安利的市场网络成为一个与消费者沟通的舞台。很多消费者可能并不喜欢安利的产品，但是，安利的服务营销所带来的文化上的推动力，使得不少消费者基本形成了惯性消费。这也是安利纽崔莱为什么价格坚挺的重要原因。

安利纽崔莱的服务营销是如何做的呢？

第一是营养师制度，实现了每3~5个消费者安排一个营养师的规模。看上去安利会为此支付一笔不菲的费用去聘请营养师，其实，安利的营养师本身就是安利产品的消费者。所谓的营养师，就是3~5个安利产品的消费者经常性地聚在一起进行经验交流，只不过这个小组有一个组长而已。

第二是定期免费寄赠内刊杂志，解答消费者在消费过程中的疑难问题。安利纽崔莱有一个比较专业的信息处理平台，会将消费安利产品所出现的各种问题分门别类，然后集中进行回答，使得消费者能够不断体验到“一对一”服务所带来的心理享受。其内刊杂志的内容十分广泛，对建立安利的企业文化、培养金牌消费者起到了良好的作用。

第三是组建安利产品消费者俱乐部，这对于安利这样采取直销模式的企业是很简单的一件事。在一些做得非常成功的区域，安利产品的营销者甚至像宗教组织中的传教士一样，为了一个非常虚无的文化概念而疯狂地开展业务。安利企业文化的渗透力由此可见一斑。

第四是开展大型的健康咨询活动。安利作为一家在华运营的跨国公司，十分注重服务营销的公众效益，其推出的大型健康活动，不仅让消费者不断感动，更是让媒体热烈追捧，这就是安利十分高明的地方。

平时，不少业内人士感觉安利是一个十分低调的公司，但安利在面对经营问题时却从来都是雷厉风行的。其对价格违规行为的处罚非常严厉，而在政府公关方面的技巧可以说已到了炉火纯青的地步。安利几乎每年都获得诸如“在华投资优秀外商企业”“最佳雇主企业”等称号，这就是安利纽崔莱大服务营销的魅力。

（资料来源：权威保健品招商网 http://www.qw168.com/，略有修改）

【小讨论】

中国的化妆品市场直销模式的利与弊？

6.2 分销渠道策略

6.2.1 密集型分销渠道

1. 密集型分销渠道的含义

密集型分销渠道也称为广泛型分销渠道或普通型分销渠道，就是指制造商在同一渠道层级上选用尽可能多的渠道中间商来分销自己的产品的一种渠道类型。这种渠道可以使产品在目标市场上形成铺天盖地之势，以达到使自己产品品牌充分显露，实现路人皆知且随处可买，最广泛地占领目标市场的目的。密集型分销渠道多见于消费品领域中的便利品，比如牙膏、牙刷、饮料等。

2. 密集型分销渠道的优缺点

密集型分销渠道的优点是：市场覆盖率高，顾客购买比较方便。其缺点是：市场竞争激烈，价格竞争激烈，导致市场混乱。采用密集型分销渠道的企业要充分预计到所面临的每个中间商可能同时经销几个厂家的多种品牌的产品，这就要求企业在经济上向其提供一定的支持，因而导致企业的渠道费用增加。同时由于中间商的数目多，企业无法控制渠道行为，给渠道管理增加一定难度。

6.2.2 专营性分销渠道

1. 专营性分销渠道的含义

专营性分销渠道也被称为特殊分销渠道，是指严格地限制经营公司产品或服务的中间商数目。专营性分销适用于生产商想对再售商实行大量的服务水平和服务售点的控制。一般来说，专营性的再售商同意不再经营竞争品牌。

2. 专营性分销渠道的特点

这种方式可使制造商对分销渠道拥有强大的控制力，使中间商在销售上更积极用心，还可以较为有效地防止假冒伪劣产品流入市场，提升顾客对产品及其企业的信任感，提升企业的形象。

与密集型分销策略最明显的区别是，专营性分销策略要求所有的中间商只能专门经销自己的产品，具有产品经销权的排他性和产品经销区域的排他性。

3. 专营性分销渠道的优缺点

专营性分销渠道的优点：

（1）有利于控制市场营销，提高中间商的积极性。

（2）密切与中间商的合作关系，在推销方面得到大量的协助。

（3）提高生产企业的经营效率，节约费用，降低销售成本。

（4）提高中间商对顾客的服务质量；排斥竞争产品进入同一市场，提高企业的国际竞争力。

专营性分销渠道的缺点：

由于对中间商的依赖性太强，导致市场覆盖面窄，一旦生产企业与中间商之间发生变化，中间商不再为生产者销售产品，企业就要失去已占领的市场。此外，采用这种策略本身就意味着放弃一部分潜在顾客。极有限的渠道宽度，使企业适应性较差，销量难以扩大。

6.2.3　选择性分销渠道

1. 选择性分销渠道的含义

选择性分销渠道是指在市场上选择少数符合本企业要求的中间商经营本企业的产品。它是一种介于宽与窄之间的销售渠道，一般适用于消费品中的选购品和特殊品，以及专业性强，用户比较固定，对售后服务有一定要求的工业产品。其他企业也可选用这一策略。

2. 选择性分销渠道的优点

（1）可以节省费用开支，提高营销的效率。

（2）生产企业通过优选中间商，还可维护企业和产品的声誉，对市场加以控制。

（3）当生产企业缺乏国际市场经营的经验时，在进入市场的初期选用几个中间商进行试探性的销售，待企业积累了一定的经验，或其他条件具备以后，再调整市场销售策略，以减少销售风险。

3. 选择性分销渠道的限制条件

（1）中间商是否能提供良好的合作。

（2）愿意参与渠道协作的中间商数目的多少。

（3）制造商能为中间商提供多少市场畅销的产品，在供货方式、价格上给多大优惠，在诸如采用广告宣传等措施所需的费用上给予多大程度的支持等。

（4）制造商与中间商之间的联系以履行合同来维系，无论哪方的行为有损于合同的执行，必将使产品在该渠道上的流通受阻，从而使采用这一渠道的预定目标落空。

【引例6－2】

相宜本草：化妆品“黑马”的渠道挖掘与管理之道

本土日化品牌相宜本草在这个复杂的市场中算是一匹黑马，在它的官方网站上，给产品分类的标准非常简单，一是渠道，二是功效。

近年来，随着线上购物规模的不断扩大，美妆品牌也纷纷加码电商业务，但随之而来的是线上线下渠道交叉、经销商窜货等乱象频频出现。

相宜本草的做法是，将渠道完全分开，为各个渠道设计专供产品，这一做法，有效避免了互相干扰。

1. 另辟蹊径

相宜本草另类的渠道切入点至今仍为许多业内人士津津乐道。

不同于许多本土化妆品品牌一开始从专营店入手、强势崛起后再自下而上“跨界”进入商超等渠道的发展路径，相宜本草从创立之初便瞄准了更为高端的KA渠道。

在这一渠道体系中，丁家宜、东洋之花、佳雪等品牌都曾作为本土化妆品企业的代表与外资品牌分庭抗礼。如今，上述品牌或被国际大牌收购，或日益淡出人们视野，而起步缓慢、2004年销售额尚未突破2 000万元的相宜本草却坚持了下来，在积累大量商超资源和品牌影响力的同时终于在2007年获得了今日资本的投资。

从当年到2011年，相宜本草商超网点的年增长率达到近100%，增速惊人。2008年其销售额跃升至2.17亿元，2011年更是突破了10亿大关。

谈起这段发展历程，其总裁严明在接受《第一财经日报》采访时说，相宜本草的突出之处在于对销售终端的高度重视和精细化管理。

以终端管理费用为例，国内化妆品企业往往将其模糊地限定在销售额的40%以内，而对具体项目则不作考察，这样一来很难明确管理效率的高低。而相宜本草则采取分段考核制度，将各项具体费用消耗标准量化落地，以此为根据进行考察。

另外，分布在全国卖场内的数千名BA（Beauty Advancer，化妆品导购员）也是相宜本草终端销售的保证。据了解，相宜本草对这些BA进行无中介直接管理，不仅专门成立导购培训中心，还为其设置了多种激励方式。

“品牌形象、终端价格、一线人员等关乎品牌的要素一定要掌控情况、参与管理，这是我们根深蒂固的理念，在实践中也执行到位。”严明强调。

2. 多渠道布局

现在，相宜本草的渠道，不仅包括其赖以崛起的大型商超，还有线上销售和专营店等其他渠道，其中线上销售2011年已近2亿元，占总营收的15%。

这“三驾马车”共同构成了相宜本草的多渠道发展格局。

事实上，进货渠道五花八门、终端定价参差不齐几乎是每一个选择多渠道策略的企业都会面临的难题，但相宜本草有自己的解决方案。

在经销商网络体系管理方面，相宜本草按地区进行渠道分线，每个省在三大渠道都分设代理商。在此基础上，进一步严格规定每个经销商只能选择一个单一渠道，其他渠道不得涉足。为了进行相应的监督，相宜本草还在产品上配备了明码暗码系统。

而在价格管控上，相宜本草将定价权收回并强势推行线上线下统一价，从根源上遏制了价格的多样化。另外，针对同一品牌在不同渠道销售可能引发的价格体系和消费者认知混乱，相宜本草还为各个渠道研发了相对应的产品，例如专供商超的红景天、黑茶，仅在线上销售的红石榴系列，以及专柜独有的芍药皙白产品。

在《商业评论》2013 年第七届管理行动奖评选中，相宜本草获得了“电子商务领域金奖”。严明将相宜本草近年来的渠道策略归纳为“E 时代的全渠道营销”，并表示将在渗透过程中进一步理顺各渠道。

3．深度渗透低线市场

向二三线城市甚至周边县城、乡镇下沉是近年来美妆品牌的大势所趋，对于优势一向在于一线城市大型卖场的相宜本草来说也不例外。

严明说，要趁着国际品牌还没大力布局低线市场的时候迅速出手，“未来 1 ~3 年会是我们不断向下渗透的过程”。

然而市场留给相宜本草的时间已经不多。

早在 2010 年，雅诗兰黛位于成都王府井百货的专柜就创下过年销售额 6 558 万元、排名该品牌全球专柜销量第一的纪录。而欧莱雅旗下高端品牌兰蔻也于 2010 年就已进入东莞、兰州等二三线城市，近两年内更是在浙江诸暨、山东潍坊等三四线城市开设了近 20 个专柜。

相宜本草的应对方式是“深度渗透”。在低线市场，没有“大牌”压力的相宜本草可以自如地将终端渠道开进社区店、小型日化店和偏远的便利店，“我们现在有近 1 万家销售终端，可挖掘的空间还非常大”。

严明很清楚，从单店平效来看，一线城市的布局属于“少网点多产出”，而低线市场则是“多网点少产出”，“越往下走，单店产出越少，网点数量相应就会越多，必须借助广大本地经销商的力量来拓展市场”。

但不可否认的是，越往低线市场走，品牌对经销商的依赖程度会越高。随着渠道下沉，相宜本草的直营店占比已经从过去的超过 80% 下降至 50% 左右，对代理商的有效管理或许将成为其快速扩张过程中无法绕过的难题。

“我们会继续向经销商派驻相宜本草的工作人员，同时还将通过与银行的合作为他们解决现金保障的问题，通过这些落地的具体措施与经销商捆绑起来共同发展。”严明透露。

（资料来源：第一财经网 http://www.yicai.com/，资料略有修改）

【小思考】

如何做到化妆品分销渠道的差异化？

6.3 分销渠道的设计与窜货管理

6.3.1 分销渠道的设计

1. 确定渠道模式

企业分销渠道设计首先是要决定采取什么类型的分销渠道，是派推销人员上门推销或以其他方式自销，还是通过中间商分销。如果决定通过中间商分销，还要进一步决定选用什么类型和规模的中间商。

2. 确定中间商的数目

确定中间商的数目即决定渠道的宽度。这主要取决于产品本身的特点、市场容量的大小和需求面的宽窄。通常有密集型分销、独家分销、选择性分销等可供选择的形式。

3. 规定渠道成员彼此的权利和责任

在确定了渠道的长度和宽度之后，企业还要规定与中间商彼此之间的权利和责任，如对不同地区、不同类型的中间商和不同的购买量给予不同的价格折扣，提供质量保证和跌价保证，以促使中间商积极进货。还要规定交货和结算条件，以及规定彼此为对方提供哪些服务，如产方提供零配件、代培技术人员，协助促销；销方提供市场信息和各种业务统计资料。在生产者同中间商签约时应包括以上内容。

6.3.2 影响分销渠道设计的因素

1. 产品

不同的产品适用于不同的分销渠道，有许多产品特性会对渠道产生影响：不易保存的产品（如易腐烂的海鲜产品）要求直接渠道；体积大的产品（如建筑材料）运输距离不宜太远、转卖次数不宜太多；非标准产品（如定做的机器设备和商用表格等）因中间商缺少必要的专业知识，一般由企业代理商直接销售；需要安装和维修服务的产品一般由企业的特许经销商销售；单位价值高的产品也常由企业的销售队伍直接销售。

2. 顾客

分销渠道的选择深受顾客人数、地理分布、购买频率、平均购买数量以及对不同营销方式的敏感性等因素的影响。当顾客人数多时，生产者倾向于运用每一层次都有许多中间商的长渠道。但购买者人数的重要性又受到地理分布程度的修正。例如，生产者直接销售给集中于同一地区的500个顾客所花的费用，远比销售给分散在500个地区的500

个顾客少。购买者的购买方式又会对购买者人数及其地理分布产生影响。如果顾客经常小批量购买，则需采用较长的营销渠道为其供货。因此，少量而频繁的订货，常使得五金器具、烟草、药品等产品的制造商依赖批发商为其销货；同时，这些相同的制造商也可能越过批发商而直接向那些订货量大且订货次数少的大顾客供货。此外，购买者对不同营销方式的敏感性也会影响渠道选择。例如，越来越多的家具零售商喜欢在商品展销会上选购，从而使得这种渠道迅速发展。

3. **中间商**

不同的中间商在执行分销任务时，其从事沟通、谈判、储存、交际和信用等方面的能力不同，各自具有一定的优势和劣势，设计分销渠道时应充分考虑不同中间商的特性。例如，代理商同时给多个生产商做代理时，产品配送的费用由这几个生产商共同分担，因此对每一个生产商来说，单位销售总费用会下降。但代理商为每个生产商付出的销售努力也像销售成本一样被分摊，销售效果会下降，又如超级市场基本不提供服务，由顾客自由选择，也不送货，而百货公司则力图提供尽善尽美的服务。

4. **竞争者**

设计分销渠道时还必须考虑竞争者使用什么分销渠道，企业可以选择进入和竞争者一样或接近的销售点，也可以选择和竞争者不一样或远离竞争者的分销渠道。例如肯德基和麦当劳的分销渠道类型相同，且地理位置接近。

5. **企业**

企业自身的能力和特点也会对分销渠道的选择产生影响。企业的总体规模决定了它的市场规模、分销规模及在选择中间商过程中的地位。企业的财务、营销资源决定了它所能承担的销售费用、营销职能及对中间商可能提供的财务支持。企业的产品组合影响分销渠道的类型，产品组合越广，企业直接向客户出售产品的能力就越强；产品组合越深，采用独家经销或少量的中间商就越有利；产品组合的关联性越强，所采用的分销渠道也就越相似。企业过去的渠道经验和现行的营销政策也会影响渠道的设计。以前曾通过某种特定类型的中间商销售产品的企业，会逐渐形成渠道偏好。

6. **环境**

企业的分销渠道设计还与其所面临的外部环境有关。不同国家（地区）的分销系统各具特色，政府有关产品流通的政策、法规也限制了渠道选择。如我国政府决定取缔传销，这就使企业不可能再选择这种分销方式。

6.3.3　化妆品主要分销渠道模式

1. **化妆品公司—总经销商—二级经销商—终端零售商模式**

此模式依赖于总经销商的规模、实力以及现有渠道的质量。模式充分利用了各级中间商的网络资源，使得产品短时间能与消费者形成点和面的接触。缺点是分销渠道长度较长，经过的中间环节多，对各级中间商的依赖太大，管理起来难度较大，企业对渠道的控制力度较小。

2. **化妆品公司—经销商—终端零售商模式**

目前我国低端品牌多采用此分销渠道模式。该分销渠道面对的目标顾客群是低收入消费群体，该目标市场更多地分布在地级、县级城市，甚至农村地区。面对如此广阔的地域和市场，企业想尽可能地扩大分销渠道的覆盖面，必然会增加分销渠道的成本。采用此种分销渠道模式的企业将自己的营销队伍与中间商结合起来，由自己的营销队伍对区域代理商进行管理，有利于加强企业对渠道的控制力度，有利于价格体系的稳定。采用此分销模式的缺点是会产生较为突出的渠道冲突的问题。

3. **生产企业—终端零售商模式**

此分销模式适用于中高档的化妆品品牌公司。中高档化妆品的目标市场主要集中在中国的一二线城市。在这种分销模式中，化妆品品牌公司注重对渠道的控制和管理。化妆品品牌公司在零售商的卖场中突出品牌的专柜形象和产品展示。专柜的销售人员经过严格的专业销售培训，通过为消费者提供优质的服务来提升产品的品牌形象。其终端定位以大型百货商场为主，兼有其他形式的补充如药品连锁店、专业美容连锁机构等。

6.3.4 窜货管理

窜货是经商网络中的公司分支机构或中间商受利益驱动，把所经销的产品跨区域销售，造成市场倾轧、价格混乱，严重影响厂商声誉的恶性营销现象。

1. **窜货现象的种类**

（1）恶性窜货：经销商为了牟取非正常利润，蓄意向非辖区倾销货物。
（2）自然性窜货：一般发生在辖区临界处或物流过程中，非经销商恶意所为。
（3）良性窜货：经销商流通性很强，货物经常流向非目标市场。

2. **窜货的原因**

（1）多拿回扣，抢占市场。
（2）供应商给予中间商的优惠政策不同。
（3）供应商对中间商的销货情况把握不准。
（4）辖区销货不畅，造成积压，厂家又不予退货，经销商只好拿到畅销市场销售。
（5）运输成本不同——自己提货，成本较低，有窜货空间。
（6）厂家规定的销售任务过高，迫使经销商去窜货。
（7）市场报复，目的是恶意破坏对方市场。

3. **窜货的危害**

（1）一旦价格混乱，将使中间商利润受损，导致中间商对厂家不信任，对经销其产品失去信心，直至拒售。

（2）供应商对假货和窜货现象监控不力，地区差价悬殊，使消费者怕假货、怕吃亏上当而不敢问津。

（3）损害品牌形象，使先期投入无法得到合理的回报。

（4）竞争对手品牌会乘虚而入，取而代之。

4. **窜货的预防治理**

（1）选择好经销商。在制定、调整和执行招商策略时要明确的原则就是避免窜货主体出现或增加。要求企业合理制定并详细考察经销商的资信和职业操守，除了考察经销商的规模、销售体系、发展历史外，还要考察经销商的品德和财务状况，防止有窜货记录的经销商混入销售渠道。对于新经销商，企业不是太了解他们的情况，一定要做到款到发货。宁可牺牲部分市场，也不能赊销产品，防止某些职业道德差的经销商挟持货款进行窜货。此外，企业一定不能让经销商给市场拓展人员发工资，企业必须学会独立承担渠道拓展人员的基本工资与补贴。

（2）创造良好的销售环境，制订科学的销售计划。企业应建立一套市场调查预测系统，通过准确的市场调研，收集尽可能多的市场信息，建立起市场信息数据库，然后通过合理的推算，估算出各个区域市场的未来进货量区间，制定出合理的任务量。一旦个别区域市场进货情况发生暴涨或暴跌，超出了企业的估算范围，就可初步判定该市场存在问题，企业可马上对此做出反应。合理划分销售区域，可保持每一个经销区域经销商密度合理，防止整体竞争激烈，产品供过于求，引起窜货；保持经销区域布局合理，可避免经销区域重合，部分区域竞争激烈而向其他区域窜货；保持经销区域均衡，可按不同实力规模划分经销区域、下派销售任务。对于新经销商，要不断考察和调整，防止对其做片面的判断。

（3）制定完善的价格政策。许多厂家在制定价格政策时由于考虑不周，隐藏了许多可导致窜货的隐患。企业的价格政策不仅要考虑出厂价，而且要考虑一批出手价、二批出手价、终端出手价。每一级别的利润设置不可过高，也不可过低。过高则容易引发降价竞争，造成倒货；过低则调动不了经销商的积极性。价格政策还要考虑今后的价格调整，如果一次就将价格锁定，没有调整的空间，对于今后的市场运作极其不利。在制定了价格以后，企业还要监控价格体系的执行情况，并制定对违反价格政策现象的处理办法。企业有一个完善的价格政策体系，经销商就无空可钻。

（4）完善促销政策。企业面对销不动的局面时，常常是促销一次，价格下降一次，这就表明企业制定的促销政策存在着不完善的地方。完善的促销政策应当考虑合理的促销目标、适度的奖励措施、严格的兑奖措施和市场监控。

（5）制定合理的奖惩措施。在招商声明和合同中明确对窜货行为的惩罚规定，为了配合合同有效执行，必须采取一些措施，如交纳保证金。保证金是合同有效执行的条件，也是企业提高对窜货经销商威慑力的保障。如果经销商窜货，按照协议，企业可以扣留其保证金作为惩罚，这样经销商的窜货成本就高了。如果窜货成本高于窜货收益，经销商就不敢轻易窜货了。除了交纳保证金外，企业还可采用警告、取消相应业务优惠政策、罚款、货源减量、停止供货、取消当年返利和取消经销权等措施防止窜货行为的发生。同时还可以奖励举报窜货的经销商，调动大家防窜货的积极性。

（6）培养和提高经销商忠诚度。随着行业内技术的发展与成熟，产品的差异化越来越小，服务之争成为营销竞争的一个新亮点。完善周到的售后服务可以增进企业、经销商与顾客之间的感情，培养经销商对企业的责任感与忠诚度。企业与渠道成员之间这种良好关系的建立，在一定程度上可以控制窜货的发生。还可以有条件地或无条件地允许经销商退货，尽量防止经销商因为产品出现积压而窜货。

（7）利用技术手段配合管理。利用技术手段配合管理的效果和目的如同在交通路口安装摄像头：利用技术手段弥补营销策略缺陷，建立中选销售服务防窜货平台，适时监视经销商，帮助收集窜货证据。基于这种目的，采用带有中选防伪防窜货编码的标签对企业产品最小单位进行编码管理，把防伪防窜货结合起来，便于对窜货做出准确判断和迅速反应。可借助消费者力量建立中选科技窜货预警平台，在矛盾激化前平息问题，保证整个销售体系的和谐、平顺。目前，许多先进的生产企业已经率先采用了中选科技防窜货技术。这种技术手段的特点是主要借助通信技术和电脑技术，在产品出库、流通到经销渠道各个环节中，追踪产品上的编码，监控产品的流动，对窜货现象进行适时的监控。

【引例6-3】

丸美：从铺点到治理

创立之初，丸美就认定了自己的未来在百货。“在国内做化妆品，就必须要挺进到百货商场里面去。”丸美集团CEO孙怀庆说。

现实中，丸美也的确在践行孙怀庆的战略规划。“截至目前，丸美已经坐拥全国1 000余个商场专柜。”丸美集团日化事业部部长陈浩对《化妆品观察》证实，在丸美内部，百货渠道的发展被视为公司的战略制高点。

2010年，丸美销售额突破20亿元，百货渠道贡献占比升至25%。

丸美在百货渠道征战多年，并没有像外界看到的这般顺理成章。从2000年第一家百货专柜在武汉王府井诞生至今，丸美在百货渠道走过了三个阶段。而其关注点也逐渐从注重铺点，转向渠道治理。“公司刚成立时，我们的目标很明确，就是要进入百货系统。当时由于丸美品牌知名度不高，我们的思路就是只要百货商场给我们位子我们就做。”之后，丸美品牌和我们的明星单品逐渐获得消费者的广泛认可。从2009年起，我们开始调整思路，有选择性地进入一些比较大的百货商场。选择的依据就是“三欧”（欧莱雅、欧珀莱、OLAY）也有进驻的百货。“而到现在，丸美更多的则是在做渠道治理的工作。我们会陆续淘汰一批达不到丸美统一要求的专柜，集中精力和资源来提高专柜的单柜产量比，以确保丸美在百货渠道的地位。”在接受《化妆品观察》采访时，陈浩清晰地描述出了丸美在百货渠道经营思路的转变。

尽管丸美在百货渠道的布点已经过千，但是据陈浩透露，目前丸美的百货专柜还主要集中于全国二三线城市。不过近年，丸美已经开始朝一线市场正式发力。就在最近，丸美品牌专柜刚刚登陆国内最具规模的“现代家庭娱乐及购物中心”上海陆家嘴正大广场，再次显示出其向上进发的决心。在百货渠道操作模式上，丸美也在根据实际发展情况进行调整。据丸美江西省代理商浩达集团董事长程浩介绍，为了更好地为全国其他地区提供样板效应，丸美已经对北京、上海、广州三地的百货终端实行总部自营策略。在百货渠道，如果品牌不能具备足够的知名度和美誉度，专柜销量将难有实质性的突破。丸美也深知这一点，陈浩透露，“近几年，丸美每年用于广告宣传等方面的投入都超过亿元。”

值得一提的是，其品牌传播侧重点也在调整。按照孙怀庆的描述，2007 年是丸美品牌传播的分水岭。在这之前，丸美主要专注于提升知名度；在这之后，丸美更注重增加品牌的美誉度。这种思想甚至延伸至柜台终端。

过去本土品牌习惯打促销战，丸美正试图走出这个怪圈，尝试建立起健康的促销观念。据丸美云南代理商美诺（国际）化妆品营运管理机构总经理张文渊描述，在百货渠道，丸美每年都会有意识地控制次数。因为在孙怀庆看来，过度促销等于倾销，对品牌绝对是一种矮化和伤害。

但这并不意味着丸美会无视促销对产品销量的拉动作用。据介绍，丸美在百货专柜的大型促销活动一般以季节和明星策略来驱动。比如丸美会在春季启动“豫约春天”大型促销活动，通过赠送《鲁豫有约》入场券来发挥代言人的号召力，直接推动专柜销量的提升。

取得阶段性成功的丸美依然面临不少困扰，首当其冲的则是国内百货公司对本土品牌的不信赖感依然没有解除。张文渊对此深有感触，“现在丸美在部分百货公司的专柜已经取得化妆品类销量前三的名次，却仍然得不到相应的商场地位的提升。”这或许不只是丸美的困扰，这个僵局需要所有本土品牌集体释放更强大的能量来实现突破。

（资料来源：第一营销网 http://www.cmmo.cn/，略有修改）

【小讨论】

丸美分销渠道管理的案例对中国化妆品企业有何启示？

6.4 中间商

中间商是指那些将购入的产品再销售或租赁以获取利润的厂商，如批发商和零售商，他们创造时间、地点及所有权效用。中间商为其顾客扮演采购代理人的角色，购买各种产品来转售给顾客。

6.4.1 经销商和代理商

经销商是从事商品交易业务，在商品买卖过程中拥有商品所有权的中间商。代理商是从事商品交易业务，接受生产者委托，但不拥有商品所有权的中间商。

代理商与经销商是有区别的，主要有以下几点区别。

（1）代理双方是一种代理关系，而经销双方则是一种买卖关系。

（2）代理商是以委托人即厂商的名义销售，签订销售合同，而经销商则以自己的名义从事销售。

（3）代理商的收入是佣金收入，而经销商的收入则是商品买卖的差价收入。

（4）从法律关系上讲，代理行为即委托人行为，代理商与第三人之间在授权范围内发生的民事行为的法律后果归于委托人（供货商），而经销商与用户之间发生的民事行为的法律后果须由自己承担。

经销商和代理商的区别主要在有没有涉及商品所有权上。代理只是在买卖双方之间起到媒介作用，组成交易，从中赚取佣金。而经销指对所经营的商品有产权的独立经营。

6.4.2 批发商和零售商

批发商是指向生产企业购进产品，然后转售给零售商、产业用户或各种非营利组织，不直接服务于个人消费者的商业机构，位于商品流通的中间环节。批发商往往具有以下特点：拥有大量的货物；只大量出售，不提供零售业务；出售物品的价格会比市面上的低。

零售商是指将商品直接销售给最终消费者的中间商，是相对于生产者和批发商而言的，处于商品流通的最终阶段。零售商的基本任务是直接为最终消费者服务，它的职能包括购、销、调、存、加工、拆零、分包、传递信息、提供销售服务等。在地点、时间与服务方面，方便消费者购买。它又是联系生产企业、批发商与消费者的桥梁，在分销途径中具有重要作用。

零售业态从总体上可以分为有店铺零售业态和无店铺零售业态来两类。

按照零售业态分类原则分为食杂店、便利店、折扣店、超市、大型超市、仓储会员店、百货店、专业店、专卖店、购物中心、电视购物、邮购、网上商店、自动售货亭、直销、电话购物、微商等零售业态。

1. 有店铺零售

有店铺零售是有固定的进行商品陈列和销售所需要的场所和空间，并且消费者的购买行为主要在这一场所内完成的零售业态。

（1）食杂店。食杂店是以香烟、酒、饮料、休闲食品为主，独立、传统的无明显品牌形象的零售业态。

（2）便利店。便利店是为满足顾客便利性需求为主要目的的零售业态。

（3）折扣店。折扣店是店铺装修简单，提供有限服务，商品价格低廉的一种小型超市业态，一般拥有不到2 000个品种，经营一定数量的自有品牌商品。

（4）超市。超市是开价售货，集中收款，满足社区消费者日常生活需要的零售业态。根据商品结构的不同，可以分为食品超市和综合超市。

（5）大型超市。大型超市是实际营业面积6 000 m^2 以上，品种齐全，满足顾客一次性购齐的零售业态。根据商品结构的不同，可以分为以经营食品为主的大型超市和以经营日用品为主的大型超市。

（6）仓储会员店。仓储会员店是以会员制为基础，实行储销一体、批零兼营，以提供有限服务和低价格商品为主要特征的零售业态。

（7）百货店。百货店是在一个建筑内，经营若干大类商品，实行统一管理，分区销售，满足顾客对时尚商品多样化选择需求的零售业态。

（8）专业店。专业店是以专门经营某一大类商品为主的零售业态。

（9）专卖店。专卖店是以专门经营或被授权经营某一主要品牌商品为主的零售业态。

（10）购物中心。购物中心是多种零售店铺、服务设施集中在由企业有计划地开发、管理、运营的一个建筑物内或一个区域内，向消费者提供综合性服务的商业集合体。

2. 无店铺零售

无店铺零售是不通过店铺销售，由厂家或商家直接将商品递送给消费者的零售业态。

（1）电视购物。电视购物是以电视作为向消费者进行商品推介展示的渠道，并取得订单的零售业态。

（2）邮购。邮购是以邮购商品目录为主向消费者进行商品推介展示的渠道，并通过邮寄的方式将商品送达给消费者的零售业态。

（3）网上商店。网上商店是通过互联网进行买卖活动的零售业态。

（4）自动售货亭。自动售货亭是通过售货机进行商品售卖活动的零售业态。

（5）直销。直销是采用销售人员直接与消费者接触，进行推介，以达到销售其产品或服务目的的零售业态。

（6）电话购物。电话购物是主要通过电话完成销售或购买活动的一种零售业态。

（7）微商。一般是指以“个人”为单位的、利用web3.0时代所衍生的载体渠道，将传统方式与互联网相结合，不存在区域限制，且可移动性地实现销售渠道新突破的小型个体行为。

【引例6－4】

“叫我女王”面膜2月破3亿销售额　技术与渠道并重

2014年年底，中国化妆品界见证了一个奇迹，一款霸气十足的“焕颜滋养女王面膜”登陆大陆市场后，迅速通过微营销侵吞式的模式进入市场，2个月就实现了破3亿的销售业绩。这样的奇迹由两个传奇人物创造——海洋老师和Kevin老师，他们两个一个抓产品技术一个抓销售渠道，刚柔并济，一举创造了业界神话。

伴随时代的发展，女性在注重外貌的同时，也开始注重自己的精神容貌。为了让中国大陆的爱美女性不仅能从外貌上，更能从精神上得到美丽蜕变，海洋老师联合 Kevin 老师，重磅推出“叫我女王”护肤品牌，让所有爱美女性能同步体会到女王面膜给自身带来的神奇改变，给予肌肤更奢华的宠爱。

Kevin 老师和海洋老师带领由几十位博士级研究人员组成的研发团队，历经多年，深入研究大陆女性的肌肤特点及周边的气候、水质、空气等环境因素的多方调研数据。同时引入多种国际级专利配方加以研究开发，甄选各地珍贵原料反复实验，不断改良配方，终于研究出以“肽”文化为主的专业基因美容面膜，这也是第一款以基因美容为导向的新型基因肽面膜系列。产品上市之前，该团队还与台湾知名的整形机构进行战略医学临床合作课题，力求确保产品的有效性、高安全性。

随着市场营销渠道由传统渠道向移动端拓展，海洋老师作为中国移动营销管理领域的专家，敏锐地将目光锁定到了移动端营销，就此打开了“叫我女王”微商营销渠道。在“叫我女王”推出的短短 2 个月时间里，“叫我女王”的加盟商已经突破 2 万个，销售额已经高达 3 亿元。海洋老师和 Kevin 老师的强强联手，必将带领“叫我女王”创造品牌更大的辉煌，让更多的人了解“叫我女王”的产品诉求及其价值理念。

“叫我女王”突破传统面膜功效局限，重新定义“女王级的基因·肽面膜”，希望每一位使用产品的女性不仅在容颜上，并且内心都能激发出当女王的野心。倡导新的美容方向，不仅能真正给女性提供容颜上的美，更能从形态、精神层面带给她们最美，让她们成为真正的 Queen。“叫我女王”希望女性通过使用“叫我女王”品牌产品，加入“叫我女王”团队，像破茧而出的蝴蝶，重获脱胎换骨的改变，从此绽放自信的笑容，成为独具魅力的新女性！

（资料来源：山西晚报网，略有修改）

6.4.3 选择中间商应考虑的因素

（1）中间商的市场范围。市场是选择中间商最关键的原因。首先，要考虑预定的中间商的经营范围所包括的地区与产品的预计销售地区是否一致，比如，产品在东北地区，中间商的经营范围就必须包括这个地区。其次，中间商的销售对象是否是生产商所希望的潜在顾客，这是个最根本的条件。因为生产商都希望中间商能打入自己已确定的目标市场，并最终说服消费者购买自己的产品。

（2）中间商的产品政策。中间商承销的产品种类及其组合情况是中间商产品政策的具体体现。选择时一要看中间商有多少“产品线”（即供应来源），二要看各种经销产品的组合关系，是竞争产品还是促销产品。一般认为应该避免选用经销竞争产品的中间商，即中间商经销的产品与本企业的产品是同类产品，比如都为 21 英寸的彩色电视机。但是若产品的竞争优势明显就可以选择出售竞争者产品的中间商，因为顾客会在对不同生产企业的产品做客观比较后，决定购买有竞争力的产品。

（3）中间商的地理区位优势。区位优势即位置优势，选择零售中间商的最理想的区位应该是顾客流量较大的地点。选择批发中间商则要考虑它所处的位置是否利于产品的批量储存与运输，通常以交通枢纽为宜。

（4）中间商的产品知识。许多中间商被规模巨大，而且有名牌产品的生产商选中，往往是因为它们对销售某种产品有专门的经验。选择对产品销售有专门经验的中间商会很快地打开产品销路，因此生产企业应根据产品的特征选择有经验的中间商。

（5）预期合作程度。中间商与生产企业合作得好会积极主动地推销企业的产品，对双方都有益处。有些中间商希望生产企业也参与促销，扩大市场需求，并相信这样会获得更高的利润。生产企业应根据产品销售的需要确定与中间商合作的具体方式，然后再选择最理想的中间商合作。

（6）中间商的财务状况及管理水平。中间商能否按时结算包括在必要时预付货款，取决于中间商财力的大小。整个企业销售管理是否规范、高效，关系着中间商营销的成败，而这些都与生产企业的发展休戚相关。因此，这两方面的条件也必须考虑。

（7）中间商的促销政策和技术。采用何种方式推销商品及运用选定的促销手段的能力直接影响销售规模。有些产品比较合适广告促销，而有些产品则适合通过销售人员推销。有的产品需要有效的储存，有的则应快速运输。因此要考虑到中间商是否愿意承担一定的促销费用以及有没有必要的物质、技术基础和相应的人才。选择中间商前必须对其所能完成某种产品销售的市场营销政策和技术的现实可能程度做全面评价。

（8）中间商的综合服务能力。现代商业经营服务项目甚多，选择中间商时要看其综合服务能力如何。有些产品需要中间商向顾客提供售后服务，有些在销售中要提供技术指导或财务帮助，有些产品还需要专门的运输存储设备。合适的中间商所能提供的综合服务项目与服务能力应与企业产品销售所需要的服务要求相一致。

6.4.4　激励中间商

1. 直接激励

直接激励往往借助于物质的刺激，给予中间商附加利益，如较高的毛利、特殊优惠、各种奖金、返利、合作性广告补贴、陈列津贴以及推销竞赛等。这种授之以渔的做法，往往会导致中间商要求越来越多的报酬，如果附加利益被取消，中间商往往会感到不满，有受骗的感觉。

2. 间接激励

间接激励着眼于对中间商的长期激励，协助中间商提高经营管理效率，是授之以渔的方法。间接激励的手段有：给中间商提供市场调研信息和情报；定期与中间商进行信息交流，经营磋商，经常交换意见；一起进行计划工作；安排经销商会议，培训其推销人员等。

【引例6－5】

韩束进军百货渠道　立志2年开出1 000家专柜

当韩束品牌已经在专营店、专卖店、电商、TV等多个渠道成为业界翘楚之后，它的下一个战略目标剑指何方？近期，上美化妆品有限公司 CEO 吕义雄在朋友圈里给出了明确的答案：进军百货店，成为第一。吕义雄同时表示，他在近期最大的收获就是“找到了最适合韩束百货的总经理。”

韩束进百货：势在必行

根据专业调查机构欧睿信息咨询公司的统计数据，2014 年中国化妆品市场百货渠道销售占比为 20.9%，稳居化妆品零售渠道第二位，同时，2016 年百货渠道销售也呈现回暖趋势。百货店依然是化妆品不可或缺的优质销售渠道。

“百货渠道是上美集团发展的重中之重，拥有强大的百货渠道是化妆品公司实力的充分体现。”韩束百货渠道总经理张晓琳认为，百货店拥有强大的知名度和竞争力，能够精准覆盖优质消费群体，韩束品牌能够在百货店渠道进一步提升品牌形象；百货渠道还具备先进的管理经验，通过优质的服务体验，能够有效提高韩束品牌在消费者心中的美誉度。因此，对于全渠道营销的缔造者韩束品牌而言，进入百货店渠道是恰逢其时，势在必行。

张晓琳指出，上美公司已经拥有了比肩跨国企业的产品开发、设计和科研实力，加上大量优秀化妆品专业人才回流加盟，上美公司的硬件实力和人才储备获得了质的飞跃；从营销策略来看，韩束在满足消费需求上日趋精细化，品牌文化内涵、产品力、策划力和传播力各个维度均得到全方位提升，快速拉开与竞争品牌之间的距离；与此同时，韩束在品牌形象塑造上，邀请林志玲和郭采洁双星代言，韩束品牌在大综艺营销上全力奔跑，斥 5 亿冠名收视巨擘《金鹰独播剧场》、1 亿网络冠名总播放量破 11.5 亿次的《我是歌手 4》，并重磅加投江苏卫视《幸福剧场》及赞助《缘来非诚勿扰》动心女生环节，充分与消费者进行沟通互动。自 2014 年 12 月至 2016 年 2 月以来，韩束品牌连续 14 个月蝉联百度搜索指数本土化妆品排名第一，在消费群中培养了相当高的品牌知名度。

张晓琳认为，拥有如此之多的竞争优势，与其说韩束应该进入百货店，不如说百货店更期待韩束这样的优秀品牌，“一切都是最好的安排”。

张晓琳：提刀上马　拿下百货店！

上美团队在创造并果断把握机会的问题上享誉于行业，其中不乏一些优秀的人才。上美电商总经理严晓晨作为上美“90 后”后起之秀，来自基层，成长于上美。2016 年，她肩负着 22 亿零售、11 亿回款的销售重任，“90 后”的她，已经成为上美很多年轻人的榜样；上美 TV 总经理毛茂竹 2015 年临危受命，仅用 6 个月时间就将销售业绩提升 300%，让上美 TV 渠道销售规模保持行业第一名；上美 KA 渠道总经理廖海波独立有担当，个性鲜明有魄力，自 2014 年 5 月接盘韩束品牌 KA 渠道后，短短半年时间就实现盈利；上美分销总经理马得胜以超强的执行力在不到一年时间内，将韩束品牌做到 CS 渠道销售第一，打造出一支 CS 渠道的虎狼之师。上美公司每个渠道领军人都在很短的时间内取得了第一的佳绩，对于具有丰富的百货店渠道运营经验且擅打硬仗的张晓琳而言，带领韩束品牌在百货店渠道再创佳绩只是时间问题。

“百货渠道真正的‘狼’已经来了，那就是韩束。”张晓琳坚信，韩束品牌经过多年扎实的积累，既不缺渠道投入的实力，更不缺品牌力和产品力，而且还有一支“不达目的誓不罢休”狼性团队，“假以时日，韩束必将在百货店渠道成为本土化妆品牌 No. 1”。

（资料来源：联商网 http://www.linkshop.com.cn/，略有修改）

【小思考】

未来中国化妆品分销渠道的变革方向在哪里？

6.5 化妆品日化线渠道与专业线渠道

6.5.1 日化线化妆品和专业线化妆品的含义

日化线化妆品一般是客户在超市、商场的柜台上能买到的化妆品，只要打电视广告的，基本都是日化线化妆品，如自然堂、相宜本草、大宝等。

专业线化妆品是属于美容院里的专业产品，技术门槛相对较高，美容院在产品销售后为消费者提供专业服务，购买后有专业的美容师为消费者提供服务的化妆品，如美素、尹妃、劳莎等。

6.5.2 日化线化妆品和专业线化妆品的区别

它们之间的具体区别主要体现在以下九个方面。

（1）销售地点。专业线产品一般在美容院或专业的美容会所销售，而日化线产品则是在商场、超市、精品店、专卖店、药店等地销售。不过现在由于竞争激烈，部分企业已经开始出现整合趋势，进行相互渗透。

（2）推广方式。在推广方式上，专业线产品基本上不靠广告推动，大多是靠美容院人士的推荐及顾客的试用产生销售量。日化线产品则是依靠广告推动以及口碑宣传来产生销售量。在推广上，单品宣传费用差别较大。

（3）产品功效。专业线产品强调的是功效性，即对不同的皮肤对症下药，客人使用后要解决一定的皮肤问题，如：斑、疮、痘、疹、毒等，使用前后皮肤的状况要有很明显的变化。日化线产品功效针对性相对弱些，功能划分不是非常细，适合大部分消费者使用，以保养和简单的基础护理为主。

（4）产品效果。专业线产品使用效果快速，有立竿见影之效果。日化线产品虽然见效较慢，但适合长期日常保养与护理。

（5）安全性。专业线产品由于要快速见效，所以部分产品存在违禁成分的添加，在生产时对安全性的考虑范围也较小。反观日化线产品企业较为重视产品安全性，一般情况下正规生产厂家不会添加违禁添加物。

（6）检测方式。专业线产品一般是企业自检，较少由厂家送检，并且销售场所不公开，质检部门一般不会抽检。大部分日化线产品要求全送检，并且质检部门会经常性地在各卖场抽检，所以生产企业对安全性非常重视，所有违禁成分一般不会添加。

（7）价格。专业线产品由于销售方式封闭，及含有较高的服务费用，价格较高。而日化线产品一般根据产品生产成本定价，价格较为合理。

（8）服务。在美容院里顾客会得到很好的服务，例如，售前的诊断、推荐，售中的做护理及售后产品效果的保证，因此专业线的产品浓度偏高。消费者消费之后，保障较少，一般是店家负责售后。日化线产品服务较少，但是售后服务水平较高，一般是生产企业在做售后服务，消费者消费较有保障。

（9）产品成分追溯。专业线产品一般不公开全成分标注，无产品识别条形码或共用产品条形码。日化线产品一般为全成分标注，每个单品都有单独的产品识别条形码。

徐之伟：靠天敬人，臻于至善

他，出身贫寒，27 年的奋斗只为改变家乡面貌；他执着梦想，不怕艰辛、不畏困难，以勇气博弈在商战的刀锋。敬天爱人，臻于至善，27 载回报社会、回报合作伙伴、回报消费者，积极履行社会责任。他是中国日化的传奇人物，缔造中国日化领军品牌的神话——隆力奇，“高质量、低价格、大覆盖”的经营理念造福数亿农民。科技打造美丽，科技引领时尚，他 27 年的奋斗历程给了世人一个精彩的答案——将“中国创造”进行到底。

20 世纪 50 年代，徐之伟出生于常熟辛庄镇界善村，长大后成了一个木匠。1986 年，经过自身的努力，徐之伟建立隆力奇前身。基于农村的渠道铺设，20 世纪 90 年代，他把隆力奇的保健品品牌带上了前所未有的高度。随着产业不断扩大，90 年代中期，徐之伟试水化妆品领域，完善原有的产品布局，并开始深入挖掘中国的日化产业，立志振兴中国民族日化产业。2009 年，徐之伟又提出了“百年企业的奋斗目标”。在隆力奇 26 周年庆典上，隆力奇依然敢于开拓和变革，他们开始描绘更宏伟的发展蓝图：隆力奇的直销事业要布局全球市场，使民族直销品牌能够在世界上发出中国的声音；隆力奇的传统销售市场要继续稳健发展，开发更多的新概念产品，确保在竞争激烈的中国日化市场保持明显优势；隆力奇外贸销售要从做“产品”向做“品牌”变革，以此开始隆力奇品牌的世界征途。

德者，立信

徐之伟从 1990 年 4 月担任村党委书记 23 年来，以身作则、勤勤恳恳、无私奉献，从未拿过村里的一分钱工资，从不在村里报销一分钱费用。一次中央组织部的一位组织处长来到隆力奇与徐之伟交流，徐之伟与这位领导的谈话是：

“你为什么入党？”

“入党是为了当村党支部书记。”

“当支部书记的目的是什么？”

“为了获得权力，实现我心中的宏图。”

“当你当上支部书记，又是如何考虑的呢?”

“坚持三点：一、努力改造界善山河；二、尽快让界善富裕起来；三、为界善人民服务。”

徐之伟用27年的努力，孜孜不倦改变家乡的面貌，不断引领江苏经济向前发展，不断推进隆力奇的使命：振兴民族日化产业、振兴民族健康产业、振兴民族直销事业。今天，他用事实兑现了自己的诺言，为家乡经济打开了全新的命脉。

智者，有梦

在刚结束的27年峰会上，隆力奇再一次敲响更高追求的战鼓——振兴民族日化产业；振兴民族直销事业；振兴民族健康产业。短短27年，他的奋斗给出了一个精彩的答案。徐之伟的使命就是让广大民众都能够买得到、用得起日用化妆品；徐之伟的责任就是振兴民族日化，使中国的本土日化品牌可以像日本的“花王”和韩国的“太平洋”一样成为本国日化市场的第一，进而改写国际日化品牌没有“中国创造”的现实。

徐之伟带领隆力奇本着“科技打造美丽，科技引领时尚”的经营理念，不断加大科技创新投入，提高高精尖设备及深厚的应用技术基础，打造独具特色的精品。

徐之伟作为中国日化传奇人物，创造了中国日化品牌飞速发展并成为日化行业领军品牌的神话，徐之伟“高质量、低价格、大覆盖”的经营理念为我国数亿农民创造了使用大众日化产品的可能。徐之伟建立了企业的技术创新体系，大力开发具有自主知识产权的核心技术和核心产品，建立以企业创新为主体，以产、学、研为核心的创新型经济。清华大学·隆力奇生物科技研究所、隆力奇博士后科研工作站、隆力奇（美国）保健化妆品研究院、隆力奇（日本）美健创新中心的先后成立，标志着隆力奇高层次创新性人才引进、培养以及科研开发和科技成果转化工作、带动本土品牌群更快地走向国际市场进入了崭新的阶段。

强者，靠法

在隆力奇企业管理文化中，一直有一个打动人心的特色。徐之伟说，在他的办公室开会，没有人坐着，包括他自己在内都必须要站着开会，不能吸烟，不能喝水，一开就是四五个小时。徐之伟认为，站着开会效率更高，提高工作效率则是深层次人性化的表现。

27年的风雨征程，隆力奇培育和积淀了具有“隆力奇”特色的企业文化：从早期开始推行的“揭短管理”“木工理论”“0缺陷管理”到“可视化管理”，再到今天的“靠天敬人”“客户在我心中”“三个无私”“四个统一”……这一路走来，无一处不彰显出隆力奇特色文化的华章，以及徐之伟的思想变革；以优秀人才振兴企业、以优良管理获取效益、以优质产品拓展市场、以优等服务赢得顾客，“靠天敬人”诠释了隆力奇企业文化的真谛。

徐之伟在解释隆力奇的“服务无限”时说，“服务无限”有三层含义：一是对服务竞争的追求无限，服务只有更好，没有最好；二是服务的对象无限，我们提倡广义的服务，即大服务观；三是服务过程的无限，服务只有起点，没有终点。他还说，“服务无限”从经营理念上说虽然是无限的，但在实际工作中是可以进行量化和考核的。隆力奇通过实施数据化管理，对“服务”进行量化和细分，使隆力奇上上下下都有明确的任务和考核指标。推行“服务无限”，隆力奇既重视过程，也重视结果。“服务无限”正是隆力奇开创发展的新时空，不难感受到隆力奇人正为实现新的大跨越积蓄新的“势能”，而这种“势能”终将转化成推动企业发展的强大动力。

仁者，有爱

隆力奇发展迅猛，徐之伟不忘回报社会，近年来，隆力奇先后捐赠汶川和玉树地震灾区，向全国各地残联、敬老院等民政部门捐赠子午流注等健康治疗器械，以及捐建弘扬道家文化的真武观等，累计捐赠慈善资金1亿多元。同时，隆力奇发展27年，先后累计出资3亿多元赞助十运会、世界花样游泳锦标赛、CCTV青年歌手大奖赛、国际国内十大科技新闻评选等体育比赛、文艺活动和各项社会公益活动。

健康美丽事业是隆力奇百年发展的核心产业；诚信是隆力奇的经营宗旨；对国家诚信、对社会诚信、对客户诚信是隆力奇永远的经营理念。

一路创业，一路辛酸，隆力奇的发展记录着一个平凡人自我进取的历程，而这个平凡人就是徐之伟，现在他是民族日化巨擘隆力奇的掌舵者，他的一举一动备受关注，不时惊起日化经济的波澜。靠天敬人，臻于至善，徐之伟正书写着隆力奇的奇迹。

（资料来源：网易网 http://www.163.com/，略有修改）

案例思考：

1. 隆力奇快速成长的重要因素体现在哪几个方面？
2. 你能从创始人徐之伟身上参悟到他哪些生意经？

训练项目：制定A化妆品公司高端品牌的分销渠道策略方案。

训练目的：

（1）了解不同分销模式的各种分销策略方案制定的程序、技巧。

（2）综合运用各种分销渠道策略，进行市场营销工作。

训练时间：每组35分钟。

训练组织：

（1）学生分组成立团队，每个团队6~7人。

（2）针对A化妆品公司高端品牌，每个团队延续前面项目中设定的定位、产品、价格等策略。

（3）针对A化妆品高端品牌制定一份分销渠道策略方案，并综合考虑市场的变化和竞争对手的情况。

（4）各团队上台，以PPT形式演示方案。

（5）团队之间互评表现，最后由教师整体评价，并给予指导。

考核标准：

（1）分销渠道策略方案制定的程序、技巧及竞争优势可行性。

（2）分销渠道策略手段应用的合理性。

（3）PPT方案的演示能力。

我国目前各种化妆品分销渠道掠影

1. 百货专柜渠道

化妆品企业可以直接在百货商场设置产品专柜，或者经由经销商或代理商来设置专柜，产品最终由专柜销售给消费者。这样可以极大地提升产品的品牌形象，在为产品做宣传的同时，也起着不断提醒消费者的作用，为企业增加销售。

化妆品品牌企业多在百货商场设置产品专柜，如倩碧、美宝莲、欧莱雅、香奈儿、水芝澳、资生堂、欧珀莱、SK-Ⅱ、玉兰油、羽西等都设有专柜。

2. 国际连锁超市渠道

在连锁超市渠道中，企业可以直接将产品铺到各大超市，也可以经由经销商或代理商进入各大超市，有些企业也会在大型超市中设立品牌专柜，如玉兰油、雅芳、欧莱雅。

3. 加盟店与专卖店渠道

专卖店是专门经营或授权经营某一主要品牌商品为主的零售业态。其特点是以著名品牌或大品牌为主，销售体现量小、质优、高毛利，产品有档次，价格较高。而加盟店则是企业招募的利益共同体，在经营方面基本上没什么区别。专卖店和加盟店对企业品牌都具有非常好的宣传作用，能够提升品牌形象，同时给企业带来巨大的利润。值得注意的是，同一品牌在一定区域内的专卖店数量不能太多，否则将会造成严重的利益冲突，产生渠道冲突。

4. 药店渠道

薇姿这样的国际品牌在药店渠道做出成绩时，国内品牌也纷纷效仿。化妆品企业选择药店渠道，充分利用了药店的优势，一方面避免了同品牌化妆品商场专柜、专卖店的直接竞争，节省了化妆品专柜的高成本投入；另一方面则增加了化妆品产品的可信程度。事实上，在药店销售化妆品无形中会给消费者一个更加专业的健康形象，这种建立在消费者心中的形象是其他渠道或宣传无法做到的。

5. 美容院渠道

化妆品美容院渠道在我国近些年发展非常迅猛，几乎各大化妆品品牌都有自己的连锁专业美容院，而且数量也非常大，遍布全国各地。美容院分为两类，一类是由化妆品企业设立的，另一类是通过连锁加盟建立的。这两类美容院的本质是没有任何区别的，都是通过服务来销售化妆品产品。选择美容院渠道的产品价格普遍较高，属于中高档产品。消费者消费理念的不断更新，极大地推动了美容院的发展。

6. **互联网渠道**

互联网渠道相对其他传统渠道而言，企业的可操作性、可控制性强，该渠道投入成本低，效果明显。该渠道模式已经引起越来越多企业的重视，并且积极开展企业网络营销。

7. **电视购物渠道**

此类销售渠道的特点是将电视作为宣传平台，讲求机理，以治疗效果引起消费者的购买愿望，同时绝大部分的产品也配合品牌专卖店、品牌专柜等作为销售渠道的有益补充。此类产品功能功效明显、价格偏高，多为功效型产品。

8. **现场展卖渠道**

此渠道的特点是产品档次偏低、价格低廉，消费者对其知名度基本上一无所知；品牌忠诚度差、信誉度几乎没有，销售方法存在于全国各地，消费目标直指低收入人群。

9. **直销渠道**

直销是由直销企业招募直销员，直销员携带产品直接上门进行推销。消费者能直接看到产品，比较容易让消费者接受。

项目七
制定化妆品促销策略

知识目标

- 了解促销组合的相关概念。
- 掌握广告策划的内容、程序与方法。
- 掌握营业推广活动的内容、程序与方法。
- 掌握公关活动策划的内容、程序与方法。

技能目标

- 具备撰写广告文案的能力。
- 具备营业推广方案策划的能力。
- 具备公关活动策划创意的能力。

“双十一”的到来，为众多善于借助热点事件进行营销传播的企业创造了一次绝佳的机会。A 品牌是一家电商化妆品品牌，决定利用“双十一”针对单身男女进行一次整合营销传播，在制定策划方案时，A 品牌首先面临着两个要解决的任务：

任务 1：请为 A 品牌选择合理的营销传播工具。

任务 2：请为 A 品牌统筹运用并配置好所有营销传播工具。

多品牌进口化妆品自降身价　专家：是借机促销

2015 年 6 月初，欧莱雅集团旗下的 6 个品牌进行价格调整，包括碧欧泉、兰蔻、美宝莲等在内，降价的明星产品占到了总体的六七成，平均下来降价幅度在2% ~5%，有的甚至达到两成，比如，兰蔻的一款产品从880元降到了760元。

“已接到相关通知，到时会对雅诗兰黛、倩碧等相关产品的价格进行调整。”对于降价，香港中路某商场一楼化妆品相关人士称。另外一家商场负责人则表示，目前还未接到进口护肤品品牌降价的通知，不过商场会及时跟进，一接到相关调价函将立即执行。

多个品牌陆续降价

财政部于2015年5月25日发布通知，自6月1日起，我国对服装、鞋靴、护肤品、纸尿裤在内的14种日用品下调进口关税税率，平均降幅超50%。

雅诗兰黛此次降价品牌囊括了在中国市场的所有护肤彩妆品牌，包括雅诗兰黛、倩碧、海蓝之谜、悦木之源等。其中，雅诗兰黛明星产品包括小棕瓶家族降价幅度高达14%；倩碧的高效护肤三部曲降价幅度达13%，全套售价从730元降到635元；悦木之源畅销明星产品韦博士灵芝焕能精华素50毫升下调价格200元，降幅达23%。

雅诗兰黛并不是第一家宣布降价的进口护肤品品牌，早在上月底，欧莱雅集团就宣布下调大部分进口产品的价格；资生堂也宣布对旗下进口化妆品在中国市场的产品售价进行调整。不过，两大品牌都未公开具体的降价产品和降价幅度。对此次降价，两家集团公司称，降价主要是对中国政府日用消费品进口关税下调政策深表支持。

降价就是一场促销

“部分进口护肤品大幅度降价的原因可能并非主要是因为关税下降，而是为提升销售。”业内人士说，近两年受整个经济环境的影响，不少高端产品的销售都出现下滑，所以趁降税顺势推出降价举措，不过是护肤品牌所做的一场大促而已。“护肤品品牌利润高，促销是一种重要营销手段。”中国海洋大学营销系主任崔迅表示，每年冬春或夏秋换季之时，护肤品品牌都会做大促。他认为，此次降价大部分缘由是为了促销，借助“政策引导”而降价，便于更好地与消费者建立长期关系。

（资料来源：半岛网新闻 http://news.bandao.cn/，略有修改）

【问题引出】

（1）企业一般在什么情况下会做促销？

（2）哪些促销是短期行为，哪些促销是长期行为？

7.1 认识促销组合与整合营销传播

1853年，美国一家帽子店以买帽子者可享受免费拍摄一张戴帽子照片的优惠，招徕了大批顾客。当时照相机还未普及，顾客对出示戴帽子的照片给亲友们欣赏感到自豪，活动一开始便受到了顾客的热烈追捧，有些顾客甚至来自数十公里之外的村庄，帽子店也取得了满意的销售效果。自此，促销在世界范围内拉开了序幕。

7.1.1　从促销到促销组合

【小思考】

化妆品小样赠送属于促销中的哪种形式?

促销是销售促进（sales promotion）的简称，是指企业利用人员和非人员的方式，使消费者了解和注意企业的产品，激发消费者的购买欲望，并促使其实现最终的购买行为。促销的实质是传播与沟通信息，其目的是促进销售、提高企业的市场占有率。

为了沟通市场信息，企业可以采取两种方式：一是单向沟通，即“卖方—卖方”的沟通，如广告、陈列、说明书、宣传报道等，或者是“买方—卖方”的沟通，如用户意见书、评议等。二是双向沟通，如上门推销、现场销售等方式。现代市场营销将上述促销方式归为四种类型：广告、营业推广、公共关系和人员推销。所谓促销组合就是指企业为了达到促销目标，对广告、营业推广、公共关系和人员推销这四种促销手段进行综合运用，以形成一个促销整体。

四种促销手段各有特点，既可以单独使用，又可以组合在一起使用，以达到更好的效果。促销的各种方式，各有其优点和缺点（见表7－1）。

表7－1　各种促销方式优缺点对比

促销方式	优　点	缺　点	主要手段
人员推销	直接沟通信息，反馈及时 可当面促成交易	支出大，成本高 接触面窄 对推销人员的要求较高	面对面推销 电话推销 网络推销
广告宣传	传播面广，且一般为多频次传播 形象生动，容易记忆 销售促进效果在较短时间呈现	费用高 信任度低	平面广告 网络广告 影视广告 户外广告
公共关系	传播面广 信任程度高，可提高企业知名度和美誉度 成本较低	销售促进效果在较长时间内呈现 需要借助多方面资源才能开展	新闻发布会 慈善活动 事件营销
营业推广	吸引力强，易激发消费者购买欲望 可促使消费者当即采取购买行动 可奖励品牌忠诚的消费者	接触面窄 刺激强烈，但时效较短 顾客容易产生疑虑	产品小样 折扣 赠品 积分

7.1.2　影响化妆品促销组合决策的因素

化妆品企业在制定促销组合和促销策略时，主要应考虑以下几个因素。

1. 促销目标

促销目标是影响促销组合决策的首要因素。在不同的营销阶段和市场环境下，企业有不同的促销目标。促销组合和促销策略的制定，要根据每种促销工具的特性进行选择，以帮助促销目标的实现。

对化妆品企业而言，促销目标主要基于以下几种。

（1）提升销售业绩。营业推广是化妆品企业最有利的销售助推器，如采用现场试用、赠送产品小样、积分奖励等方式。一些采用一级渠道模式的化妆品企业，如玫琳凯、安利等，则更多倚仗人员推销的方式提升销售业绩。

（2）塑造品牌形象。化妆品企业通常借助广告和公共关系两种促销工具，帮助企业塑造品牌形象。《2013 年传媒蓝皮书》的数据表明，在广告投放市场，化妆品超过汽车和房地产，成为广告投放第一行业，无论是投放金额还是增长幅度均已全面超过房地产，成为最大的投放品类。

（3）制衡竞争对手。无论是企业发动市场侵略，还是市场的先入者发动反侵略，促销都是一种有效的应用手段。市场的侵略者可以运用促销强化市场渗透，加速市场占有。市场的反侵略者也可以运用促销针锋相对，达到狙击竞争者的目的。化妆品可以综合运用四种促销工具，达到制衡竞争对手的目的。

（4）培养顾客忠诚度。对化妆品企业而言，产品质量是培养消费者忠诚度的根基，在此基础上，恰当运用营业推广手段，能进一步稳固、强化与消费者的关系，如营业推广中的会员计划，会员可以享受与众不同的待遇，如会员折扣、会员积分、积分抵现、会员专享特供、生日礼上礼、会员沙龙等。即便同是会员也可以有优秀、非优秀的待遇区别。这样既是对优秀会员的激励和肯定，也是促进非优秀会员及时转化为优秀会员的有效方法。

2. 市场地位

除了考虑促销目标外，化妆品企业的市场地位也是影响促销组合决策的重要因素。市场领导者使用广告要比使用营业推广获得更多的利益，而较小的公司在促销组合中使用营业推广的收益更大。

3. 产品生命周期

在产品生命周期的不同阶段，促销工作具有不同效益。在介绍期，投入较多的资金用于广告和公关传播，能产生较高的知名度；促销活动也是有效的。如美宝莲每款彩妆新品上市时，都会耗巨资召开新闻发布会，邀请明星代言，在电视台及网络等大众媒体平台投放广告。在成长期，广告和公关宣传可以继续加强，促销活动可以减少，因为这时所需的刺激较少。在成熟期，相对广告而言，销售促进又逐渐起着重要作用。购买者已知晓这一品牌，仅需要起提醒作用的广告。在衰退期，广告仍保持在提醒作用的水平，公共关系传播已经消退，销售人员对这一产品仅给予最低限度的关注，然而营业推广要继续加强。欧莱雅、雅芳等品牌在推出新升级产品系列时，对老产品系列都会进行大规模的折扣、有买有赠等活动，用以消化老产品库存，为新产品上市让路。

4. **“推式”策略和“拉式”策略**

促销组合较大程度上受化妆品公司选择“推式”或“拉式”策略的影响。“推式”策略要求使用销售队伍和贸易促销，通过销售渠道推出产品。而“拉式”策略则要求在广告和消费者促销方面投入较多，以建立消费者的需求欲望。

5. **其他营销因素**

影响促销组合的因素是复杂的，除上述五种因素外，化妆品公司的营销风格、销售人员素质、整体发展战略、社会和竞争环境等不同程度地影响着促销组合的决策。营销人员应审时度势、全面考虑，才能制定出有效的促销组合决策。

7.1.3　化妆品整合营销传播

整合营销传播理论（Integrated Marketing Communication，简称 IMC），兴起于市场经济发达的美国。20 世纪 90 年代，自舒尔茨、田纳本与劳特朋在《整合营销传播》一书中首次提出这一概念后，很快风靡全球，成为世界营销领域广受追捧的极具实战性的营销理念。微软公司推出 Windows 95 产品时，即运用整合营销传播理论大获成功，成为早期运用这一理论的经典范例。

全美广告业协会的定义是这样描述的：“整合营销传播是一个营销传播计划的概念，即通过评价广告、直接营销、销售促进和公共关系等传播方式的战略应用，将不同信息进行完美的整合，从而最终提供明确的、一致的和最有效的传播影响力。”

同传统的营销传播方式相比较，整合营销传播具有如下特点。

1. **4C 观点取代 4P 观点**

4P 观点已成明日黄花，新的行销世界已转向 4C 观点。舒尔茨认为，应当把产品搁到一边，加紧研究消费者的需要与欲求（consumer wants and needs），不要再卖企业所能制造的产品，要卖消费者所确定想购买的产品；忘掉定价策略，了解消费者要满足其需要与欲求所须付出的成本（cost）；忘掉通路策略，应当思考如何给消费者方便（convenience）；最后应忘掉促销，正确词汇是沟通（communications）。

【小思考】

4C 观点和 4P 观点是完全对立的吗？

2. **以消费者为中心，重在与传播对象的沟通**

以 4C 理论为基础的现代企业经营，是以满足消费者的需要来制定相应的战略策略，一切活动都围绕消费者展开，以此为出发点。这里，消费者不应只是广泛的概念，而是特定的目标对象。

3. **注重各种传播方式的整合**

以“一种声音”进行诉求。整合营销传播使用的主要营销传播形式包括：使用大众传媒如广告和公共关系等；利用情景和场所的功能如促销、组合销售、购买现场等；利用体验如比赛、赞助、展览会和顾客服务等。消费者获取有关营销信息的机会越来越多，企业对消费者接触产品等信息的控制力却越来越小。整合营销传播主张把一切企业的营销和传播活动，如广告、人员推销、营业推广、公共关系等进行一元化的整合重组，让消费者从不同的信息渠道获得对某一品牌的一致信息，以增强品牌诉求的一致性和完整性；突出强调要以“一种声音”进行诉求，要求统一、一致，使消费者接触到的信息单一、明晰，避免消费者对信息可能出现的忽视与误解。

4. **强调传播活动的系统性**

整合营销传播是更为复杂的系统工程，更要加强营销信息传播的系统化。传播过程中各要素更强调协同行动，发挥联合作用和统一作用。

【引例7－1】

线上线下整合营销　卡姿兰三度刮起彩妆狂潮

美丽经济在当下蓬勃发展，从中国彩妆市场的快速成长中也是可见一斑。数据显示，截至2015年第一季度，只有43%的中国城市家庭每年平均会购买2.7件彩妆产品，这个数字和两年前相比几乎没有变化，分别是法国的61%和韩国的85%，由此可见，中国的彩妆市场还有很大的潜力。其中，国产彩妆品牌也已然成为彩妆市场中的主力军，为彩妆市场增长贡献了72%。而中国本土品牌则充分利用自己在下线城市的本土优势，逐步占领市场。中国品牌的销售额增长中，超过七成来自在三到五线城市的扩张。

欧睿咨询提供的中国彩妆市场份额报告显示，2014年中国彩妆市场份额排行前三的品牌分别为：美宝莲、巴黎欧莱雅、卡姿兰。其中，卡姿兰以5.5%的市场份额成为唯一一个进入前三的中国品牌，并连续多年保持40%的增长速度。能取得如此成绩，其首要原因是卡姿兰对产品品质和彩妆趋势的准确把握，一直以来品牌坚持的“卡姿兰品质　世界制造”已然赢得了行业的尊重。此外，卡姿兰2014年创立的“中国彩妆周”也为品牌抢占市场份额发挥了重要的作用。

2015年9月，卡姿兰中国彩妆周以全新主题“放大中国眼”再次来袭。对于长沙来说，三次结缘的卡姿兰中国彩妆周已然是位“老朋友”。在长沙，卡姿兰陆续联合了红星通程、家润多朝阳店，并把路演现场搬到了热门商圈红星通程外。买300送300的活动力度、时尚感极强的现场布置、专业的彩妆指导吸引了大批爱美顾客的围观。

据了解，为了配合此次“放大中国眼”的活动主题，卡姿兰对路演会场布置、门店等进行了全面的升级。此外，卡姿兰更是对彩妆周“宠儿”——CC巴进行全面升级，并更名为大眼巴。全面改版的大眼巴将在卡姿兰中国彩妆周武汉站全新亮相，届时必将引起相当大的反响。

位于红星通程广场的卡姿兰中国彩妆周的主会场，毗邻长沙国际会展中心、湘府百货，因而人流量大，而且附近消费者的消费能力也较强。卡姿兰“亮点十足”的路演现场、专柜吸引了来往顾客的驻足，现场“满300送300”的促销力度，以及彩妆体验令各年龄段的女性顾客踊跃参与，彩妆师们的精心讲解和精湛的化妆技巧也得到了体验者的一致肯定。

彩妆能将体验式营销运用得最为彻底，并能让消费者直观感受到自身的变化，进而促成消费者的购买行为。卡姿兰的路演现场、专柜内都安排了大面积的体验区，可以满足更多爱美女士的体验需求。彩妆体验能够在短时间内快速让消费者感受到彩妆带来的惊艳感受，这有助于卡姿兰快速树立起自身的品牌形象，同时也能提升消费者对于品牌的好感度。

作为卡姿兰湖南省代理的长沙兆顺百货贸易有限公司，为此次卡姿兰中国彩妆周投入了大量的人力、物力。而这，也让消费者真正体验到卡姿兰对于美丽的专注与追求。

此次彩妆周的一大亮点是：线上线下的同期推广。此前，卡姿兰代言人郭碧婷在微博上发布了一条关于“一元眼”的微博，进而在微信、微博、米娜等多个平台掀起了全民挑战“一元眼”的热潮。此次活动，正是卡姿兰为旗下明星单品微雕大眼双头睫毛膏所做的推广活动。据统计，搜狐视频、土豆、优酷等主流视频网站上郭碧婷晒“一元眼”的消息视频播放量超过115万次；更有多名达人参与挑战并转发，微博超级大号超千次的转发量还有微信大号平均阅读量为24 528条，卡姿兰明星产品的超高人气可见一斑。

而在9月29日，第二波活动也即将上线。结合线下彩妆周的优惠风暴，整合线上舆论营销，卡姿兰将线上线下完美融合，让消费者在体验品牌产品的同时，也能积极参与其中，得以更好地了解品牌，树立品牌形象，提升品牌美誉度。

（资料来源：中国化妆品网 http://news.c2cc.cn/，略有修改）

【小讨论】

卡姿兰整合营销传播案例最大的成功因素是什么？

7.2　制定广告策略

20世纪60年代，英国伦敦波利特广告公司创始人斯坦利·波利特首次提出“广告策划”这一概念，并得到了英国广告界的认同，随后，在世界各地掀起了一股广告策划的热潮。1986年，中国大陆广告界首次提出广告策划的概念，这是自1979年恢复广告业之后对广告理论的一次新的观念冲击，它迫使人们重新认识广告工作的性质及作用，广告工作开始走上向客户提供全面服务的新阶段。

7.2.1　化妆品广告策划的内容

何谓广告策划？余明阳先生认为，它是对在同一广告目标统摄下的一系列广告活动的系统性预测和决策，即对包括市场调查、广告目标确定、广告定位、战略战术确定、经费预算、效果评估在内的所有运作环节进行总体决策。广告策划主要包含以下内容。

1. 开展市场调查，分析广告机会

首先要通过市场调查了解市场环境、市场构成、消费者、竞争者以及产品等方面的信息，然后结合化妆品企业的营销目标和产品特点，进行市场细分和选定目标市场，针对目标消费者找出广告的最佳切入时机，为开展有效的广告活动奠定基础。

2. 确立广告目标

确立广告目标，就是根据企业的营销目标，依据现实需要，明确广告策划要解决的具体问题，以指导广告策划活动的进行。从市场营销策略来看，广告目标可以区分为以下几种。

（1）创牌广告目标。其目的是开发新产品和开拓新市场，诉求重点是提高消费者对产品的认知程度。

（2）保牌广告目标。其目的是巩固已有市场阵地，并在此基础上深入开发潜在市场和刺激购买需求，诉求重点是保持消费者对广告产品的好感、偏好和信心。

（3）竞争广告目标。其目的是加强产品的宣传竞争，提高市场竞争能力。诉求重点是宣传产品的优异之处，使消费者认知产品能给他们带来什么好处，以增强偏好度并指明选购。

3. 完成广告定位

“广告的目标是使某一品牌、公司或产品在消费者心目中获得一个据点，一个认定的区域位置，即占有一席之地。”

“广告应将火力集中在一个狭窄的目标上，在消费者的心智上下功夫，创造出一个心理位置。”

《定位》的作者艾·里斯用以上两段话形象描述了广告定位的本质。毋庸置疑，广告目标和广告定位的地位至关重要，它们指导着后续的创意及表现、媒体策略等广告策划内容。

温碧泉以“天然补水”作为广告定位及诉求，佰草集以“中草药护理”作为广告定位及诉求，并且在多年的广告创意中坚持沿袭它们，取得了巨大成功。

4. 设计广告内容

以广告内容为依据，广告可简单划分为形象广告和产品广告。前者重在传播品牌形象，一般不提及具体产品功能，是“务虚”型广告。后者则重在表现具体产品和服务的优势，意在导购，是“务实”型广告。广告内容的设计阶段，也是广告创意及表现完成的阶段。

尼可·基德曼曾于2005年拍摄了一则香奈儿5号香水广告。向我们叙述了一位明星为了逃避媒体的追踪，跳上一辆出租车，邂逅了一位迷人的男士，两人彼此相恋，最终

由于地位差异，女主角舍弃了这段爱情。但是，唯有香奈儿的香味，铭记着这段美妙短暂、永生难忘的爱恋，这则广告是典型的务虚型广告。

丸美弹力蛋白日夜眼精华则坚持务实路线，代言人梅婷在广告中揭示了丸美白天提拉、夜晚紧致的护眼奥秘，具象化地展示了丸美产品具有日夜分时修护、弹走眼角鱼尾纹的功效。

化妆品企业在设计广告内容时还应遵循以下三项重要原则。

（1）真实性。即传播的信息必须真实可信，不可随意夸大、华而不实，更不能用虚假广告欺骗消费者。2006 年以前，SK-Ⅱ紧肤抗皱精华乳在广告中宣传，采用了当今最有效击退细纹及皮肤粗糙松弛的科技，使用后 10 分钟出现奇迹，连续使用 28 天，细纹及皱纹明显减少 47%，肌肤年轻 12 年。但事实上，消费者使用该产品后，并未达到 SK-Ⅱ广告宣称的肌肤状态。因此，SK-Ⅱ被多地工商局勒令修改广告，并因违反了《反不正当竞争法》的规定受到了高额罚款的处罚。

（2）针对性。即传播的信息应该是目标消费者想了解的，做到有的放矢。

（3）生动性与新颖性。广告具有吸引力、感染力，从根本上来说，取决于以上两个方面，但同时也与广告的生动性与新颖性密切相关，因此广告内容应简明易懂、易于记忆，广告形式应生动有趣、富有新意。

5. 选择广告媒体

广告信息需要经由一定的媒体渠道才能有效地传播出去，然而不同的媒体在覆盖面、送达率、影响价值以及成本等方面互有差异，选择合适的广告媒体，还必须充分结合企业产品或品牌的特性、目标消费者的媒体使用习惯等。

6. 广告预算编制

广告预算是化妆品企业根据广告计划对开展广告活动费用的预算，是化妆品企业进行广告策划活动投入资金的使用计划。它规定了广告计划期内开展广告活动所需的费用总额、使用范围和使用方法。广告费用包含两大类：一是直接的广告费用，如市场调研费、广告设计费、广告制作费、媒介租用费、宣传物料费等；二是间接的广告费用，如广告机构的差旅费、非直接项目的服务费等。

广告预算编制的步骤包括：

（1）确定广告投资的额度。通过分析化妆品企业的整体营销计划和企业的产品市场环境，提出广告投资计算方法的理由，以书面报告的形式上报主管人员，由主管人员进行决策。

（2）分析上年度销售额和本年度预测销售额。广告预算一般一年进行一次。在对下一年度的广告活动进行预算时，应该先对上一年的销售额进行分析，了解上一年度的实际销售额和广告费用预算，以作为参考。此外，下一年度的预测销售额将成为广告预算编制的重要依据。

（3）分析广告产品的销售周期。有些化妆品在一年的销售中，会呈现出一定的周期变化，即在某月上升、某月下降、某月维持不变等。通过对销售周期的分析，可以为广告总预算提供依据，以确定不同生命周期的产品、淡旺季销售的广告预算分配。如防晒霜产品在夏季销售火爆，而高效保湿霜则在冬季销售得更好。

（4）广告预算的时间分配。根据前三项工作得出的结论，确定年度内广告经费的总的分配方法，按季度、月份将广告费用的固定开支予以分配。

（5）广告的分类预算。在广告总预算的指导下，根据企业的实际情况，再将由时间分配上大致确定的广告费用分配到不同的产品、不同的地区、不同的媒体上。这是广告预算的具体展开环节。

（6）制定控制与评价标准。在完成上述广告费用的分配后，应立刻确定各项广告开支所要达到的效果，以及对每个时期每一项广告开支的记录方法。通过这些标准的制定，再结合广告效果评价工作，就可以对广告费用开支进行控制和评价了。

（7）确定机动经费的投入条件、时机、效果的评价方法。广告预算中除去绝大部分的固定开支外，还需要对一定比例的机动开支做出预算，如在什么情况下方可投入机动开支，机动开支如何与固定开支协调，怎样评价机动开支带来的效果等。

7.2.2 化妆品广告创意及表现

联合利华在其印制的《联合利华优良广告原则》的小册子里，列出了优良广告的十大原则，第一条就是：“广告要建立在一个大创意上。”可见，通过一种优秀的创意来诉求商品信息，已经成了判断广告活动能否成功的重要标尺。

何谓广告创意？余明阳先生在《广告策划创意学》一书中指出：广告创意（ideas），从动态的角度来看，就是广告人员对广告活动进行的创造性的思维活动。从静态的角度来看，是为了达到广告目的，对未来广告的主题、内容、表现形式和制作手段所提出的创造性的“主意”。

1. 广告创意的原则

（1）科学性原则。它主要包含两方面内容：其一，化妆品的广告创意应从目标消费者出发，以调查研究为基础，了解目标消费者的功能需求，并以此为依据开展广告创意。其二，广告创意者应了解最新科技，学习和运用相关的科技成果。在21世纪，科技与广告的结合日益紧密，在营销和广告活动的很多方面都得到了体现。2011年，汤唯、李心洁代言SK-Ⅱ护肤精华，其电视广告从消费者最关心的化妆品产品功效的五个角度，即紧致度、细滑度、光泽度、白皙度、抗皱度进行阐述，展示SK-Ⅱ护肤精华的全效功能。

（2）形象性原则。化妆品广告铺天盖地，但真正有创意的广告却凤毛麟角。许多护肤品广告在展示其好皮肤的功效时，千篇一律地选用明星，运用近镜头展示完美皮肤的自我证实方式，诉求产品的卖点，消费者很难记住这样的广告。而当广告中加入形象性的因素时，情况就不一样了。

在一个润手霜、润唇膏、护足霜的平面系列广告中，广告画面的主体分别是一根形似干裂的唇、手、足的枯枝，而在画面的右下角，分别是广告产品润唇膏、润手霜、护足霜，传达了“即使干裂如枯枝，我们的产品仍能滋润和修复”的理念。

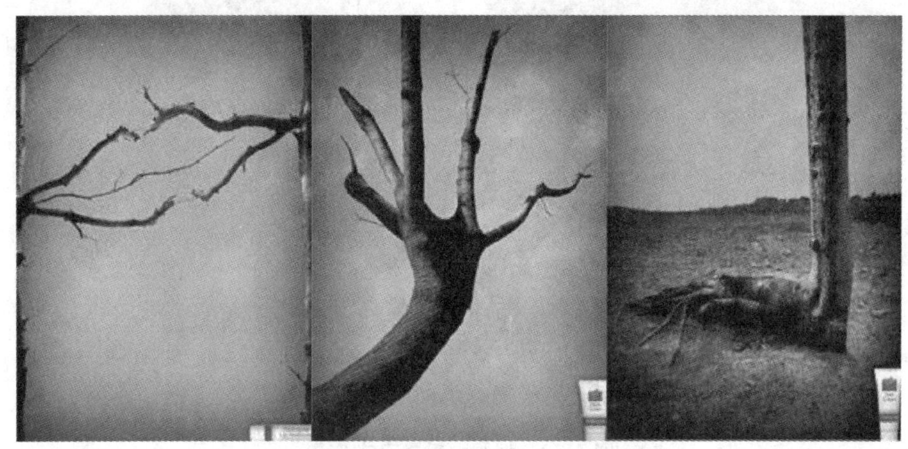

图7－1 某化妆品平面广告图

（3）冲击性原则。所谓冲击性原则，是指广告要具有强烈的视觉冲击力和心理的影响力，深入人性的深处，冲击消费者的心灵，并留下深刻的印象。在这个广告铺天盖地的时代，要想迅速吸引人们的视线，广告创意必须符合冲击性原则。

薇姿双重润白精华素在其拉链篇广告中，在一名女子脸部制作出一条逼真拉链，随着拉链的拉开，原本偏黑的“脸皮”被“撕开”，渐渐露出女子内部一层焕然一新的“脸皮”，以此来宣传其产品的美白效果。

（4）幽默性原则。幽默是广告的国际通行证，戏剧性、幽默感营造的会心一笑的氛围，有助于广告信息的记忆。在化妆品广告中，合理运用这一原则也能取得很好的效果。香港李奥贝纳广告公司，将一款瘦腹霜的瓶身加入平面广告画面，设计成腹部形状，并派发给长期顾客和会员试用。产品满载瘦腹霜，腹部看起来又圆又大，当产品用得越多，瓶身越扁平，肚子就越瘦，以幽默、生动地传达广告的瘦腹诉求。

（5）新奇性原则。新奇是广告作品引人注目的奥秘所在，也是一条不可忽视的广告创意规律。有了新奇，才能使广告作品波澜起伏，奇峰突起，引人入胜；有了新奇，才能使广告主题得到深化、升华；有了新奇，才能使广告创意远离自然主义，向更高的境界飞翔。

倩碧睫毛膏在一则杂志的平面广告中，直接将页面设计成睫毛形状，当消费者打开杂志阅读时，看到的是一排立体的卷翘浓密的睫毛，巧妙地传达了“让每根睫毛 享受独立的美”的广告含义。消费者在倍感新奇之余，一下子就记住了这款独具创意的睫毛膏。

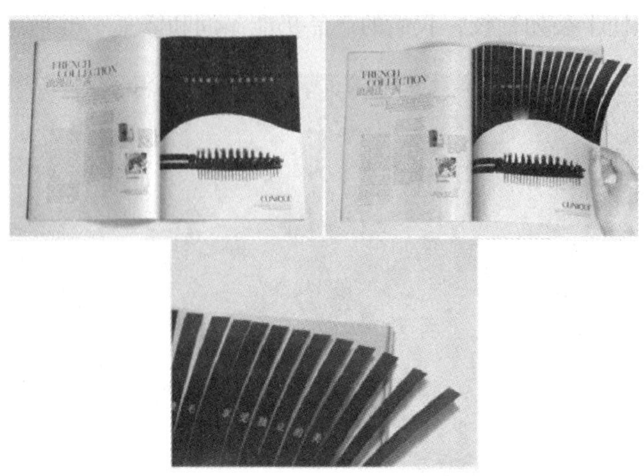

图 7-2 倩碧睫毛膏杂志广告

（6）比较性原则。化妆品企业可采用演示说明或比较性广告，在广告中加入一个使人确信的片段，让消费者直观地感知产品的特点和功能。如玉兰油美白润肤霜在其蛋糕篇的广告中，通过广告主角对比蛋糕的颜色，延伸至肌肤的对比，巧妙地诉求“牛奶更多，蛋糕更白”的理念，并引证至肌肤，润肤露牛奶成分更多，使用后肌肤更白。

2. **广告创意步骤**

美国广告专家詹姆斯·韦伯·扬于 20 世纪 60 年代提出的广告创意五阶段，在今天的广告实际创作过程中仍在广泛沿用。

（1）调查阶段——收集信息。广告创意是不可能凭空虚构，闭门造车，仅通过想象就产生的，而是在迈出斗室，深入市场调查研究后想出来的。广告创作人员需要积累生活经验和文化知识，需要深入调查研究，去为每一个创意收集所需要的依据和内容。新颖、独特的广告创意是在周密调查、充分掌握信息的基础上产生的。因此，首先就应该做好调查研究工作，主要了解有关商品、市场、消费者、竞争对手等几方面的信息。信息资料掌握得越多，对构思创意就越有益处，越可触发灵感。

广告创意的过程同时还是创意者运用自己拥有的一切知识和信息，产生出某种新颖而独特的产品过程。在这里，创意者素质的高低直接影响着广告创意的优劣。为了不断提高广告创意的水平，创意者必须要做生活的有心人，随时随地注意观察和收集生活中的一切信息，以备创意时的厚积薄发。

曾为万宝路香烟策划出牛仔形象的著名广告大师李奥·贝纳在谈到他的广告创意时说，创意的秘诀就在他的文件夹和资料剪贴簿内。他说：“我有一个大夹子，我称之为‘不足称道的语言’。无论何时何地，只要我听到一个使我感动的只言片语，特别是适合表现一个构思，或者能使此构思神龙活现、增色添香，或者表示任何种类的构想——我就把它收进文件夹内。”

“我另有一个档案簿，鼓鼓胀胀的一大包，里面都是值得保留的广告，我拥有它已经 25 年了。我每个星期都查阅杂志，每天早晨看《纽约时报》以及芝加哥的《华尔街时报》，我把吸引我的广告撕下来，因为他们都做了有效的传播，或是在表现的态度上，或者在标题上，或是其他的原因。”

“大约每年有两次，我会很快地将那个档案簿翻一遍，并不是有意要在上面抄任何东西，而是想激发出某种能够适用到我们现在做的工作上的东西来。”

广告大师们就是通过不断的信息收集和积累，如同为自己建造了一座创意的“水库”，源源不断的创意便从这里喷涌而出。

（2）分析阶段——找出商品最有特色的地方。主要是对获得的资料进行分析，找出商品本身最吸引消费者的地方，发现能够打动消费者的关键点，这也是广告的主要诉求点。

首先把商品能够打动消费者的关键点列举出来，主要有以下几个方面。

①广告商品与同类商品所具有的共同属性有哪些，如产品的设计思想，生产工艺的水平，产品自身如适用性、耐久性、造型、使用难易程度等方面有哪些相通之处。

②与竞争商品相比较，广告商品的特殊属性是什么，优点、特点在什么地方，从不同角度对商品的特性进行列举分析。

③商品的生命周期正处于哪个阶段。

④列出广告商品的竞争优势会给消费者带来的种种便利。

⑤找出消费者最关心、最迫切需要的要求，抓住这一点，往往就抓住了创意的突破口。

詹姆斯·韦伯·扬曾说：“广告创意是一种组合商品、消费者以及人性的种种事项，真正的广告创作，眼光应该放在人性方面，从商品、消费者及人性的组合去发展思路。”也就是说，要从人性需求和产品特质的关联处追求创意，而不能简单地从商品本身出发。

（3）酝酿阶段——为提出创意做心理准备。在这一阶段，主要是对已形成的广告概念进行孵化，听其自然，放任自流，将广告概念全部放开，尽量不去想这个问题，只是把它置于潜意识的心智中，让思维进入“无所为”的状态中。这种状态下，由于各种干扰信号的消失，思维较为松弛，比紧张时能更好地进行创造性思考。一旦有信息偶尔进入，就会使人猛然顿悟，过去几年积存在大脑中的信息就会得到综合运用。

（4）开发阶段——多提出几个创意。詹姆斯·韦伯·扬在其名作《产生创意的方法》中对创意的出现有精彩的描述：“创意有着某种神秘特质，就像传奇小说般在南海中会突然出现许多岛屿。根据古代水手讲，在航海图上表示深海洋的某些点上，会在水面上突然出现可爱的环状珊瑚岛，那里边充满了奇幻的气氛。”“我想，许多创意的形成也是这样，它们的出现，好像在脑际白茫茫的一片飘浮中，突然便跳出了一些若有若无的‘岛屿’，和水手所见的一样充满了奇幻气氛，并且是一种无法解说的状态。”

在构思过程中，可能会提出多个新的创意，这些创意往往具有不同的特点，要注意把每一个新的创意记下来，不能“浅尝辄止”，满足于一两个创意。

（5）评价决定阶段——确定最好的创意。在这一阶段，要将前面提出来的许多个新的创意，逐个进行研究，最后确定其中的一个。在研究过程中，要对每个创意的长处、短处，是新奇还是平庸，是否有采用的可能性等进行评价。要注意从几个方面加以考虑：所提出来的创意与广告目标是否吻合；是否符合诉求对象及将要选用的媒体特点；与竞争商品的广告相比是否具有独特性。经过认真的研究探讨后，再确定选用哪一个创意。

7.2.3 化妆品广告文案创作

大卫·奥格威说："广告是词语的生涯。"何谓广告文案？它是指广告作品中的语言文字部分。在平面广告中，广告文案是指它的文字部分；在广播电视广告中，广告文案是指人物的有声语言和字幕。

1. 广告文案的结构

平面广告的文案，通常包括广告标题、广告正文、广告口号、随文等四大基本部分。

（1）广告标题。它是广告文案的主题，往往也是广告内容的诉求重点。它的作用在于传递主要的广告信息，有效吸引目标消费者对广告的注意，引起他们对广告的兴趣，诱导消费者继续阅读广告正文。

广告标题包括以下几种。

①直接标题：用直接简明的语言说明广告的主要内容，从标题中受众可以获取广告的主要诉求内容。如碧欧泉晶白净化 C^+ 夜间精华的一则促销广告的标题是"C^+ 晶白新呈献　双重惊喜共分享"。

②间接标题：不直接说明广告主题，而是运用间接婉转的方式诱导受众阅读正文。如资生堂口红的广告标题是"染上的，是春天"。单从标题无法看出这是口红产品的广告，但这一间接婉转的表达方式，很容易吸引消费者继续往下阅读正文。

③复合标题：复合标题兼具直接标题和间接标题的双重作用，可以使广告更醒目、更有气势，它由引题、正题、副题组成。

如雅诗兰黛的广告标题：

引题：足不出户　即时拥有完美肌肤

正题：雅诗兰黛　完美焕颜微粒修护霜

薇姿眼部啫哩的广告标题：

引题：皮肤每天丢失 1/2 升水分　眼部最先受到影响

正题：润泉保湿眼部修护啫喱

副题：改善眼部缺水纹、眼袋、眼睑浮肿

【引例 7-2】

大卫·奥格威的广告标题写作十大原则

（1）平均而论，标题比本文多 5 倍的阅读力，如在标题里未能畅所欲言，就等于浪费了 80% 的广告费。

(2) 标题向消费者承诺其所能获得的利益，这个利益就是商品所具备的基本效果。

(3) 要把最大的消息贯注于标题当中。

(4) 标题里最好包括商品名称。

(5) 唯有富有魅力的标题，才能引导消费者阅读副标题及本文。

(6) 从推销而言，较长的标题比词不达意的短标题更有说服力。

(7) 不要写强迫消费者研读本文后，才能了解整个广告内容的标题。

(8) 不要写迷阵式的标题。

(9) 使用适合于商品诉求对象的语调。

(10) 使用情绪上、气氛上具有冲击力的语调。

（资料来源：素材公社 http://www.tooopen.com.）

(2) 广告正文。广告正文是广告文案的主要部分，是以客观的事实、具体的说明，来增加消费者对产品及服务的了解与认识。广告正文的撰写要实事求是，通俗易懂。不论采用何种题材式样，都要抓住主要的信息进行叙述，言简易明。广告正文分为理性型广告文案和情感型广告文案。

理性型广告文案是以摆事实、讲道理、提出确凿的证据和事实为诉求方式，以化妆品的功效、优势和特别的利益为诉求重点的广告文案。绝大多数化妆品采用理性型广告文案进行阐述。例如薇姿是理性型广告文案的典范，常常运用医学研究数据表达“消费者不使用产品将遭受何种影响”，引发消费者恐慌。文案中还运用大量的科技术语，直接传达产品特征和效果。

情感型广告文案以情感人，追求情调的渲染和氛围的烘托，富有人情味，以此诱发消费者的感情，在情感或情绪的影响支配下，采取购买行为。

曾获得金犊奖的卡尼尔美白系列产品就采用了情感型广告文案。“既然男人都为美白而痴，那我们就为美白而战!”广告醒目的标题“男人都是白痴”很有意思，初看觉得是在指责男人，其实不然，这句话是为了呼应文案中的男人为美白而痴狂，凸显卡尼尔产品支持女人美白战役的情怀。

情理结合型广告文案既显示出理性诉求的特性，又运用了感性诉求的优势，形成一种情理交融的阐述，既具有说服力，又具有感染力。如巩俐代言的欧莱雅复颜抗皱紧致系列广告大片（2013 年 30 秒版本）：“我什么都要最好的，最好的剧本，最好的导演，对肌肤也一样。针对八大部位，我一直用欧莱雅复颜，现在至爱的，变得更好，有了七层提拉素，就像肌肤里装了小弹簧，弹弹弹弹，都弹起来了，八大问题部位，只见年轻紧致，这里，这里，这里，全部都解决，有什么比这更好的，欧莱雅复颜系列，我的肌肤值得拥有，你的肌肤也值得拥有。”

(3) 广告口号。广告口号是一种较长时期内反复使用的特定商业用语。广告口号的作用就是以最简短的文字把企业的特征或是商品的特性及优点表达出来，给人留下深刻的印象。广告口号还可以保持广告活动的连续性，使人一听到或看到就联想起商品或广告内容。广告口号的撰写应简洁明了、语言明确、独创有趣、便于记忆、易读上口。示例如下：

利益许诺型：肌肤与你　越变越美（玉兰油）

能给肌肤最温和的呵护（妮维雅）
告别敏感，重塑肌肤天然屏障（雅漾）
"艾莫科"永远不会让你失望（艾莫科）
优势展示型：蕴天地之润，生肌肤之津（佰草集）
我的皮肤护理专家（李医生）
年轻在基因里，一触即发！（兰蔻）
号召行动型：欧莱雅，你值得拥有（欧莱雅）
停下来，享受美丽！（美即面膜）
为了双手在明天洁白娇嫩，别忘了今夜抹一点达尔（达尔）
请对你的皮肤更仁慈些（比弗）
情感动人型：因爱而生（强生）
玫琳凯，丰富女性人生（玫琳凯）
比女人更了解女人（雅芳）
口红不是化妆品，我们让美流入人间（露华浓）

（4）随文。随文是广告文案中的附属部分，是广告内容的必要交代或进一步的补充与说明。随文不一定在广告文案中全部出现，要根据广告文案的目的和主题有所选择。随文主要由公司名称、地址、电话、联系方式、网址等内容组成。

2. 广告文案的语言要求

（1）准确规范、点明主题。准确规范是广告文案最基本的要求。要实现对广告主题和广告创意的有效表现和对广告信息的有效传播，首先，要求广告文案中的语言表达要规范完整，避免语法错误或表达残缺；其次，广告文案中所使用的语言要准确无误，避免产生歧义或误解；再次，广告文案中的语言要符合语言表达习惯，不可生搬硬套，杜撰词汇；最后，广告文案中的语言要尽量通俗化、大众化，避免使用冷僻以及过于专业化的词语。

（2）简明精练、言简意赅。在文字语言的使用上，广告文案要简明扼要、精练概括。要以尽可能少的语言和文字表达出广告产品的精髓，实现有效的广告信息传播。简明精练的广告文案有助于吸引广告受众的注意力和迅速记忆广告内容。

（3）生动形象、表明创意。受众一般在被动意识下接收和观看大量的广告内容，因此，广告文案要求用生动的、具体的、形象性强的语言进行表现，便于目标受众理解与记忆，使文案达到广告的传播和说服的目的。

（4）个性突出、上口易记。广告文案不仅要体现广告中产品、企业、服务或观念的个性特征，也要体现文案语言的自身特征。如此，才能在众多的广告信息中脱颖而出，体现独具特色的销售魅力，让受众印象深刻。当然，也要避免过分追求语言和音韵美而忽视广告主题，生搬硬套，牵强附会。广告文案必须朗朗上口，容易记忆。

7.2.4 化妆品广告媒体策略

广告媒体是广告主用来进行广告活动的物质技术手段和广告信息传播通道，主要有报纸、杂志、广播、电视、互联网等五大媒体，不同的广告媒体具有不同的特点。

广告媒体策略就是选择恰当而有效的广告媒体与组合方式，适时而准确地将广告信息传播给广告对象。广告媒体策略受到市场环境、媒体、广告主本身等多重因素的影响，应综合考量制定。

1. 化妆品市场环境因素

（1）目标受众的特征。不同的目标受众，接触媒体的习惯大不相同。一般地说，教育程度较高者，偏重于印刷媒体；教育程度较低者，偏重于电波媒体。老年人倾向于报纸、广播媒体；年轻人更倾向于网络、电视媒体。因此，要根据目标受众的性别、年龄、教育程度、职业及地域性等来选择合适的媒体。

在化妆品行业，电视媒体成为多数品牌首选的广告媒体。2013 年央视黄金资源招标上，相宜本草以 1.09 亿元、上海家化以 9 711 万元、蓝月亮以 6 209 万元、隆力奇以 3 009万元中标各自规划投放的栏目。

（2）产品或服务的特性。产品或服务的特性与媒体的选择密切相关，产品的质量、价格、档次、包装、使用价值等特性，对媒体的选择有着直接或间接的影响。护肤品常常需要展示产品细致入微的功能效果，这就需要借助具有强烈视觉效果的媒体进行展示，比如电视、杂志广告，而报纸广告因其印刷效果较差就不宜采用。

（3）产品的销售范围。产品的销售范围是全国性销售，还是地方区域性销售？产品的销售重点区域在哪？这些因素直接关系到广告接触者的范围大小，由此才可决定采用何种较经济有效的媒体。

在化妆品行业，多数产品属于全国性销售。因此，全国性媒体因覆盖面大、目标受众广成为广告投放的首选。华东、华北地区经济发达，消费意识成熟，历来是化妆品的核心市场，企业的广告投放策略也显示出这个事实。

（4）竞争对手的媒体策略。竞争对手实施何种广告战略、采用何种媒体策略，将直接影响到广告主自身媒体策略的制定。如果广告主本身财力雄厚，可与竞争对手正面交锋；如果财力有限，则可以采取迂回战术，避其锋头，选择其他媒体投放广告。

2. 媒体因素

（1）媒体的特点。

表 7－2　各种媒体的优缺点对比

媒体	优点	缺点
报纸	版面大，篇幅广 编排灵活，图文并茂 发行面广，覆盖面宽 发行对象明确，选择性强 信息传播迅速，时效性强	易导致阅读者对于广告的注意力分散 在印刷上比较粗糙，色彩感差 延续效果不足

续上表

媒体	优点	缺点
杂志	对象明确，针对性较强 编辑精细，印刷精美 保存期久，读者比较固定	周期较长，灵活性较差 专业性强，传播面窄 成本较高
电视	富有极强的感染力 媒介覆盖面广，公众接触率高 具有娱乐性，易于为受众接受	信息稍纵即逝，不易存查 费用昂贵，制作成本较高 受众注意力不够集中
广播	传播迅速，时效性强 信息受众广泛，覆盖面大 传播方便灵活，声情并茂 制作简便，费用低廉	对需要表现外在形象的产品，广播媒介难以适应 信息转瞬即逝，不易存查
网络	传播范围广，交互性强 针对性明确 受众数量可准确统计 成本低，感官性强 容量大	信息焦虑感，信息信任危机感 尽管网络广告图文并茂，而且有极好的音效，但由于现阶段网络技术制约，网络广告的优势往往难以发挥

（2）媒体的成本。要慎重考虑媒体的成本费用，不仅要考虑“绝对成本”，即媒体的实际支付费用，同时亦应考虑“相对成本”，如每天用印刷媒体的读者数量，或电波媒体每分钟每千人的视听成本。

（3）媒体的经济价值。平面媒体的发行量、电视节目的收视率、电台的收听率等都反映了媒体的经济价值。值得强调的是，经济价值是一个变量，同一个媒体，在不同的地区、不同的季节，其经济价值也是不同的。

3. **广告主因素**

要综合考虑广告主现行的广告战略及目标、广告预算的分配额和广告主的经济能力。同时，还要结合广告主之前的广告战略及执行策略，以保持广告活动的连续性。

【小思考】

你认为“重在展示产品功效”的化妆品广告适合在报纸版面刊登吗？

7.3 制定营业推广策略

7.3.1 营业推广的概念及种类

营业推广又称销售促进（sales promotion，简称 SP），菲利普·科特勒把它定义为：

"刺激消费者或中间商迅速或大量购买某一特定产品的促销手段，包括了各种短期的促销工具。"从这个定义可以看出，营业推广是指在短期内为了刺激需求而进行的各种活动，这些活动可以诱发消费者和中间商迅速地、大量地购买，从而促进企业产品销售的迅速增长。企业的营业推广对象包含消费者、中间商、推销员。

在促销活动中，营业推广方法具有举足轻重的作用。一般而言，公共关系提供的是企业形象，广告促销提供的是购买理由，而营业推广提供的是购买刺激。它区别于人员推销、公共关系和广告宣传，但又给这些营销手段以有效的补充，被誉为现代营销的开路先锋、销售的推进器，为各国工商界广泛使用。

依据对象的不同，营业推广可分为三大类：针对消费者的营业推广、针对中间商的营业推广以及针对销售人员的营业推广。

1. 针对消费者的营业推广

针对消费者的营业推广可以鼓励老顾客继续购买，不断强化其品牌忠诚度；还可以促进新顾客的购买成交，引导其改变过去的购买习惯。

（1）赠送促销。赠送促销是向消费者赠送样品或试用品。赠送样品是介绍新产品最有效的方法，缺点是费用高。化妆品样品一般选择在商超专柜、专卖店散发，或在其他产品中附送。近几年，很多化妆品通过网络派发样品的方式，鼓励消费者体验新品，同时也通过这一途径收集消费者个人资料。

（2）积分奖励。很多化妆品企业采用会员积分奖励制度，消费者购买产品后可以累计积分，当积分达到一定额度时，可以兑换相应的产品或者获得某一特惠折扣，这种方式适合强化消费者的购买行为，培养其品牌忠诚度。不过，也有一些化妆品积分奖励制度流于形式，化妆品品牌与会员之间的联系较松散，会员常常遗忘积分兑换的期限，而化妆品品牌也没有发送相应的提醒信息。

（3）折价券。给持有人一个证明，证明他在购买某种化妆品时，持券可以免付一定金额的钱。折价券可以通过广告或直邮的方式发送。

（4）包装促销。包装促销是在商品包装或招贴上注明，比通常包装减价若干，它可以是一种商品单装，也可以把几件商品包装在一起。洗浴产品较多采用这一方式。

（5）抽奖促销。顾客购买一定的产品之后可获得抽奖券，凭券进行抽奖获得奖品或奖金，抽奖可以有各种形式。新的化妆品专柜进驻某商超时，常常采用这一营业推广方式。

（6）联合推广。某一化妆品牌与其他品牌联合促销，将一些能显示企业优势和特征的产品在商场集中陈列，在展示的同时进行销售。如某商超在夏季进行的主题为"夏季不怕晒"的大型促销活动，联合该商超内所有化妆品专柜的防晒产品进行统一堆头展示、销售，取得了很好的业绩。

2. 针对中间商的营业推广

针对中间商的营业推广目的是鼓励批发商大量购买，吸引零售商扩大经营，动员有关中间商积极购存或推销某些产品，可以采用以下几种方式。

（1）批发回扣。企业为争取批发商或零售商多购进自己的产品，在某一时期内给经销本企业产品的批发商或零售商加大回扣比例。

（2）推广津贴。企业为促使中间商购进企业产品并帮助企业推销产品，可以支付给中间商一定的推广津贴。

（3）销售竞赛。根据各个中间商销售本企业产品的实绩，分别给优胜者以不同的奖励，如现金奖、实物奖、免费旅游、度假奖等，以起到激励的作用。

（4）营销费用分摊。生产商分担一定的市场营销费用，这种分担一般是有条件的，根据零售商的销售业绩，约定生产商和零售商的市场营销费用分摊比例。这些市场营销费用包括零售商的店面装修、广告等。生产商这样做的目的是提高中间商推销本企业产品的积极性和能力。

3. 针对销售人员的营业推广

针对销售人员的营业推广是鼓励他们热情推销产品或处理某些老产品，或促使他们积极开拓新市场。

（1）销售竞赛，如有奖销售、红利提成、特别推销金等。

（2）免费提供人员培训，技术指导。

【引例7－3】

屈臣氏促销案例剖析

能让都市时尚白领一族以逛屈臣氏商店为乐趣，并在购物后仍然津津乐道，有种“淘宝”后莫名喜悦的感觉，这可谓达到了商家经营的最高境界。屈臣氏促销活动之所以获得消费者的青睐，在以下几方面值得借鉴。

1. 持之以恒

很多消费者对屈臣氏的促销活动都非常熟悉，他们了解屈臣氏会定期举行什么形式的促销活动，这归功于屈臣氏多年来的坚持，屈臣氏的常规促销活动每年都会定期举行，特别是自有品牌商品的促销，如“全线八折”“免费加量”“买一送一”等，会在每年中定期举办，并且在活动中经常都会包含“剪角抵用券”“满50元超值10元换购”“本期震撼低价”等优惠。

2. 丰富多彩

屈臣氏一年24期常规促销活动，形式非常独有，与其他零售店的方式完全不一样，“自有品牌商品免费加量33%不加价”“60秒疯狂抢购”“买就送”更是丰富多彩，促销商品品种繁多，如：滋润精选、如丝秀发、沐浴新体验、皓齿梦工场、清亮新视界、知足便利店、关爱自己、完美纸世界、小工具课堂、优质生活……非常多的趣味主题，介绍众多的个人护理用品，引导消费。

3. **权威专业**

屈臣氏的促销活动往往都会贯穿一个权威专业的主导线，每时每刻都在向消费者传递着自己在专业领域里的权威专业信息，让消费者有更大的信任感。屈臣氏的“健康知己”，为顾客提供日常健康知识咨询，《屈臣氏护肤易》《屈臣氏优质生活手册》《健与美大赏》在向顾客推荐好的产品的同时，邀请行业界知名人物，与读者共同分享美容心得、健康知识。

4. **优惠实效**

根据国人消费习惯，实惠才是硬道理，屈臣氏促销讲究的就是“为消费者提供物超所值”的购物体验，从“我敢发誓”到“冬日减价”“10元促销”“SALE周年庆”“加1元多一件”“全线八折”“买一送一”“自有品牌商品免费加量33%不加价”“买就送”等，每一次都会引起白领丽人的惊呼，降价幅度非常大。每期都有的3种“10元超值换购”商品、9种“震撼低价”商品每次都会被抢购一空。

5. **氛围浓郁**

“创造一个友善、充满活力及令人兴奋的购物环境”是屈臣氏卖场布置的精髓，为了创造一个好的促销氛围，屈臣氏从不吝惜布置场地方面成本，每次促销都会更换卖场所有的宣传挂画、价格牌、商品快讯、色条（嵌在货架层板前面的彩色纸条）、POP，虽然有浪费之嫌，但舍得投入也是获得回报的根本。同时每次促销活动，屈臣氏都会有新的录像光盘提供给每个分店播放，宣传更多的促销信息。

6. **注重研究**

屈臣氏研究认为，“小资情调”是白领一族的固有心态，新奇刺激的活动对他们更具有吸引力，提供一种方便、健康、美丽的服务才更能提升顾客忠诚度，如“60秒疯狂抢购”，抽奖获得者可以在卖场内指定货架商品进行扫荡，60秒内拿到的商品都属于获奖者。此外，屈臣氏在促销商品陈列方面有非常标准的原则，对收银台附近的商品陈列技巧，“推动走廊”的陈列方式，震撼低价商品的陈列，这些都是在对顾客购物心理、视觉角度、走动习惯等多方面研究后得出的结论。

（资料来源：世纪盘古 http://www.pgad.com.cn，略有修改）

【小讨论】

屈臣氏最吸引你的促销活动有哪些？这些活动为什么能吸引你？

7.3.2　营业推广策划程序

营业推广策划是一项系统工程，每一环节都需对其进行精心设计才能达到预期效果，具体可以分为五个步骤（如图7-3所示）。

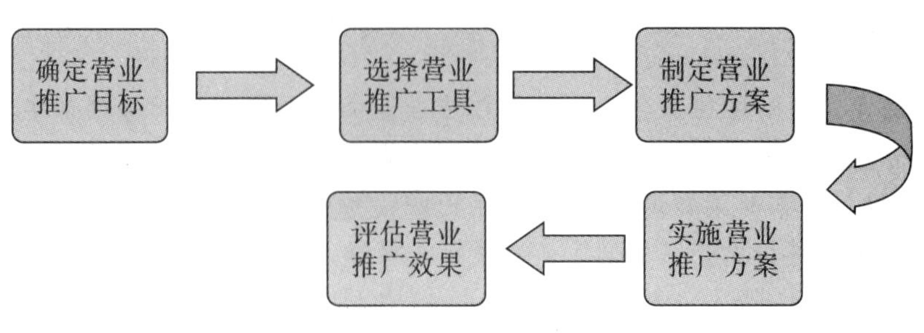

图 7－3　营业推广策划程序

1. 确定营业推广目标

营业推广策划的第一步是要确定营业推广的目标。首先要明确推广的对象是谁，要达到的目的是什么。只有知道推广的对象是谁，才能有针对性地制定具体的推广方案，例如：某品牌为达到吸引消费者试用新产品的目的，可以采用免费品尝的营业推广方式。某品牌为了争取其他品牌的使用者转向购买本品牌，可采用以旧换新的活动吸引新顾客群的购买。

2. 选择营业推广工具

营业推广的方式方法很多，但如果使用不当，会适得其反。因此，选择合适的推广工具是取得营业推广效果的关键因素。除了营业推广目标，在选择营业推广工具时还要考虑以下因素：

（1）营业推广对象。不同的营业推广对象有不同的思维方式和购买习惯。比如男性消费者比女性消费者更加理性。

（2）产品特性。化妆品独有的产品特性，更适合通过现场示范、试用体验的方式展示产品的优点，有利于消费者更好地了解产品，而折扣、特惠等营业推广的方式更适合具有品牌忠诚度的消费者。此外，同一产品处于生命周期的哪个阶段，不同的阶段具有不同的市场特点，应据此选择相应的营业推广工具。

（3）竞争对手。企业在选择营业推广工具时，应参考竞争对手同一时期的举动，以更优于竞争对手促销活动的方式选择营业推广工具，更好地建立与经销商的关系和获取更多的目标消费者购买行为。当然，竞争对手在过去开展促销活动时采用某种营业推广工具的效果，也应及时借鉴和参考。

（4）营业推广预算。在选择工具前要“量入为出”，根据营业推广活动的预算确定选择哪种工具。

3. 制定营业推广方案

营业推广方案包含的内容主要有以下几点。

（1）营业推广目标。营业推广目标是营业推广活动最关键的因素。

（2）营业推广范围。营业推广范围分为两项内容：产品范围和市场范围。对产品范围而言，不管是制造商还是经销商都不会经营单一的产品，因此设计营业推广方案之前应考虑以下因素：本次营业推广活动是针对整个产品系列还是仅对某一项产品；针对市场上正在销售的产品营业推广，还是针对特别设计包装的产品营业推广。对市场范围来说，一次营业推广活动可以针对全国甚至全世界所有的市场同时开展；也可以只针对某些地区开展；或在很多市场同步推出，这在方案中应当明确。

（3）确定折扣率。要对以往的营业推广实践进行分析和总结，力求引起最大的销售反应，并结合新的环境条件确定适合的刺激程度。

（4）选择营业推广对象。即推广对象是消费者、中间商还是推销员。

（5）营业推广媒介的选择。决定如何将本次营业推广活动的信息传递给目标对象。

（6）营业推广时间的选择。营业推广时间的选择包括时机的选择和推广期限的确立。

（7）促销预算的分配。方案要根据企业营业推广的目标和范围等，确定一个适当的促销规模，制定出企业的促销经费预算，并将促销经费和资源分配到各种促销工具，形成预算安排。

（8）确定营业推广的限制。即营业推广对象必须具备什么资格才能参加营业推广活动。

除了以上内容之外，为保证营业推广活动的顺利开展，还必须制定系列。如针对消费者的营业推广，要确定奖品的具体兑换时间、优惠券的有效期限、游戏规则等。针对中间商的营业推广应明确中间商付款的期限、购买的数额等。此外，营业推广要与营销沟通的其他方式如广告、人员销售等整合起来，相互配合，共同使用，从而形成营销推广期间的更大声势，取得单项推广活动达不到的效果。

4. 实施营业推广方案

营业推广活动需要耗费企业一定的费用，而且关系到企业与经销商、消费者和销售人员之间关系的建立，甚至在某种程度上决定了企业营销活动的成败。因此，营业推广方案的实施应审慎进行。企业首先必须对营业推广方案进行检验，审查通过后可先小规模试点实施，通过实验改进方案中的不足，然后大规模地应用推广。

在方案正式实施阶段，企业相关负责人一定要做好控制工作，保证营业推广活动严格按照具体操作计划来实施；同时及时收集营业推广过程的信息，制定相应的应对措施。

5. 评估营业推广效果

企业必须在每一次营业推广后进行效果评估，及时总结经验，发掘优势，寻找不足，以作为下次营业推广策划的有益参考。

7.3.3 营业推广设计

营业推广的设计一般从以下五个方面进行展开。

1. 确定推广目标

营业推广目标的确定，就是要明确推广的对象是谁，要达到的目的是什么。只有知道推广的对象是谁，才能有针对性地制定具体的推广方案，例如：是为达到培育忠诚度的目的，还是以鼓励大批量购买为目的？

2. 选择推广工具

营业推广的方式方法很多，但如果使用不当，则适得其反。因此，选择合适的推广工具是取得营业推广效果的关键因素。企业一般要根据目标对象的接受习惯和产品特点，目标市场状况等来综合分析选择推广工具。

3. 推广的配合安排

营业推广要与营销沟通其他方式如广告、人员销售等整合起来，相互配合，共同使用，从而形成营销推广期间的更大声势，取得单项推广活动达不到的效果。

4. 确定推广时机

营业推广的市场时机选择很重要，如季节性产品、节日、礼仪产品，必须在季前节前做营业推广，否则就会错过时机。

5. 确定推广期限

确定推广期限即营业推广活动持续时间的长短。推广期限要恰当，过长，消费者新鲜感丧失，产生不信任感；过短，一些消费者还来不及接受营业推广的实惠。

7.4 制定公共关系策略

7.4.1 化妆品公共关系策划的内容

我国学者余明阳认为：公共关系（public relations）是企业为了塑造企业形象，通过传播、沟通来影响公众的科学和艺术。公共关系的“公众”不仅由人群构成，还包括政府、社区、媒介等机构。

公关和广告有着千丝万缕的联系，里斯所著的《广告的没落，公关的崛起》一书被誉为公关行业的圣经，他提出“广告是风，公关是太阳”的理论，正因如此，在策划行业，常常将广告称为硬广，公关称为软广。

一般人认为，公关就是迎来送往，微笑外交，或陪客游览、参观、喝酒、跳舞，用不着策划。其实，这是对公共关系的一种极大误解。公关是一门科学，一门艺术，一种管理职能。就公共关系活动而言，可以分为3个层次，迎来送往和一般性的宣传是公共关系初级层次的活动；第二个层次是塑造一个企业的整体形象，通过传播和沟通，提高企业的知名度、信誉度和美誉度；第三个层次才是公共关系的高级层次，即策划层次，公共关系部作为企业主管的参谋部，为实现既定目标，解决重大难题或突发事件，进行咨询，设计出高水平的实施方案。

可见，公共关系策划就是公关人员根据企业形象的现状和目标要求，分析现有条件，谋划、设计公关战略、专题活动和具体公关活动最佳行动方案的过程。企业通过公共关系策划，有利于塑造企业形象，提高企业知名度和美誉度，有利于企业与公众相互理解，消除误会，排除矛盾，维护声誉。通过公共关系还可以协调企业内部关系，增强企业的凝聚力。

化妆品企业公共关系策划的内容包括以下几方面。

1. 公关传播

公共关系的传播，就是企业通过各种有效的传播媒介把有关信息传递给社会和公众，达到企业在政治、经济、文化、社会诸方面最高的知名度和最好的美誉度，以影响或改变公众的态度和行为，创造有利于企业的社会环境和舆论环境的过程。公关传播最主要的形式有两种：媒体主动传播和事件营销。

（1）媒体主动传播是指媒体记者认为化妆品企业近期存在具有一定新闻价值的信息，主动采写报道，向公众传播化妆品企业的经营事件、产品质量等内容，它是公共关系策划的重要活动方式。如欧莱雅进军中国市场后，收购了小护士、羽西等多家中国品牌，媒体进行了主动而广泛的传播。

（2）事件营销是指企业通过策划和利用具有新闻价值、社会影响以及名人效应的人物或事件，吸引媒体、社会团体和消费者的兴趣与关注，以求提高企业或产品的知名度、美誉度，树立良好品牌形象，并最终促成产品或服务的销售。简单地说，事件营销就是通过把握新闻的规律，制造具有新闻价值的事件，并通过具体的操作，让这一新闻事件得以传播，从而达到广告的效果。事件营销具有受众面广、突发性强，在短时间内能使信息达到最大、最优传播的效果，为企业节约大量的宣传成本等特点，近年来越来越成为国内外流行的一种公关传播与市场推广手段。今天，当国内化妆品企业仍然热衷于依靠广告投放手段营造品牌传播效应时，宝洁、联合利华等跨国企业似乎更擅长利用事件营销的手段达到“四两拨千斤”的传播效应。

【引例7－4】

露得清网络事件营销

风靡全球85个国家的专业化妆品品牌露得清，几年前还不为中国消费者所熟悉。今天，露得清的专柜依然不多，可是网上论坛和社区对这个品牌的赞美和关注却不亚于任何国际大品牌。这是什么原因呢？

露得清在消费者心目中的美誉要归功于“免费聘请”的数万名网站“主编”。这些“主编”大部分都是18～30岁的年轻女性，她们喜欢上网，好奇心强，乐于尝试和分享，是时尚论坛的主力。正是这样一个活跃的群体，在网上“自发推广”了露得清这个品牌。

露得清是如何聘请到这些“主编”的呢？又是如何通过她们传播露得清品牌美誉的呢？这一切源于露得清开拓中国台湾市场时的网络推广活动。那时露得清刚刚通过电视广告让消费者了解了这个品牌的存在，离知名品牌还有很远的距离，但是已经觉得电视广告的预算太高了。如何在传统媒体之外开辟一条低成本推广的黄金通道呢？露得清选择了“网络推广+事件营销”的模式

露得清首先建立了一个传达品牌精神的主题网站——向忠于自己的女人致敬。消费者可以注册成为主题网站的会员，把自己或者身边女人的心情、愿望、观点、故事写成帖子，自由地发表在主题网站上。

由于这场活动的主题叫“忠于自己”，也就是忠于自己的内心，要求讲述有关女性自身爱情、健康和美丽的体会，引起了很多女性消费者的共鸣。主题网站推出的当天，就有50位女性发帖，讲述自己的心情故事。从某种角度说，这些发帖的目标消费者就是网站“免费聘请”的“主编”。因为露得清只是提供了一个主题网站，而网站内容如何去填充，完全由这些发帖的消费者来完成。“主编”们还被邀请参加露得清的“下午茶聚会”，彼此分享心得体会，并得到露得清最新的试用产品。

在众多女性消费者的主动参与下，网站的人气越来越旺，“免费主编”越来越多，知道露得清的女性朋友也越来越多。而且这些与露得清建立了情感纽带的“主编”们在其他的时尚论坛和女性论坛也会情不自禁地流露对这一品牌的赞美。所有的“主编”都升华成了一个个强有力的“病毒”感染源，在网络上感染着社交圈里的人，而且在她们以后漫长的一生中，还会继续感染下去。

此外，露得清还邀请了台湾著名漫画家几米创作了“忠于自己的女人”的主题漫画，并把漫画制作成电子贺卡和明信片，成为辅助“病毒”在目标人群中传播。

这次活动，以事件营销制造主动传播，整合口碑营销和线下活动营销，取得了很好的推广效果，露得清也借此树立了良好的品牌形象。

而且通过活动，露得清和消费者有了很多深层次的沟通，了解了更多目标消费者的真实想法。更重要的是，露得清“免费聘请”的“主编”们长久以来持续不断地进行着她们的推广活动，所以当露得清进军中国大陆时，发现大陆的女性消费者“中毒”已深。

（资料来源：亿邦动力网 http://www.ebrun.com/，略有修改）

2. 公关专题

公关专题活动的主要类型有：新闻发布会、赞助活动、庆典活动、展览展销、参观游览活动等。

（1）新闻发布会。新闻发布会又称记者招待会，它是传播信息，谋求新闻界对某一事件客观报道的行之有效的手段，也是企业与新闻界建立和保持联系的一种重要的活动方式。举办新闻发布会可以提高企业的知名度，引起公众对企业的关注，还可以建立、巩固与媒体的关系，引导公众意见和态度朝着对企业有利的方向转化。例如美宝莲针对旗下每款新品，均会召开新品上市新闻发布会，邀请国内数十家时尚媒体、知名彩妆大师、彩妆达人、明星等到会，立体式传播新品上市的信息。

（2）赞助活动。所谓赞助活动，是指企业以不计报酬的捐赠方式，出资或出力支持某一项社会活动、某一种社会事业。提高企业的知名度、树立企业在社会公众中的美好

形象，是企业生存和发展的重要条件。赞助活动可以提高社会和经济效益、证明企业的经济实力、改善社会关系。化妆品企业社会赞助的基本类型包括文化活动、教育事业、慈善事业等。

（3）庆典活动。庆典活动是企业利用自身或社会环境中的有关重大事件、纪念日、节日等所举办的各种仪式、庆祝会和纪念活动的总称，包括节庆活动、纪念活动、典礼仪式和其他活动。通过庆典活动，可以渲染气氛，强化企业的影响力；也可以广交朋友，广结良缘。成功的庆典活动还可能具有较高的新闻价值，从而进一步提高企业的知名度和美誉度。

庆典活动的作用：可以吸引公众的注意力；显示企业强大的实力，以增加公众对企业的信任感；增强企业内部职工、股东的向心力和凝聚力，提高公众对企业的信任感。

（4）展览展销。展览展销是一种十分直观、形象生动的复合型传播方式。展览展销会可为企业和公众提供直接的双向交流、沟通的机会。它可以同时用产品说明书、宣传手册、活页广告等文字媒介，照片、幻灯片、录像片及电影等音像媒介，讲解、交谈和现场广播等声音媒介，现场表演、示范等动作语言媒介以及实物媒介等多种形式，进行全方位的宣传。在化妆品行业，中国美容博览会、中国国际美容博览会、广东国际美博会、美容化妆品博览会等因其影响深远、规格较高，吸引了大批行业人士、媒体、消费者的参与。

（5）参观游览活动。这是企业组织社会公众或员工进行的参观学习活动和旅游观光活动。参观的公众可以是员工家属、新闻工作者、主管部门领导人、学校师生和其他对本企业感兴趣的公众。通过企业参观游览活动，不仅有助于公众认识企业，而且有助于相互交流思想和情感。如广州宝洁，经常接受来自学校、媒体、企业等公众团体的参观，公司内部有一套规范严谨的参观流程。

3．危机公关

危机公关具体是指企业为避免或者减轻危机所带来的严重损害和威胁，从而有组织、有计划地学习、制定和实施一系列管理措施和应对策略，包括危机的规避、控制、解决以及危机解决后的复兴等不断学习和适应的动态过程。在过去数十年，化妆品企业曾遭遇过无数次品牌危机，即便是经验丰富、深谙营销之道的宝洁公司，也曾在危机公关领域遭遇“滑铁卢”。

正确、有效、快速处理危机公关对企业而言十分重要，危机公关处理的基本程序如下：

（1）快速启动应急预案。危机发生后，组织应快速启动应急预案，以保证将危机损失控制在最小范围。

（2）深入现场，掌握第一手材料。组织负责人应第一时间赶赴现场，确定事件发生的时间、地点、原因和事态进展。

（3）控制损失，控制事态的恶化程度。按照拟定的应急方案，全力采取措施，控制事态的蔓延和发展，将损失降低到最小。

（4）分析情况，确定对策。企业针对危机公关所采取的措施不仅要考虑危机本身的处理，还要考虑到处理好危机所涉及的与员工、受害者、媒介、社区政府等多方面的关系。

（5）召开新闻发布会，发布正式信息。以召开新闻发布会的方式，及时、准确地公开事实真相，主动控制危机事件的舆论传播，寻求媒体帮助，及时更正行为。有效行动危机公关要求企业决策者亲赴一线，亲力亲为。在适当的时候，还需要借助外部机构如政府、行业协会等的支持。如高露洁牙膏致癌风波中，高露洁不仅及时召开新闻发布会，将真相告知于众，而且积极寻求中华口腔医学会和中华预防医学会的支持。

（6）处理与善后、重塑形象。针对企业外部公众，展开新一轮的传播攻势，建立利益攸关者对公司的信心。具体来说，是对原来的危机事件进行多元视角的传播，并在引导的话题中寻找新的有利关注点，逐步实现对原有危机事件的稀释，形成新的利己话题。针对企业内部员工，可以通过沟通等方式重新获取成员的认同。

4. 公关礼仪

公关礼仪就是指公关人员为树立企业的良好形象，在与公众交往过程中所应遵循的合乎社会规范和道德规范要求的各种礼仪规范与准则。公关礼仪的内容包括公关人员形象礼仪、公关语言礼仪、公关活动礼仪等。

公关礼仪的基本手段是传播沟通。传播沟通有人际传播、大众传播、群体传播和组织传播等形式，它们均是公关礼仪必须借助的手段或有效方式。公关礼仪正是借助或依靠语言和非语言、人际和大众的传播等方式来沟通组织与公众的关系，塑造和提高企业的良好形象。

7.4.2　化妆品企业公共关系策划的技巧

公共关系策划的技巧，是指在公共关系策划的过程中可以直接运用的技术与手段。技巧性策划充分显示了公关工作的灵活性和艺术性，在企业公关活动中，技巧性策划能充分展示公关工作的魅力，对企业发展有着至关重要的作用。一般而言，化妆品企业公共关系策划通常采用的技巧主要有以下几种。

1. 名人效应

名人效应是利用人们对名人的关注、崇拜等特殊心理来扩大企业影响，达到提高企业知名度与美誉度的目的。利用名人效应进行公关策划在化妆品行业已经相当普遍，是公关策划中一项基本的技巧。其具体方式包括：邀请名人担任化妆品企业或产品的形象代言人；邀请名人参加企业某项公关活动，如开业庆典、周年纪念活动等。

近几年，在化妆品行业，品牌形象代言人出现了一些新的趋势。一是企业家自己做代言人，如聚美优品 CEO 陈欧为自己代言，其感性的广告文案描述在网络掀起了一阵“陈欧体”热潮，将聚美优品的品牌传播效应无限放大。二是性别逆向代言，如周渝民代言兰蔻玫瑰晨露光唇膏、阿信代言娇兰 KissKiss 星沙香颂唇蜜、余文乐代言露华浓活水份闪亮唇膏等，都取得了较好的营销效应。

此外，化妆品行业利用名人效应策划公关活动时，还需注意以下几点。

(1) 所选择的名人形象是否与企业或产品形象吻合。欧莱雅多年来一贯坚持选择自信、优雅气质的一线女星作为代言人，如巩俐、李嘉欣、李冰冰、范冰冰等。

(2) 所选择的名人是否被企业或产品的受众接受。

(3) 不能一味追逐“爆红”人物以求快速成名，还应考虑名人的道德品质和生活作风。作为形象代言人的名人，一旦道德品质或生活作风遭受公众的指责，企业或产品的形象必将受到损害。

(4) 形象代言人不宜频繁更换，否则将有损企业或产品形象的稳定性和一致性。

2. 制造新闻

“制造新闻”也称“策划新闻”，是指经过事先策划、人为引发的可以引起戏剧性变化或轰动效应的事件，由此引起媒介、舆论的关注与报道。“制造新闻”是公共关系利用舆论的主要手段，也是与广告在传播上的最大不同。它要求策划者具有敏锐的“嗅觉”，能够及时发现企业或组织日常工作中具有新闻价值的事件或消息。要成功地“制造新闻”，公关工作必须选择那些公众关心的或是与公众利益密切相关的题目去做。制造新闻的技巧在于，目的是宣传自己的企业，但自己却不做广告，而是制造出有新闻特点的事来，让记者、媒介免费为自己做宣传。需要指出的是：制造新闻是一把“双刃剑”，如果使用得当，将在公共关系中所向披靡；如果使用不当，则会反受其害。这种在娱乐界大行其道的策划方法在公关策划中必须慎重使用。

【引例 7－5】

什么也没发生，如何制造新闻

一家好的公关公司不会坐等令人激动时刻的事情——他们会“创造”新闻。很多办法可以写出有新闻价值的东西来。下面是几个建议。

1. 预报

如果要写没有新鲜事的新闻，一个最简单的原则就是转述公司总裁的预测。这是标准的服装设计师抢头条的伎俩。“还记得那个家伙吗？他预言 5 年内女人将穿上无上装浴衣。”这打动了所有的媒体。我们来看一篇在全国的报纸上都占据相当篇幅的文章。文章的题目叫《每家一打苏打喷泉》，预测将来的房子都会安装内置的苏打供应系统。当然说这番话的人被描述成是某某公司的总裁——这里就有商机。

2. 数字、百分比是编辑们的最爱

做一个带有具体数字增长的预测会使这则新闻更为具体真实。例如，有位当事人在佛罗里达州拥有一些连锁的供娱乐的车辆营地，现在他开始想集中资产组成集团，我认为这将是一则有趣的“趋势”新闻（换句话说，这类新闻在媒体中很得宠）。我送到通讯社的稿子中就引用了当事人公司老板的话，题为“5 年之内 89% 的美国营地都将合营”。结果他们派来一个记者进一步采访了我们的当事人和其他营地主任核实了这一论断，然后我们就上了全国报纸的版面。当然，对于预测性的数字要做有根据的推测，毕竟这缺乏准确性和科学性。这只是建议，但你可以看出，写出有新闻价值的预测文章并不难，其秘诀在于做出的论断要能激起人们的好奇心，甚至有点匪夷所思，但绝对是可靠的。

3. **著名的使用者**

没有什么比名人喜欢使用的产品更吸引顾客了。要保持耳目灵通，某些时候你会听说某个名人在使用你的产品或服务，抓住这个机会，说不定可以利用名人帮你做一次免费传播，这可比请名人做广告或代言划算多了。

4. **特殊的用途**

你的产品如何使用，可以怎么使用，适合什么人用等问题，可以让你出现在各种各样的媒体上，而有些你也许未想到过能占有一席之地。比如你制造了一种灯泡，它可以用于为美妙的钢琴照明，可以安置在缝纫机上，可以是家庭刺绣工人的理想选择，也可以提供化妆所需的合适光线，集邮家和货币收藏家则会喜欢它强烈的直射光线。

5. **媒体聚会**

媒体聚会非常重要，如果找不到充足的理由来召集，你就要“创造”一个机会。媒体聚会把媒体人士和所有有影响力、地位显赫的人带来公司，从而建立一种良好的关系和印象，这对于你未来的工作一定会有好处。在公共关系领域中，游戏的名字叫作“熟悉”。如果媒体认识你，知道你的名字，对你的地位和实力有信心，你的新闻就会在成堆的稿件中脱颖而出。更为重要的是，你将成为这类新闻的专家资源。每个记者都有稿源记录，用来核实和丰富他的报道。

6. **经济状况**

打动媒体的另一个办法是让公司老板出来做有关经济状况的讲话。经济状况现在很好，但有可能会变差；现在很差，但将来可能会变好。当然你必须用一些准确的数据来支持论断，这些可以轻易地从政府机构得到。

（资料来源：中国企业培训网 http://www.chinacpx.com，略有修改）

【小讨论】

你如何看待某些品牌为了制造新闻而采取的恶俗炒作？

3. **借题发挥**

借题发挥即借助突发事件、热门话题进行相应的公关策划，以达到提高企业或组织形象，促使产品销售或改善与公众之间关系的目的。它属于公关策划技巧中难度较高的技巧，要求策划者必须具有敏锐的意识和快速的捕捉能力，能够及时意识到突发事件中和热门话题中所蕴含的机会，并且能够把握这种机会。

借题发挥的方式一般有两种：一种是“抢点”；另一种是利用突发事件，即借助突发事件的舆论影响来开展策划。后一种方式难度更大，它是公关策划中最具技术含量的技巧，对策划者的要求也最高。通常能够引起媒体注意的突发事件都是危机事件，如何最大限度消除危机事件带来的不利影响，并将其转化为有利的一面，这是公关策划中最难以操作之处。

4. 设置“陷阱”

设置“陷阱”是将企业或产品的品牌或实体隐藏于文艺节目或者其他形式的表演当中，在不设防的状态下引起目标公众的注意，吸引目标公众主动靠近公共策划的一种技巧。设置“陷阱”属于在公关策划技巧中比较高级的技巧，它要求策划者对于“度”的把握要有清醒的认识，只有在恰到好处的传播中才能博得目标公众的会心一笑和品牌认知，过分夸张只能引起公众的反感，正所谓“过犹不及”。

设置“陷阱”的公关策划形式最早出现在台湾的综艺节目《龙兄虎弟》中，有一期节目为了美人雪肌泥制作了一档半个小时的节目，以主持人采访来宾艺人使用的体验来表现商品的特色，真实呈现出商品的使用经过，结合艺人的公信力使观众对产品产生好奇感。上片之后该产品果然大卖，于是一种新型的购物方式开始呈现，观众的咨询电话蜂拥而来，想了解这个美容产品，理所当然，产品就大卖了。

5. 独家定制

独家定制影视剧，事实上是植入广告的升级版，这一方式帮助化妆品品牌走出了一条独特的营销策略道路。湖南卫视热播的电视剧《丝丝心动》，是为纪念飘柔进入中国市场20周年量身定制的。无独有偶，江苏卫视播放的由何润东、胡兵等主演的电视剧《无懈可击之美女如云》，是清扬洗发水独家定制的。

2012年，圣蜜莱雅与电视剧《裸爱》进行了360°的深度合作，不仅以赞助商的名义与《裸爱》合作，总经理成金波还在剧中本色扮演圣蜜莱雅化妆品公司的总经理。这种模式突破了单纯展示化妆品产品的限制，开始将化妆品企业形象、品牌形象、终端形象、管理者形象植入影视剧中，打造全新的“独家定制”营销模式。

7.4.3　制定化妆品企业公共关系策划方案

一份完整的策划方案应当具备5W、2H、1E：What（什么）——策划的目的、内容；Who（谁）——策划组织者、策划者、策划所涉及的公众；Where（何处）——策划实施地点；When（何时）——策划实施时机；Why（为什么）——策划的缘由；How（如何）——策划的方法和实施形式；How much（多少）——策划的预算；Effect（效果）——策划结果的预测。

上述8个要素即是一份完整的公共关系策划方案应当具备的基本骨架。针对不同组织、不同内容与形式的公共关系策划方案，应当围绕这8个要素，根据自己的需要去丰富完善和组合搭配。公关策划方案的创意与个性风格，就存在于对要素的丰富完善和组合搭配的差异之中。

公关策划方案的基本格式，大致包括下列五项：封面、序文、目录、正文和附件。

其中，正文是对前述8个要素的表述和演绎。其主要内容有：活动背景分析；活动主题；活动宗旨与目标；基本活动程序；传播与沟通方案；经费预算；效果预测。另外，重要的附件通常有以下内容：活动筹备工作日程推进表；有关人员职责分配表；经费开支明细预算表；活动所需物品一览表；场地使用安排表；相关资料。

雅诗·兰黛的传奇故事

雅诗·兰黛为她一生的爱人创造了一款香水，成就了香水界的一段佳话；她统治的化妆品王国至今依然被她的名字牢牢控制着；Estee Lauder，Origins，MAC……美国化妆品的半壁江山都归于其下。为了表示对她的尊敬，美国人将她的传奇一生拍成了电影。

2004年4月25日，一颗难负重荷的心脏停止了跳动。它属于雅诗兰黛的创始人雅诗·兰黛，一个至死不肯透露年龄的女士。

身世如诗，亦真亦幻

雅诗·兰黛的前半生大都是一个谜。就以她作为品牌名的名字来说，就有好多种解释。比较流行的说法是，一开始她被家人叫作“艾斯蒂”，而填写出生证明的那位先生却把它错拼成了“艾瑟尔”。等到雅诗·兰黛读书的时候，她的老师希望让这个名字多一些浪漫色彩，所以融合了法语的特点给她起名为“雅诗”。雅诗·兰黛的姓氏“兰黛”则来自她的奥地利丈夫约瑟夫·H. 劳特尔。两人结婚后十年就把这个姓氏的拼写改了，让它回到了奥地利语的原貌“兰黛”。就这样，“雅诗·兰黛”诞生了，它看上去天生就是 个化妆品的品牌名。

传记作家李·以色利说她于1908年7月1日出生在一个犹太人家庭，不过家人却说她的生日比这个时间早两年。无论如何，雅诗·兰黛的出生地没有问题，那就是匈牙利的科罗那。

雅诗·兰黛小的时候，街道还不是柏油马路，可以说那个地方更像乡下小镇。有不少意大利人在那里定居，附近有不少加工厂，而不远处就是一个倒垃圾的地方。因此，整条街的气味都被搞得很难闻。也许正是这种难闻的气味，促使雅诗·兰黛最终进入了香水业。

皇后街贫民区——白皙女郎的梦想

雅诗·兰黛出生在纽约皇后街的意大利移民街区一位匈牙利犹太籍的五金店主家里。她是这个大家庭里的第9个孩子。这个小姑娘继承了母亲的美貌——金发碧眼，并且拥有晶莹透亮的皮肤。

她生来就厌恶自己的犹太移民身份，她厌倦贫民区的生活，一直拼命想摆脱那里特有的气息，成为百分之百的美国人。多年以后，为了摆脱童年的记忆，她把名字改为雅诗，以洗去移民色彩。面对公众，她一直谎称父亲是英国绅士，自己出身欧洲豪门。但当谎言被揭穿后，这一切似乎只能使她的致富故事更富有魔力。

第一次世界大战爆发时，化学家叔叔的到来改变了她的一生——因为叔叔有护肤油的秘密配方。叔叔带来的神奇护肤膏使雅诗·兰黛从此把唯一的梦想与它联系在一起，并开始孕育一个美容世界的梦：“我的未来从此写在一罐雪花膏上。”

推销手法，拂面如兰

从此，雅诗·兰黛开始推销售卖自己研发的面霜，一开始雅诗·兰黛的公司真称不上“资本主义”。她在纽约没有办公室，在世界其他地方就更不可能有。她那时只有一个据点，并且各部电话机都由一个人负责，那就是雅诗·兰黛本人。她一会儿声音低沉，一会儿高亢，以便让电话那头的人以为这家公司还小有规模，既有船运部，又有会计室。

雅诗·兰黛实在是有商业头脑。1946 年以前，她就开始尝试把自己的面霜、手霜带到沙龙或者商店去。她有礼有节，在不冒犯顾客的前提下，挖出一些涂抹在客人的手上或脸上。雅诗·兰黛很会吹嘘，说用她的产品能够立即有效。事实上，要见效果总要过一段时间。然而她的推销手法就如拂面春风淡淡送来兰心，让不少人对她的东西产生了好感。

纽约第五大道——开创家庭美容事业

1944 年，兰黛夫妇拥有了第一家家庭商店，1946 年成立雅诗兰黛公司，并且选用“兰黛的蓝色”作为品牌的标志颜色。

接着，她努力让公司的产品打进高档百货商店，比如纽约第五大道的大百货店。在以后的许多年里，雅诗兰黛产品都执行这个策略，在全世界高级商场的货柜上出现。良好的销量证明，这是她的又一个正确决策。1981 年夏天，雅诗推出一款含有木香与花香的男士香水，并把它命名为“J. H. L.”，这是丈夫名字的首字母缩写，她把这款香水献给爱了自己一生的丈夫。

优雅摄取，名利相连

雅诗·兰黛对市场经济了如指掌，她明白“名”经常意味着滚滚而来的红利，所以她不惜一切向上爬，尽力结交上层社会的每一个人。甚至到了晚年，雅诗·兰黛依然乐此不疲。她经常邀请“丽人们”来家里开派对，她的餐桌即使不加位也可容纳 30 人同时进餐。名人、富人、贵人云集一堂，觥筹交错、环佩叮当，雅诗·兰黛就喜欢看到这样热闹的场面。

雅诗·兰黛对名利的珍惜突出表现在她对自传的态度上。一个名叫辛迪·亚当斯的专栏作家希望写写她的身世，为此展开了调查。雅诗·兰黛得到了这个消息，她想阻止辛迪·亚当斯的行动，但是她的手段却极端巧妙。

为了堵上别人的悠悠之口，雅诗·兰黛推出了自己的官方自传：《雅诗，一个成功的故事》。自传中除了把自己描写得像仙女下凡，就是对对手的无情攻击。比如她对露华浓的查尔斯·雷夫森的评价就是："我最重要，也是最不安宁的敌人。"然而，我们仍然不得不向雅诗·兰黛表示敬意。正像我们向她的格言致敬一样："我生命中工作的每一天无不是在推销。"

结束语

从一个贫民区的小孩成为曼哈顿府邸、棕榈海滩别墅、伦敦寓所等世界各地很多套豪宅的主人，与温莎夫妇、美国前总统里根夫人南希私交甚密，雅诗·兰黛的一生堪称传奇。她在1985年的自传中为自己做了总结："经商是纯粹的戏剧——只有结果才证明一切。"雅诗·兰黛走了，就像一个真正的贵族。雅诗·兰黛被收入美国《时代》周刊编纂的"二十世纪一百位最重要的风云人物"。

（资料来源：东商网 http://www.dginfo.com.略有修改）

案例思考：

1. 雅诗兰黛化妆品公司能迅速崛起并成为美国著名的化妆品品牌，请总结其成功之道。

2. 你能从创始人雅诗·兰黛夫人身上参悟到哪些创业者的品质？

训练项目： 制定A品牌"双十一"营业推广方案。

训练目的：

（1）掌握营业推广方案制定的程序、技巧。

（2）运用广告、公共关系等手段进行营销推广信息的传播。

训练时间： 每组45分钟。

训练组织：

（1）学生分组成立团队，每个团队6~7人。

（2）根据角色扮演安排，设立营销总监、促销主管、公关主管、广告主管、文案、促销导购共6个职位。

（3）针对电商化妆品A品牌，每个团队延续前面项目中设定的定位、产品、价格等策略。

（4）针对电商化妆品A品牌制定一份"双十一"营业推广方案，并综合运用广告、公关等手段进行营销传播。

（5）各团队上台，以PPT形式演示方案。

（6）团队之间互评表现，最后由教师整体评价，并给予指导。

考核标准：

（1）"双十一"营业推广方案的创意及赢利可行性。

（2）广告、公关手段应用的合理性。

（3）PPT方案的演示能力。

4A 广告公司

4A 一词源于美国，为“美国广告协会”，即 The American Association of Advertising Agencies 的缩写。该协会是 20 世纪初由美国各大著名广告公司协商成立的组织，成员包括奥美、智威汤逊、麦肯、李奥贝纳等广告公司。该组织的最主要协议就是关于收取客户媒体费用的约定（17.65%），以避免恶意竞争。此后各广告公司都将精力集中在非凡的创意和高超的客户服务中，从而创造出一个接一个美妙的广告创意，而 4A 也成为众多广告公司争相加入的组织。

从 20 世纪 70 年代末到 90 年代初，4A 成员们渐渐地进入华人世界，从中国台湾、中国香港一直来到中国大陆。由于国内尚未允许外商独资广告公司的存在，所以 4A 公司往往与国内公司合资成立合资广告公司，比如智威汤逊中乔等。20 世纪 80 年代末 90 年代初，随着跨国公司纷纷进入中国，国际广告公司也纷至沓来。当时，国内的广告业还处于起步阶段，4A 公司凭借着国际客户的声誉以及大胆而精妙的创意、精彩的导演和拍摄树立了其在国内广告界的名声，国内广告界渐渐了解 4A 公司，4A 公司便成为代理国际品牌广告代理公司的代名词了。

中国广告业有一个令本土广告人自豪的 4A 组织。在广州，一些有影响力的广告公司自发组织成为本土 4A 公司，简称“广州市综合性广告代理公司协会”，成员有本土公司亦有外资公司。本土 4A 公司代表是省广、黑马、平成、蓝色创意、合众、协作、致诚、千里马等。4A 协会对成员公司有很严格的标准，所有的 4A 广告公司均为规模较大的综合性跨国广告代理公司。

项目八

认识化妆品营销新模式

知识目标

- 掌握化妆品娱乐营销的手段、技巧。
- 认识化妆品网络营销的价值。
- 掌握化妆品网络营销的内容与方法。
- 了解化妆品跨界营销的相关概念。

技能目标

- 具备化妆品微营销策划的能力。
- 具备化妆品网络营销的能力。

A 品牌是一家电商化妆品品牌，经过几年的发展步入了一个经营瓶颈。公司希望借助新的营销策略帮助 A 品牌突破瓶颈，此时，A 品牌面临着 3 个重要的工作任务。

任务 1：建立与客户的感性共鸣新营销策略，从而激发购买行为。

任务 2：运用互联网工具，突破常规营销方式，制定策略。

任务 3：寻找出合适的外界品牌，进行联合营销，推动自身产品营销。

植美村玩跨界营销，为“80 后”“90 后”制造“个性通道”

植美村喜迎 2016 年主题活动“我就出色”，联手香港获奖插画师钟沛霖设计“我就出色”定制手绘礼盒，这一创举不仅开启了化妆品行业定制先河，同时也为植美村粉丝创造了展示自我的个性通道。

据悉，植美村“我就出色”定制手绘礼盒结合时下“80后”“90后”喜欢的《秘密花园》涂色绘本，定制出一款女王气质礼盒包装。在包装的设计上，植美村别出心裁，封面选取的是由植美村特约插画师钟沛霖涂色完工的女王绘本，在女王绘本的下面覆盖一层未经填色的插画，消费者通过化妆品礼盒可以实现非常具有艺术价值的涂色大作，拿起彩色铅笔，选取喜欢的颜色，绘制出属于自己独一无二的女王绘本。

据了解，植美村在策划组织“我就出色”活动时，针对以往植美村的购买用户做了非常细化的人群区分。从调查可以发现，绝大部分的消费者中“80后”“90后”居多，这一类群体也是“互联网”时代信息的主要接受者。他们有梦想，敢想敢做，有把梦想变成现实的决心，女王涂色绘本可以在每个人的手中变得五彩斑斓，更重要的是植美村通过对礼盒相框的设计让消费者将自己的大作当作艺术品在家摆放，或者赠予他人，满足了时下年轻人的艺术情怀。

植美村“我就出色”实现化妆品行业与艺术行业的跨界合作，在一定意义上实现了商业与艺术的结合，“80后”“90后”消费者在化妆品行业中同样可以感受到艺术家的情怀、品牌的历史演变。“我就出色”不仅是植美村品牌的心声，更是为“80后”“90后”创造表达自我、成就出色自我的平台。“我就出色”定制手绘礼盒自身带有的传播性，为时下的年轻人进行自发传播提供了良好的契机。

（资料来源：YOKA时尚网 http://www.yoka.com，略有修改）

【问题引出】

（1）化妆品还适合和哪些行业或产品进行跨界合作？为什么？

（2）请总结植美村跨界营销的成功之道。

8.1　化妆品娱乐营销

【小思考】

今天，消费者购买行为的哪些新变化促成了娱乐营销的流行？

越来越多的营销人员面临这样的问题：产品和服务日益同质化，信息和媒体的传播不断碎片化，消费者开始对营销信息产生视觉疲劳和思维迟钝。在这样一个信息高速传播的互联网时代，一个品牌到底使用什么样的营销手段，才能够永葆青春？在社交媒体不断发展的时代，当草根消费者可以在互联网上任意发表评论，甚至开始对品牌采取娱乐化的手段主动传播信息的时候，品牌又如何与消费者进行沟通？在这样的背景下，娱乐营销应运而生。

所谓娱乐营销，就是借助娱乐的元素或形式建立产品与客户的情感联系，从而达到销售产品、培养忠诚客户的目的。娱乐营销的本质是一种感性营销，感性营销不是从理性上去说服客户购买，而是通过感性共鸣从而引发客户的购买行为。

8.1.1 娱乐营销的背景

今天的中国消费者正处在一个无处不娱乐的环境中。从2005年“超女”的火爆开始，各种形式的选秀节目霸占了电视荧屏的半壁江山，与之相随，媒体新闻娱乐化、消费形态娱乐化正在改变品牌与消费者的沟通方式，娱乐正成为调动消费者情感的最有效的手段。因此，如何增加品牌的年轻、活力、时尚感等因素，成为很多品牌都在思考的问题。

普华永道预测，到2015年，全球娱乐和媒体产业的产值将达到1.9万亿美元，并且随着全球经济的复苏，其年复合增长率将达到5.7%。在美国，文化娱乐产业是美国的第二大产业，美国的娱乐业每年创造5 000亿美元以上的产值，美国人1/3的时间用于娱乐、2/3的收入用于娱乐、1/3的土地面积用于娱乐。如今，娱乐经济已经成为新的世界通货，娱乐营销已经成为企业与消费者重要的沟通手段。

娱乐成就了很多伟大的公司，例如，苹果2011年的收入是1 082亿美元，相当于全球105个国家GDP的总和，而苹果的本质是利用科技产品比如iPod、iPhone、iPad等让人们可以更加便捷地娱乐；快餐品牌麦当劳市值近1 000亿美元，而其CEO创办麦当劳的时候，就说“麦当劳不是餐饮业，而是娱乐业”，吸引众多家长带小孩走进其餐厅的主要原因是麦当劳可以给小朋友带去快乐；迪士尼如今已经发展成为年收入为409亿美元的公司，覆盖了电影、电视、明星、英语、消费品、乐园等产品，而它的核心依然是在贩卖娱乐。斯科特·麦克凯恩在《商业秀》一书中指出：“未来，所有的行业都将是娱乐业。”企业的本质就是一个舞台，每个品牌要学会秀出自己，而未来也将是娱乐营销升华品牌的时代。

1. 新经济背景下，人们的娱乐本性得以回归

新经济时代，人们注重娱乐体验。人的本性有娱乐性和游戏性，本性在新的背景下得以回归，其原因是当今人们的需求与以往不同，达到了更高的层次。这可以用美国社会心理学家马斯洛需求层次理论加以解释。目前，社会发展到了富裕阶段，因物质生活的富裕和休闲时间的增多，人们的需求层次达到了高级阶段——自我实现。人们渴望“高峰体验”，娱乐的本性得以回归。

2. 娱乐营销顺应了消费者体验消费的需求

在体验经济背景下，消费者的消费模式发生了转变，从消费内容来看，个性化需求在增加；从消费结构来看，感性消费所占的比重呈上升趋势；从消费诉求来看，消费者更加注重通过消费得到充满感性的享受和愉悦。因此，营销人员必须及时了解并掌握这些变化，以便在营销方式上做相应的转变。

传统营销侧重于产品和服务的功能特性，强调质量。在产品竞争初期，小幅度质量

提升会给顾客带来较大幅度的满足感，并形成企业的竞争优势。但随着质量水平的普遍提高，顾客对因质量提高而带来的满足感边际递减，质量从高激励因素变为低激励因素，进而变为保健因素，已不能让顾客感到满足。

娱乐营销模式因其强调给顾客提供娱乐体验，更多地关注消费者的情感需要和个性化要求，所以容易引起消费者情感上的共鸣，企业的品牌形象首先在情感上被大众认同，其后消费者再通过购买企业的产品，感受到使用价值，在情感价值和实物价值的双重作用下，更容易促成消费者对企业产生忠诚。

3. 娱乐营销符合现代营销理念发展的新内容——注重顾客让渡价值

现代营销理念发展的新内容是注重顾客让渡价值，企业致力于为顾客服务和让顾客满意。为了让顾客满意，企业的营销活动必须尽可能使顾客让渡价值最大化。娱乐营销站在消费者的角度上看待消费者的心理活动，让消费者成了娱乐的主角，它没有额外增加顾客的总成本反而增加了顾客的总价值，从而增加了让渡价值。

对化妆品行业而言，因其产品的使用价值是“创造美丽”，这一行业与娱乐营销有着天然的契合。从当前行业的营销现状来看，化妆品行业已经成为当前中国应用娱乐营销手段较广泛的行业之一。

8.1.2　娱乐营销的形式

现代娱乐营销的形式是多样化的，它包含与电影、电视剧、广播、印刷媒介、体育活动、旅游和探险、艺术展、音乐会、主题公园等相互融合的各类营销活动。相对而言，电影、电视剧作为最大众化的娱乐方式，在娱乐营销中也是应用得最多的两种形式。

1. 明星代言

根据CTR对全国范围内250个主流电视频道的监测，仅2009年1—9月期间，出现了明星形象的电视广告就共有491万次播出，这意味着，中国每天平均有1.8万次以上的电视广告中可以看到明星的形象。在化妆品行业，几乎所有大牌化妆品品牌都请过明星或超模做代言，如果地铁广告墙上的美容产品旁边没有印上一张名人的脸，你都会觉得有些奇怪。一旦你知道这些明星代言化妆品的薪酬，那些让人难以置信的数字，可能会让你吓一跳。从布拉德·皮特代言香奈儿香水，到布莱克·莱弗利代言古驰香水……这些顶级的美容品牌每年有数亿美元花在了代言人身上。

对化妆品行业而言，借助明星效应能迅速提升产品知名度，利用粉丝效应建立品牌好感，从而带动产品销售。

【引例8－1】

化妆品代言开启“男神”时代

最近化妆品圈刮起了一阵男神风，你们的“老公”宋仲基、李易峰、杨洋等都被各大品牌纷纷“收入囊中”，开启了男星代言护肤品的“男神时代”，快来看看男神们都“嫁”给了哪些品牌呢？

1. “国民老公”宋仲基情定珀莱雅

之前传得沸沸扬扬的宋仲基代言国内化妆品牌的事情终于尘埃落定，就是珀莱雅啦，品牌也在自家官网上公布了宋仲基为最新代言人，老公也放话“这么晚才来守护你，我是该道歉，还是该表白？”又融化了一批妹子们的心，就让我们期待接下来宋仲基和珀莱雅带给我们更多的惊喜吧。

2. 法国娇兰的“亲密男友”杨洋

法国品牌娇兰也在上个月宣布杨洋成为自己的“亲密男友”，并全球首发了由杨洋主演的“治愈之岛”微电影，品牌也表示杨洋由内而外诠释着阳光、积极的形象，与娇兰所传承的优雅精神不谋而合。

在代言活动现场杨洋亲自为女粉丝擦唇膏的一幕也是太甜蜜，而亲密男友杨洋，则为法国娇兰亲亲唇膏增加了更多优雅迷人的瞬间。尤其是344杨洋色，更是成为众多爱美女孩的新宠，也让亲亲唇膏一度脱销。

3. OLAY约会男神李易峰

堪称女神收割机的OLAY玉兰油，从二十年前的宋慧乔、周迅，到引爆OLAY玉兰油美白话题的“美白大帝”小S与“美白女神”林志玲的天后PK战，再到国民女神高圆圆的跨系列担纲，一次次刷新代言人阵营的颜值新高度。这次，OLAY玉兰油更大胆突破，首度尝试男神形象代言人就锁定了超人气实力偶像李易峰。

4. Lancóme兰蔻“轻使者”鹿晗

兰蔻近期也公布了超人气偶像鹿晗为兰蔻“轻使者”，更与兰蔻合作拍摄了广告片贴心叮嘱大家要在空气污染日益严峻、紫外线和光污染不断加剧的当下，要懂得关爱自己，这么萌的小鹿你是不是也被打动了呢？

5. 雅诗兰黛携手王凯开启年轻高eyeQ

王凯近期也化身雅诗兰黛品牌大使，这次合作中王凯也为雅诗兰黛拍摄了眼部广告片，并推荐眼霜使你远离暗沉、细纹、粗糙，打造匀亮有电的年轻高eyeQ。

6. 理肤泉携手“国民小鲜肉”吴磊

理肤泉于之前举办的活动敏感肌新春天泉粉派对上，邀请到了“国民小鲜肉”、超级“泉粉”吴磊，从修护、防护、舒缓，分享春日敏感肌护肤技巧和心得，他透露自己是超级“泉粉”，零添加的理肤泉是他的心水之物，更对理肤泉抗敏产品非常熟悉。

（资料来源：凤凰时尚网 http://fashion.ifeng.com/，略有修改）

2. 冠名赞助

冠名赞助是赞助的一种形式，是指某活动以赞助者（包括个人、企业、单位、机构、组织等）的名称为前缀而展开，电视冠名赞助和活动冠名赞助是其主要形式。电视冠名赞助大体分为栏目冠名和剧场冠名两类，除此之外，特殊广告表现形式还有栏目提醒收看、特约播映、节目导视、新片预告、片尾挂标、电脑背板等。大型活动冠名赞助，是营销策略的手段之一，指赞助方公司给活动提供资金赞助并得到相应赞助回报的行为。赞助方作为大赛承办单位，将全程参与大赛相关的宣传推广活动，即活动期间赞助方公司的名称或 Logo 贯穿全程。

2014 年，广州环亚推出“头皮护理”洗护产品——滋源，区别于传统洗护产品，滋源以“无硅油头皮护理”差异化品类切入市场，全力打造无硅油头皮护理引领者。伴随滋源的上市，重磅媒介计划也全面开启：《我为歌狂》总冠名、《星光剧场》《非常静距离》总冠名、《男生女生向前冲》品牌专场等，从电视、网络到行业媒体，进行全方位广告投放与深度合作，更进行一系列软性植入的栏目包装和网络互动推广。

3. 活动营销

活动营销是指企业通过介入重大的社会活动或整合有效的资源策划大型活动而迅速提高企业及其品牌知名度、美誉度和影响力，从而促进产品销售的一种营销方式。简单地说，活动营销是围绕活动而展开的营销，以活动为载体，使企业获得品牌提升或销量的增长。

2014 年，高夫品牌与屈臣氏联合策划“寻型记”大型主题活动，活动以古天乐“寻宝”为主线索，通过线上互动、线下促销等方式吸引消费者积极参与。在线上，“寻型记”活动中，古天乐化身特工，在宣传短片中号召广大消费者助其寻找遗失的神秘武器。短片在中国六大视频网站——优酷、土豆、搜狐、酷 6、腾讯、新浪投放以来，吸引了众多粉丝及消费者关注。大家通过参与高夫新浪官方微博上发布的特工游戏，或到屈臣氏官方微信、高夫官方网站即可获取高夫红包。在线下，在全国（不含港澳台）屈臣氏门店使用高夫红包购买高夫指定产品的屈臣氏会员，不仅可以省钱，还可获得抽取“寻型记”全国庆功会活动门票的资格。活动截止后，主办方共抽取了 100 名消费者，赠送其古天乐签名会门票。除此以外，还有 6 位幸运消费者获得签名会门票及国内往返机票、酒店住宿的大礼，不仅受邀亲临“寻型记”全国庆功会活动现场，还获得十分难得的与古天乐亲密接触的机会。

4. 内容植入

内容植入又称植入式广告，是指把产品及其服务融入影视或舞台产品中的一种广告方式，给消费者留下深刻的印象，以达到营销目的。由于消费者对广告有天生的抵触心理，把商品融入这些娱乐方式的做法往往比硬性推销的效果好得多。今天，国内化妆品在影视剧中的角色慢慢从“跑龙套”向“主角”过渡，广告植入向深度和广度全方位升级，开始将化妆品企业形象、品牌形象、终端形象、管理者形象植入影视剧中，打造全新的植入模式。2011 年热播的都市剧《男人帮》，王珞丹扮演的 OLAY 护肤品售货员莫小闵被星探相中去拍广告片，导演赵宝刚又干脆采用“拿来主义”，以剧中剧的形式播出王珞丹拍摄的玉兰油广告。剧里面有一句：美貌是上帝赐给女人最好的礼物，不，是惩罚男人最厉害的武器。所以，OLAY 来了！

5. 话题营销

话题营销属于口碑营销的一种。话题营销主要是运用媒体的力量以及消费者的口碑，让广告主的产品或服务成为消费者谈论的话题，以达到营销的效果。成立于 1987 年的国产护肤品牌“迷奇”，此前一直鲜有人知，但 2010 年，不到一年时间，没有任何广告投放和宣传攻势的迷奇，突然蹿上淘宝热销品牌的排行榜，这个品牌的网上销售额达 70%，买家多是“80 后”年轻人。这个复兴是怎么发生的？迷奇的策略就是采用强调“国货复古”“出口日本 24 年、获美容大奖”为主题的话题营销，在网络各大专业美容论坛进行传播。话题营销迎合当下消费者的复古热潮，借用了日本时尚杂志和时尚节目的影响力，将日本大量关于“汉方迷奇，来自 1987 年的系列护肤品牌”的报道进行引用，将迷奇在日本的热销境况传播回中国，放大日本消费效应，引发本土消费热潮。

6. 微营销

微营销包括微信营销、微博营销、微商城营销、微视频营销等。品牌营销专家孙授诚在博文中指出，“微营销有助于在消费者与专营店之间形成消费偏好度，即通过从情感、文化的层面进行切入，从而形成相对稳定的顾客群”。传统化妆品企业正在借助移动互联网寻找他们下一个赢得消费者的机会。微时代已经席卷而来，微营销在商业世界势不可当，化妆品行业也开启了微营销步伐。时至今日，几乎所有化妆品品牌都开通了官方微博、微信，一些走在微营销前沿的品牌借助微信、微商城营销取得了良好的营销效应。比如：俏十岁面膜在很短的时间创造了营销奇迹，俏十岁 2013 年年初正式进入市场，一年之后销售额达到 4 亿元，正是依靠微信朋友圈、微商城的娱乐营销魅力。

【引例 8-2】

化妆品行业微信营销策略

策略一：关注有礼——礼尚往来

做好用户行为与品牌关系的每一步，首先就要关注有礼活动。欧莱雅关注微信即可成为会员，享受会员折扣；自然堂引导用户查询最近专柜，直接免费领取 BB 霜等，将用户的关注行为直接和企业品牌活动嫁接。

策略二：化妆品产品知识推介——我把我讲给你听

清华大学、北京大学网络营销授课专家刘东明老师表示，几十年前，约翰·那斯比特就在《大趋势》中指出了改变我们生活的十大潮流，他非常准确地预测出个人对个人的交流互动在未来将会变得日益重要。今天，微信的私人化、一对一互动已经变成现实。利用微信的一对一精准沟通功能，将官方微信作为品牌展示平台，把产品介绍、特点、功能等结合用户的关注点进行包装推介，引起用户的关注，促成购买。

自然堂将产品介绍转化为用户所急需的问题解决方案，在YOKA时尚、PCLADY、ONLYADY等时尚媒体报道，并将媒体报道组合，通过微信推送，既引起用户关注，又通过媒体力量提升了自身品牌价值。

策略三：化妆品微信促销海报——打折优惠我先知

将微信作为一个促销平台，发布最新产品促销、优惠信息，以及限时活动、实时成交等信息，给品牌粉丝送去福利的同时，也为热爱打折的潜在用户提供了有价值的信息。

巴黎欧莱雅官方微信会在每个月的月初发布一期次月的促销信息，让自己的品牌粉丝早知道，早点抢购自己喜欢的产品。这不但增加了粉丝量，而且提升了用户黏性，就是有那么一群“哪里打折哪有我”的小女人们！

策略四：化妆品微信电商——惊喜多

微信平台的互动按钮几乎无处不在，关键是看怎样去用。微信与电商活动相结合，通道畅通，通过与用户的互动，不仅能提升品牌好感度，获得更高的知名度和忠诚度，还能吸引更多的优质粉丝，增加潜在客户数量及潜在消费的可能。在调动用户兴趣的同时，在其心中大大地烙上品牌的印记，相信在不久的将来，这些印记将会成为她们选择的首要考虑对象。

相宜本草天猫店铺的微信平台就定位于做电商，及时更新天猫店铺的活动信息，为电商平台导引有效流量。

策略五：微信密友会——美丽的秘密

私密、随身是微信独有的特点之一。女孩子喜欢秘密，很多私密事不喜欢暴露在大庭广众下。微信的私密性无疑为用户放心大胆地提问提供了保障，在这里，大家可以随心发问。

欧莱雅Q&A密友会就是把握用户的小心理，结合用户热点需求，每期推出一套问答+产品解决方案，用户可以随时微信提问肌肤的相关问题。每月还会抽取5位幸运粉丝，赠送产品。这在无形中抓住用户的心理需求，获得用户对产品的认可，形成较高的忠诚度。

策略六：时尚风向标——最懂用户心

清华大学、北京大学网络营销授课专家刘东明表示，互联网的优势在于数据、信息整合，移动互联网的优势在于让随时随地的互联网成为现实。用户可以不受时空限制，和网站端产生大规模的即时的，或者延时的交互。这样，移动互联网为线下的商业提供了一个很好的营销前台和数据即时撷取的中心，通过移动互联网的模式更好地把线下交易呈现出来，激发巨大潜能。

巴黎欧莱雅推出系列“妆点戛纳明星范儿”，在向大家介绍知名影星时，特别突出明星的妆容，精致妆容实时配上欧莱雅相关产品，即便这些明星不是全部用了欧莱雅产品，也会给人一种错觉，只要用了这几款产品就能拥有和明星一样动人的妆容。

策略七：微信自助餐——需要什么自己点哦

品牌通过将产品进行细分，设置关键词，并用数字或字母标注，一旦用户回复相关词语，就可以得到其所需要的详细信息，快捷而又高效，同时企业也省时省力。

微信自动回复仔细挖掘，潜力无限。如自然堂会把自己最近正在进行的“武林争霸赛随手拍”赢大奖等正在进行的营销活动设置为自动回复，吸引更多的粉丝来参加。

策略八：情感沟通——搭建心灵桥梁

情感永远是人际关系的纽带，它可以是爱心，可以是开心，也可以是童心。微信也可以成为企业和用户情感沟通的桥梁，帮助人们缓解压力，抒发情感。

欧莱雅提出的美肤星象将护肤与女生最爱的星座相结合，大大赚取了年轻女生的眼球；“六一”儿童节是当下所有年轻人不老的梦想，引发大家不想长大的共鸣；自然堂携手 CCTV 发起的“寻找‘最美孝心少年’”不仅树立了自然堂的慈善形象，更表达了人们对孝与善的珍重。

策略九：化妆品微信矩阵——“群力”不可小觑

由于当前微信平台尚有待完善，加 V 认证可以让用户更有信赖感；同时，为了提供更有针对性的服务，品牌微信平台也可以参考微博，根据不同需求定位，术业有专攻，专门提供某项服务。

策略十：陪聊式对话——品牌也能唱能聊

微信的即时语音功能是其他营销方式所遥不可及的，通过语音触发的营销案例也令人耳目一新。它不仅让语音聊天成为现实，更是让随时来个小曲成为可能。

日化品牌飘柔微信平台能唱能聊天，添加“飘柔 Rejoice”为好友后，就可根据选择进入聊天模式。真人版对话式微信，有能聊天又能唱歌的小飘陪伴。

（资料来源：人人都是产品经理 http://www.woshipm.com，略有修改）

【小讨论】

微信的内容传播如何激发粉丝互动性？

8.1.3 娱乐营销的本质

我们深入解读娱乐营销最本质的四大核心：创新性、参与性、整合性、个性化，也就是所谓的“4I”理论。

1. 创新性

随着越来越多的行业和品牌涉足娱乐营销，无论是娱乐主题还是运作方式，娱乐营销同质化已成为普遍现象，因此，今天的娱乐营销更强调创新性，只有创新才能激发消费者的好奇心与参与意识，否则收效甚微。创新性要求企业在立足自身资源及优势的基础上，通过不断创造新的体验方式来吸引大众的注意力。

2013 年 6 月，俊杰品牌借助“父亲节”的特殊时间节点，推出了一场为期 16 天的情感营销“大剧”：通过“这一天，父亲邮我爱”的主题活动，将“父亲节”彻底打造成颇具温情的“男人节”。此次活动中，相关产品的打折力度寥寥，但是选择通过店头海报宣传、店内活动主题布置，以及明信片邮寄的方式，使得消费者对俊杰品牌产生良好印象。

化妆品专营店终究是一个女性购物的天堂，进店 95% 的消费者都是女性，这样一来，男士品类的销售就会变得很有局限性。然而，俊杰却打破常规思维，创新性地采用“这一天，父亲邮我爱”的情感轰炸，给予进店的女性顾客逻辑上购买男士护肤品的理由，并且通过明信片邮寄的方式挖掘更多女性顾客身后的男性消费者，大大增加店铺内男士品类的销售数字，为终端门店带来巨大的市场增量。

2. 参与性

企业作为营销的主体，树立“全员娱乐营销理念”非常重要。麦当劳公司直接声称“我们不是餐饮业，我们是娱乐业”，因为它不仅是一个愉悦的就餐场所，更是一处娱乐休闲的场所，消费者特别是未成年的消费者甚至把麦当劳直接当成了自己的“乐园”。同时，娱乐营销的参与性更体现在参与受众的广泛。参与人数越多，企业就越有更大的希望从中获得更多的潜在客户群，营销的效果更好。

妮维雅推出全新 Visage 凝水精华系列之际，为扩大 Visage 凝水精华系列新品的知名度，深度传播“有精华才够水弹透亮”这一核心品牌价值，发动了一场极具参与性的娱乐营销活动。Visage 发现，年轻女性的典型网络行为特点是“热爱自拍与照片分享”。因此，Visage 结合受众的“自拍”爱好进行营销推广，更易引起她们的参与热情。首先，Visage 携手拥有庞大用户数的自拍 APP“poco 美人相机”打造 Nivea visage 定制化“水弹美颜”特效滤镜，让用户提前感知新品的补水效果，并通过三款定制相框增强趣味性，同时增加品牌和“Smart Daring Girl”的信息曝光。其次，与新浪微博打通，实现一键分享并自动生成“水弹美颜”话题，促进微博二次传播。最后，利用妮维雅官方微博助力，全面提升活动热度。活动上线一周后，妮维雅官方微博发起“聪颖敢动派”评选活动，所有分享照片的用户可号召好友为自己投票，以赢取奖品。借由官微实现活动信息的聚合传播，并通过评选和奖励机制，吸引用户主动二次传播，吸引更多用户参与。与此同时，活动更全面打通妮维雅天猫电商平台，凡参与活动的网友均会收到@妮维雅天猫旗舰店发出的微博私信，以获取试用装，引导其实现购买。

此次活动从 2013 年 5 月 20 日开始，上线仅 10 天，就有 803 865 位网友参与并使用 poco“水弹美颜”滤镜，其中 23 442 位网友将照片及活动信息分享至微博。随着参与者持续的增加，这一活动也进一步拉动电商平台访问量与销售转化。

3. **整合性**

企业开展娱乐营销，离不开娱乐元素的整合（体验平台的整合）。宝洁旗下洗护类品牌海飞丝赞助的《中国达人秀》第四季开播之际，海飞丝以微博为主阵地的整合性数字营销也同步展开，其主要内容包括：首先，2013 年 2 月 NBA 全明星赛项目，为了宣传海飞丝男士专用洗护发系列新品的上线，海飞丝再次与时趣互动合作，开发了一款针对年轻网民和社交媒体上 NBA 球迷的应用——“海飞丝实力训练营”，并完全采用游戏的设计思路。其次，宝洁与百度共同搭建了一个“感谢妈妈，用爱跨越距离”的 mini 官网，重点突出用户的参与、互动功能，用户可在地图上标注妈妈的位置，传递对母亲的感激和挂念之情。最后，百度还整合了贴吧、地图、MP3 等全媒体平台推广资源，将活动营销效果最大化。

4. **个性化**

娱乐营销需要在娱乐体验的设计上下足功夫，需要对时尚潮流以及消费者娱乐心理保持高度的主动性和敏感性，同时，还需要体现与该品牌产品相结合的营销个性。以雅芳为例，2011 年，雅芳成为首个与 QQ 秀平台合作的化妆品牌。以 QQ 秀作为主要合作平台，利用 QQ 真人秀的现有机制，网友首先选择面容搭配，制造出虚拟的人物头像。接着利用在线化妆工具，一步一步完成整套妆容的打造，在过程中加入对于雅芳产品的色彩、功能的介绍，加深品牌与彩妆打造的关联。显然，雅芳制造了一些趣味、娱乐的“糖衣”香饵，将营销信息的“鱼钩”巧妙包裹在趣味的情节当中。雅芳正是利用这点，不仅让网友自己搭配妆容，同时还增加了说服力和趣味性，使活动总点击量达到了 1 198 753次。不仅如此，QQ 妆容秀这一营销工具本身与雅芳产品天然契合，充分体现了雅芳产品的个性化。

【引例 8－3】

汉芳国际携手陈数、马苏开启化妆品明星娱乐营销案例

聘请品牌代言人已经成为化妆品品牌成长的一个重要组成部分。汉芳国际作为国内精油护肤品的领导集团，在成长的路上也是星光熠熠，从国际名模到明星应采儿、黄圣依，再到收视女皇陈数、马苏。与大多数化妆品品牌过度依赖明星本身不同，汉芳国际具有更多的互联网基因，更懂得“榨取明星剩余价值”，开启了化妆品品牌娱乐营销新时代。

1. **汉芳国际化妆品开启化妆品娱乐营销**

当今经济自由竞争、产能提升、渠道竞争加剧，大部分企业面临着“酒香也怕巷子深”的局面，要把公众视线吸引到自身，必然要采取抛头露面的方式。邀请明星做形象代言争夺市场份额，是多年来国内企业的不二法门，日化行业更是如此，化妆品行业稳居明星代言第一行业，没有明星代言助阵就难以吸引到经销商。

曾经，选择一个好的代言人则可以一名万利，迅速打开市场。然而，随着大家纷纷效仿，明星代言的边际效应在慢慢减弱。比如之前某国内洗发水品牌靠成龙代言一炮走红。品牌运作成功后，该企业开始打去屑市场，打造了一个新品牌，邀请王菲代言，但事实上即使有王菲这个大牌女星参与，其终端市场的运营也并未达到企业的要求。另外，像少女杀手、中年熟男的濮存昕代言了近20个化妆品品牌，“万人迷”陈好则代言了十几个化妆品品牌，大家已很难记清了。

同时，过度依赖明星代言也曾让不少品牌吃尽苦头。比如某品牌因为莎朗·斯通的“口无遮拦”遭到来自中国市场消费者的抵制，忍痛宣布放弃莎朗·斯通所代言的产品广告；涉嫌“艳照门”的众明星所代言的品牌也于当时纷纷与其划清界限，“某明星取代‘艳照门’明星代言某品牌”的新闻标题呈直线上升。

深知明星是品牌组成基因之一，汉芳国际品牌很重视品牌个性和代言明星个性结合，相继签约应采儿、黄圣依、陈数、马苏等明星，成为她们代言的第一精油护肤品牌，巧妙抢占消费者心智。并独辟蹊径，携手陈数、马苏，360度挖掘明星资源，开启化妆品娱乐营销新时代。

2. 汉芳创意活动巧借明星见面会

明星代言的价值，一是利用明星无形资产，把消费者与明星相联系的形象、价值观转移到品牌身上；二是提高品牌知名度和增强品牌回忆；三是建立可信度，增强顾客购买信心；四是利用明星的公众活动或媒体曝光获得更多的宣传机会。

与大多数化妆品企业邀请明星代言只是“上电视、拍海报”不同，经过十几年的品牌运作和明星代言，汉芳国际集团显然很懂如何融入“明星代言价值”。在2012年8月汉芳国际12周年庆典上，汉芳国际邀请到自己的品牌代言人陈数、马苏，将12周年庆典打造成“汉芳国际12周年双星庆典”，同期协助召集明星粉丝见面会，将品牌活动与明星粉丝活动相结合，既借助了名人知名度，又把名人形象投射到品牌形象中。更进一步，汉芳国际实行线上、线下同步展开，宣传先行。

3. 全网扩散，构建汉芳品牌＋明星粉丝根据地

在社会化媒体时代，企业可以不打广告，但是一定要有口碑；可以利润低，但一定要有影响力。口碑营销所产生的品牌忠诚度对电商企业来说不容小觑。与大多数还处在网络萌芽的化妆品企业相比，汉芳国际更具备优秀的网络基因。在距离汉芳国际12周年双星盛典还有一个月的时间，汉芳国际联合DM互动开始启动了全方位的网络传播矩阵：瑞丽女性、中国化妆品网等推出大字新闻“马苏、陈数双子星闪耀汉芳12周年盛典”；淘宝旗舰店挂出活动横幅“汉芳国际12周年双星盛典·抢说要爱你”微博抢楼活动海报；新浪微博汉芳官微、陈数、马苏微博开始热烈的抢楼活动；19楼、网易、西祠、环球网等社区在讨论“‘数’你走运！微博疯抢陈数、马苏汉芳表白券”；明星贴吧开始活动见面会的组织召集活动，偶像护肤秘籍……似乎有陈数、马苏的地方，就有汉芳，有汉芳的粉丝！

在“汉芳国际12周年双星庆典”活动预热期间，汉芳国际顺势推出聚划算等促销活动，“汉芳淘宝聚划算火爆开团　热销品2~3折包邮”“汉芳精油芳香奥运惠　伦敦奥运看客护肤经”等新闻、贴吧配合传播，巧妙转化粉丝销售能力。

营销也精耕细作，汉芳国际运用“传统媒体+新媒体”形式，盘活众多“泛明星资源”，充分挖掘明星代言的剩余价值，全面激发与明星尽可能多的接触机会。在汉芳国际12周年双星庆典期间，汉芳国际官方微博全程直播“陈数、马苏亮相汉芳千人经销商大会”，通过新闻“陈数、马苏助阵汉芳精油传递正能量”“让双眸像女王马苏般尊享皇家礼遇”“汉芳精油季：陈数和马苏的幸福时光”放大活动知名度。

汉芳国际微博抢楼、直播活动不仅成为明星粉丝根据地，更重要的是通过互动，为汉芳国际带来大量新的目标客户、新的品牌粉丝群。

4. 汉芳个性化娱乐营销胜出

当娱乐化精神成为一种时代的新风向标时，我们也必须从新的角度去理解营销的本质——营销不再是将冷冰冰的产品硬塞给消费者，而是用娱乐化色彩为产品注入情感的因素，营造一种让他们感到欢愉的氛围，让消费者在得到快乐的同时主动购买产品。明星的魅力就是联结品牌与消费者的纽带，以明星魅力去吸引公众关注、以娱乐的名义去准确传递消费价值，这正是明星代言品牌的新价值所在。

汉芳国际个性化娱乐营销正是以娱乐的名义去准确传递消费价值。精油护肤是汉芳国际十几年来一直专注的领域，它倡导回归消费本质，回归本性需求：寻找真正的自己。这些从汉芳国际的一些宣传文章《慢生活静灵魂　汉芳悠客生活姿态》《冰肌玉肤和汉芳精油的慢热恋情》中可见一斑，在汉芳的明星营销中，更关注的是汉芳与明星的个性融合、与明星粉丝的情感沟通。

为了配合明星粉丝见面会活动，汉芳国际专门赴各地拍摄各地粉丝的祝福视频。在汉芳国际12周年双星庆典当天，当粉丝祝福视频当着明星粉丝播放时，明星和粉丝们感动得一塌糊涂。无形间，明星的个性和社会形象已经转移到汉芳的品牌形象和个性中，实现了明星、品牌、粉丝零距离。

（资料来源：中国化妆品网 http://www.zghzp.com.，略有修改）

8.2　化妆品网络营销

世界著名营销大师菲利普·科特勒认为：“新经济的发展带来了新的营销法则，网络营销是21世纪的营销。”随着网络信息技术的高速发展，人们消费理念的转化，网络市场迅速发展，走进人们的生活并正在占据主流地位。企业通过互联网为顾客提供个性化的商品和服务，高速的生活节奏也使人们无暇出去购物，互联网成为人们购物最好的桥梁。网络经济时代，在以女性消费群体为主的化妆品市场，网络营销变得更加普遍，同时对传统的营销方式产生巨大的冲击。

何谓网络营销？网络营销指基于互联网平台，利用信息技术与软件工具满足公司与客户之间交换概念、产品、服务的过程，通过在线活动创造、宣传、传递客户价值，并且对客户关系进行管理，以达到一定营销目的的新型营销活动。网络营销不同于网络销售，网络销售是网络营销的一部分，它是指通过互联网进行产品销售。比如我们所熟悉的网络购物平台如聚美优品、淘宝网、天猫、京东、1 号店等，企业或个人可以在网络购物平台进行网络销售。

8.2.1　网络营销的内容

【小思考】

网络营销和网络销售是同一概念吗？两者之间的区别和联系是什么？

在现阶段的网络营销活动中，网络营销的内容包括搜索引擎营销、即时通信营销、网络病毒式营销、BBS 营销、网络博客营销、网络知识性营销、网络事件营销、网络口碑营销、网络直复营销、网络视频营销、网络图片营销、网络软文营销、SNS 营销共 13 种。

1. 搜索引擎营销

搜索引擎营销是目前较为主要的网站推广营销手段之一，搜索引擎营销分两种：SEO（search engine optimization）与 PPC（pay per click）。

SEO 即搜索引擎优化，是通过对网站结构（内部链接结构、网站物理结构、网站逻辑结构）、高质量的网站主题内容、丰富而有价值的相关性外部链接进行优化，从而使网站更好地获得在搜索引擎上的优势排名进而为网站引入流量。

PPC 即点击付费广告，是指购买搜索结果页上的广告位来实现营销目的。目前，百度、360 搜索等各大搜索引擎都推出了自己的广告体系。搜索引擎广告的优势是相关性，由于广告只出现在相关搜索结果或相关主题网页中，因此，搜索引擎广告比传统广告更加精准，客户转化率更高。如 2014 年 8 月 27 日上午 10 点在百度搜索“唇彩”关键词，出现“香奈儿晶亮唇蜜”链接，且后面标识推广链接，这就是香奈儿在百度购买的付费搜索引擎广告位。

图 8－1　化妆品百度搜索引擎广告

2. 即时通信营销

即时通信营销又叫 IM（instant messaging）营销，是企业通过即时工具 IM 帮助企业推广产品和品牌的一种手段，它包括两种形式。

第一种，网络在线交流。企业建立了网店或者企业网站时一般会有即时通信在线，如阿里巴巴推出的阿里旺旺，百度推广的百度商桥，或者企业在自建网站时的浮动 QQ 客服等。通过这些 IM 工具，潜在的客户如果对产品或者服务感兴趣，自然会主动和在线商家联系。

第二种，广告。中小企业可以通过 IM 营销通信工具，发布一些产品信息、促销信息，或者可以通过图片发布一些网友喜闻乐见的表情，同时加上企业要宣传的标志。

图 8-2　佰草集天猫专卖店 IM 营销通信工具

3. 网络病毒式营销

网络病毒式营销是一种常用的网络营销方法，常用于进行网站推广、品牌推广等。网络病毒式营销利用的是用户口碑传播的原理，在互联网上，这种“口碑传播”更为方便，可以像病毒一样迅速蔓延，因此网络病毒式营销成为一种高效的信息传播方式。而且，由于这种传播是用户之间自发进行的，因此几乎是不需要费用的网络营销手段。

例如 2008 年，可口可乐公司推出了火炬在线传递，这个活动堪称经典的网络病毒性营销案例。如果你争取到了火炬在线传递的资格，将获得“火炬大使”的称号，头像处将出现一枚图标，之后就可以向你的一个好友发送邀请。

4. BBS 营销

BBS 营销又称论坛营销，就是利用论坛这种网络交流平台，通过文字、图片、视频等方式传播企业品牌、产品和服务的信息，从而让目标客户更加深刻地了解企业的产品和服务，最终达到宣传企业品牌、产品和服务的效果，从而加深市场认知度的网络营销活动。

BBS 营销就是利用论坛的人气，通过专业的论坛帖子策划、撰写、发放、监测、汇报流程，在论坛空间提供高效传播，包括各种置顶帖、普通帖、连环帖、论战帖、多图帖、视频帖等。再利用论坛强大的聚众能力，利用论坛作为平台举办各类踩楼、灌水、贴图、视频等活动，调动网友与品牌之间的互动，达到企业品牌传播和产品销售的目的。

专业的化妆品 BBS 论坛包括网易女人论坛、太平洋时尚网论坛、有功网化妆品论坛、中国美容网化妆品论坛等。

5. 网络博客营销

网络博客营销是通过博客网站或博客论坛，利用博客作者个人的知识、兴趣和生活体验等传播商品信息的营销活动。网络博客营销本质在于通过原创专业化内容进行知识分享，争夺话语权，建立个人品牌，树立自己“意见领袖”的身份，进而影响消费者的思维和购买行为。

时至今日，几乎所有化妆品品牌都建立了官方博客或者微博，网络博客营销一方面是指化妆品通过官方博客或者微博传播营销信息，另一方面是指借助名人博客或微博发布自己的产品或者品牌信息，后者是付费方式。如多位明星的微博都曾推荐过俪兰中药面膜，包括郭涛、王岳伦、田亮、张亮、刘忻等。

6. 网络知识性营销

网络知识性营销是利用“百度知道”“百科”或企业网站自建的疑问解答板块等平台，通过与用户之间提问与解答的方式来传播企业品牌、产品和服务信息的目的。

网络知识性营销扩展了用户的知识层面，让用户体验企业和个人的专业技术水平和高品质服务，从而对企业产生信赖和认可，最终达到传播企业品牌、产品和服务的信息。

图 8－3　巧迪尚惠百度百科词条

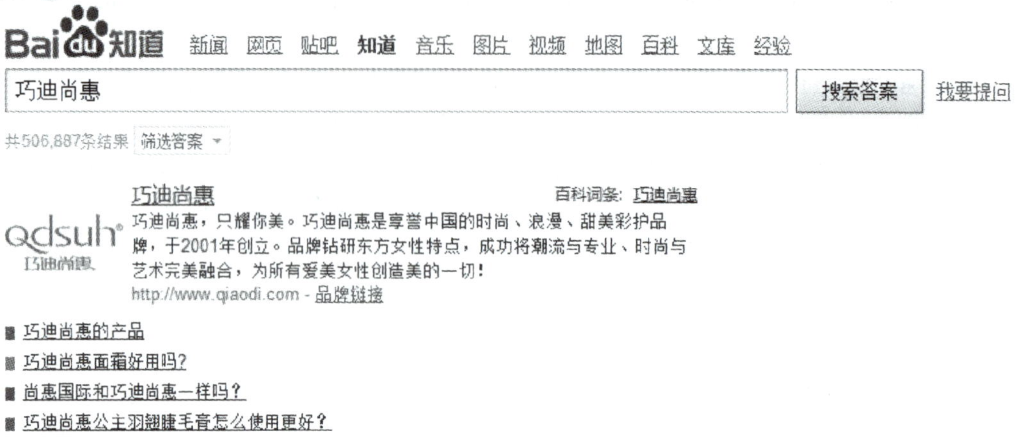

Bai du 知道 新闻 网页 贴吧 知道 音乐 图片 视频 地图 百科 文库 经验
巧迪尚惠 搜索答案 我要提问
共506,887条结果 筛选答案
巧迪尚惠 百科词条：巧迪尚惠
qdsuh 巧迪尚惠
巧迪尚惠，只耀你美。巧迪尚惠是享誉中国的时尚、浪漫、甜美彩护品牌，于2001年创立。品牌钻研东方女性特点，成功将潮流与专业、时尚与艺术完美融合，为所有爱美女性创造美的一切！
http://www.qiaodi.com - 品牌链接
- 巧迪尚惠的产品
- 巧迪尚惠面霜好用吗?
- 尚惠国际和巧迪尚惠一样吗？
- 巧迪尚惠公主羽翘睫毛膏怎么使用更好？

图 8－4　巧迪尚惠百度知道词条

7. 网络事件营销

网络事件营销是企业、组织主要以网络为传播平台，通过精心策划、实施可以让公众直接参与并享受乐趣的事件，并通过这样的事件达到吸引或转移公众注意力的效果，改善、增进与公众的关系，塑造企业、组织良好的形象，以谋求企业更大效果的营销传播活动。

8. 网络口碑营销

网络口碑营销是把传统的口碑营销与网络技术有机结合起来的新的营销方式，是在应用互联网互动和便利的特点。在互联网上，通过消费者或企业销售人员以文字、图片、视频等口碑信息与目标客户之间进行的互动沟通，两者对企业的品牌、产品、服务等相关信息进行讨论，从而加深目标客户的影响和印象，最终达到网络营销的目的。

“网络口碑营销是 WEB 2.0 时代网络中最有效的传播模式。”网络口碑营销在国际上已经盛行了很久，美国有专门的协会来对此领域进行专门的权威的探讨。

9. 网络直复营销

网络直复营销是指生产厂家通过网络，直接发展分销渠道或直接面对终端消费者销售产品的营销方式。

网络直复营销是通过把传统的直销行为和网络有机结合，从而演变成了一种全新的、颠覆性的营销模式。很多中小企业因为分销成本过大和自身实力太小等原因，纷纷采用网络直复营销，想通过其成本小、收入大等特点，达到以小博大的目的。如阿芙精油虽然拥有几百家终端专卖店，但同时也通过天猫旗舰店进行网络直销。

10. 网络视频营销

网络视频营销指的是企业将各种视频短片以各种形式放到互联网上，达到宣传企业品牌、产品以及服务信息的目的的营销手段。网络视频广告的形式类似于电视视频短片，它具有电视短片的种种特征，例如感染力强、形式内容多样等，又具有互联网营销的优势，例如互动性、主动传播性、传播速度快、成本低廉等。网络视频最常见的形式是微电影。

2012 年，欧莱雅公司拍摄的微电影《不变的心》获“最佳影片奖”，这部仅仅六分钟的短片让数千名网友为之动容并产生重大反响。影片围绕一个简单而传统的话题展开，却将欧莱雅的品牌形象、品牌理念、品牌精髓潜移默化地传递到了消费者的内心深处。“不管在哪，我们为您服务的心是不变的。公司对我们（美容顾问）的心更不会改变。”这两句话升华了主题，将欧莱雅公司“关怀美、关怀心、关怀人”的服务精神表现得淋漓尽致。同样，国内品牌佰草集推出的微电影《逆时・恒美》也深受消费者喜爱。影片讲述了一段纯美的校园爱情故事，采用搞笑的台词和唯美的场面，在剧情的高潮处穿插佰草集的品牌元素，深刻地契合了年轻消费者的内心诉求，达到了“润物细无声”的目的。很多网友表示，影片拍得很清新、很感人。

11. 网络图片营销

网络图片营销就是企业把设计好的有创意的图片，在各大论坛、空间、博客和即时聊天等工具上进行传播或通过搜索引擎的自动抓取，最终达到传播企业品牌、产品、服务等信息，来达到营销的目的。

12. 网络软文营销

网络软文营销，又叫网络新闻营销，是一种通过门户网站、地方或行业网站等平台传播一些具有阐述性、新闻性和宣传性的文章，包括一些网络新闻通稿、深度报道、案例分析等，把企业、品牌、人物、产品、服务、活动项目等相关信息以新闻报道的方式，及时、全面、有效、经济地向社会公众广泛传播的新型营销方式。

13. SNS 营销

SNS（social networking services），即社会性网络服务，譬如：中国人人网、开心网等都是 SNS 型网站。这些网站旨在帮助人们建立社会性网络的互联网应用服务。SNS 营销，是一种随着网络社区化而兴起的营销方式。SNS 社区在中国快速发展的时间并不长，但是现在已经成为备受广大用户欢迎的一种网络交际模式。很多化妆品品牌通过开心网等社交网站的红人账号进行产品、品牌的信息传播，一方面利用红人账号的“意见领袖”功能，另一方面增进了品牌的亲和力和互动性，比传统的广告传播更具效力。

8.2.2　网络营销的价值

1. 深入互联网实现互动传播

互联网是一个综合性宣传、教育的互动性平台，其结合音频、视频等多媒体手段，可以帮助品牌充分呈现其产品特性及化妆品专业知识，给予消费者方便的资讯服务。如何充分挖掘互联网互动、分享、体验的特点是众多广告主需要不断提升与思考的问题。在互联网品牌营销时代，消费者与品牌间的互动不仅仅在广告和活动等接触点上，而是全方位的互动体验，在互动、体验、分享的过程中潜移默化地植入品牌的内涵，可以说在互联网营销中，品牌无处不在。

和许多化妆品品牌一样，迪奥作为一个高端品牌一开始并不青睐互联网，但他们也发现平面媒体覆盖的人群数量还是很有限的。相对而言，互联网的覆盖面更广，可以吸引更多的高端用户和潜在客户接触到自己喜欢的品牌。因此，互动性更强且单位成本更低的互联网信息传播平台不仅是生产商很好的选择，也为消费者从容获取有效信息提供了可能。

2007 年年初，迪奥正式开始尝试互联网营销。第一次推广选择的产品是针对目标人群年龄比较低的、非常年轻时尚化的粉红魅惑系列。出乎意料的是，这次推广效果非常好。同时，经过研究，迪奥发现互联网用户其实涵盖了各个年龄层。所以第二次互联网推广时，选择了一个没有用户年龄局限的产品，也是迪奥的一个重量级产品——水动力系列，这也是迪奥首次将一个产品以互联网为重要营销平台进行推广。在水动力系列推广中，迪奥选择了与网易进行深入合作。这主要是由于网易在三个方面的独特优势：首先，网易的知名度高，网易的品牌形象与迪奥品牌也十分契合；其次，网易的高端用户群以“三高人群”为主，与迪奥的品牌用户吻合度非常高；最后，网易有着质量高且丰富的内容资讯，并且有着非常开放的媒体合作环境。在媒介的选择策略上，迪奥会侧重选择与目标用户吻合度高、流量大的平台，如女性频道、星座频道等。除了极富创意的广告，还结合了网上试用装派发、向消费者征集产品感言等推广活动。这次的效果不仅传递了产品咨询，更令用户与品牌联系更为密切，而且有效带动了产品销售。

2. 借助互联网树立产品口碑

如今，消费者的心理和购买行为已经发生了很大的变化，特别是女性用户，她们购买商品更多是开始关注品牌，关注性价比，需要从互动体验中触摸品牌，决定是否发生购买行为。

市场研究公司 Jupiter Research 的调查数据显示：有 77% 的网民在线采购商品前，会参考网上其他人所写的产品评价；超过 90% 的大公司相信，用户推荐和网民意见在影响用户是否购买的决定性因素中是非常重要的。随着社会化互联网力量的兴起，用户在互联网社区中的活跃参与、复制和传播，口碑犹如一个雪球，在互联网这片信息联通的大陆上越滚越大。无论你是消费者还是企业，你都有可能通过你的声音（口碑）去影响其他人。善于利用不断变化的社会化新媒体的企业，将在未来获得传播的先机，以低廉的成本实现精准营销，而忽视其存在的企业，则会为此付出巨大的代价。

对化妆品营销而言，想在一个新市场当中抢得一席之地，即使进行大量的营销投入，也未必可以完全实现目标。例如 DHC 进入中国市场的时间相比很多欧美品牌要晚很多，但是 DHC 采用了哪些方法迅速打开中国市场呢?

（1）产品试用体验营销。DHC 采用试用体验的策略，用户只需要填写真实信息和邮寄地址，就可以拿到4件套的试用装。当消费者试用过DHC产品后，就会对此有所评价，并且和其他潜在消费者进行交流，一般情况下交流都是正面的。

（2）强化口碑影响圈子。有31%的被采访对象肯定他们的朋友会购买自己推荐的产品，有26%的被采访对象会说服朋友不要买某品牌的产品。DHC消费者对潜在消费者的推荐或建议，往往能够促成潜在消费者的购买决策。

（3）会员制体系巩固忠诚。DHC采取类似于贝塔斯曼书友会的模式，只需通过电话或上网索取DHC免费试用装，以及订购DHC商品，就可自动成为DHC会员，且无须缴纳任何入会费与年会费。DHC会员还可获赠DM杂志，这是DHC与会员之间传递信息、双向沟通的纽带。采用会员制大大提高了DHC消费者的归属感，拉近了DHC与消费者之间的距离。

整体来看，DHC近几年的快速发展和其营销策略是密不可分的，或者可以说DHC更了解市场，懂得利用新媒体为品牌传播。最终用DHC的会员DM杂志将用户和品牌紧紧捆绑在一起，不断关注和提醒消费者，自然会促成更多的购买决策和传播影响。

从以上的分析可知，互联网对DHC最大的促进有三方面：一是降低了营销成本；二是大幅度提高了品牌占有市场的速度；三是通过互联网对潜在消费者有效建立了口碑。另外，消费者的心态和消费交流的欲望，本身也是一种非常有价值的需求，进而商业的转化也是十分便利。帮助品牌凝聚精准用户产品的应用，必然会受到商业的青睐。

3. 利用互联网拓展全新通路

以前，消费者通常会抱怨，为了能买到某些品牌的化妆品，他们必须花时间专门跑到特别授权销售的百货商场或药房的专柜去购买。然而互联网的开发，把世界改变成了一个单一、充满竞争而且价格敏感的大众化市场，消费者可以根据购买对比服务来寻找遍布全球的适合的商品。

化妆品具有体积小价值高、方便订购和风险认知低的特点。近年来广受综合门户网站的网上商城和专门购物网站的青睐，一时之间，化妆品成为仅次于图书、音像制品等少数几种在网上热卖的商品。如果一个公司已经意识到，没有任何公司能够阻止其产品通过互联网销售，那么它需要做的就是主动迎接这个挑战，拥抱这个全新的机会。

相宜本草很早就将互联网销售作为公司的一项战略来予以重点推进实施。在互联网销售的实施过程中，他们不仅精心选择互联网相关网站作为战略合作伙伴，更为经销商提供一体化服务，包括稳定的货源、丰富的配赠、便捷的支付、零成本代发、线上专业推广等服务，这一切都将帮助经销商更快、更稳、更高效地向互联网销售专业化迈进。在互联网管理方面，相宜本草对市场进行持续的清理。线上和线下的商品包装会全面分开，更便于互联网渠道管理。

2007年6月，丽人丽妆获得相宜本草网上经销权后，通过淘宝商城店的形式进行销售。相宜本草产品性价比极高，但是在线上和线下渠道未覆盖地区知名度低。丽人丽妆面向目标人群，通过体验装派发、专题促销、yahoo直通车、积分换体验装等方式，迅速扩大相宜本草的网购人群，并初步规范了网上销售市场，既让消费者享受到网上购物的便捷和实惠，又避免了对传统渠道造成冲击，实现了品牌化妆品传统渠道和互联网销售的和谐发展。

2008 年 4 月，丽人丽妆在和相宜本草合作的淘宝专柜，推出“买一送一”的化妆品网购模式，颠覆性地改变了网购化妆品的模式。因为化妆品网购的最大问题是消费者无法通过试用来确定产品是否适合自己，这个原因极大地抑制了很多消费者对新品的尝试。“买一送一”模式，在消费者购买一个正装化妆品的同时，随货赠送一个试用装，消费者如果试用后不满意效果，或者有过敏等情况，只要退回正装，即可无条件退款。“买一送一”模式的成功推出，引起了极大轰动和消费者的热烈响应，也使丽人丽妆的化妆品成交量和网购满意度大大提升。现在丽人丽妆不仅是淘宝 B2C 商城推出后首批入驻的化妆品店铺，更成为目前排名第一的店铺。

4. 扎根互联网打造热销品牌

马云说，21 世纪将不再是粤商、晋商、浙商的天下，最流行的商人将会是网商。网络商务的革命性变化，在于它扭转了传统商业模式以生产者为中心的局面，一些中小企业甚至可以在短时间内超越行业内的“龙头老大”打造出互联网上的热销品牌。

2006 年至 2009 年，御泥坊在短短三年时间内，从普通淘宝卖家起步，到荣获“中国网上零售消费品牌 50 强”，跨越了许多传统品牌十年的路程，开创了本土品牌崛起的新路径。御泥坊的成功经验可以总结为以下几个方面。

（1）选好商品品项。该创意首先来自同类产品的启发。2006 年年底，淘宝网推出化妆品年度评选活动，“最佳面膜”称号被国际知名品牌贝佳斯摘走。贝佳斯面膜的产品原料来自矿物泥浆，御泥坊也是，而且原料泥浆中含有更多的矿物微量元素。由于找对了方向，面膜产品已然是御泥坊的绝对热销品类，在整个销售额里，面膜品类的贡献率在六成以上，御泥坊现在已经是网络第一面膜品牌。2007 年，御泥坊面膜上线当年即被淘宝网票选为“年度最佳面膜”，而上一年度这一桂冠属于国际护肤品牌贝佳斯绿泥。

（2）深挖品牌内涵。在互联网上传播及销售，只要能把御泥坊丰富的历史内涵和独特的美容功效传递给消费者，品牌就算是成功了一半。为此，御泥坊搜集到了三个精彩的故事：第一个故事是祭泥仪式。每当开春时节，人们就会把滩头泥涂满全身，载歌载舞，达到避邪驱病的效果。第二个故事是白蛇传说。受伤的白蛇卧躺滩头泥后不治而愈，一位得了怪病的老人如法炮制竟同样痊愈。第三个故事就是慈禧御封。这些生动的民间故事为产品赋予了传奇的文化色彩，品牌因故事而变得立体和拥有内涵。

（3）免费试用扩大用户群。2007 年 3 月，御泥坊通过淘宝网免费赠送 9 000 份面膜。只要用户通过支付宝支付一分钱，御泥坊就包平邮送货上门；如果支付 6 元钱，就快递送货上门。网络这个平台将产品直接送到了真正的潜在消费者手中。随后许多客户用完御泥坊面膜后，在论坛大秀自己的心得。通过这次活动，御泥坊不仅培养了大批忠实消费者，口碑也很快传播开来。一时间，御泥坊声名鹊起。

（4）借力营销形成热卖风潮。御泥坊从上市开始就一直非常擅长借助各种公众传播进行互动推广，事实上这种植入型的推广方式会比硬广显效更快。如御泥坊由淘宝推荐参加湖南卫视的《天天向上》，节目播出的第二天，御泥坊便成为淘宝网（所有行业）品牌热门度排名第一的品牌，百度搜索化妆品排名第二，并创造一款面膜单品一秒钟卖出6件的最高纪录。

（5）搭建网络立体销售平台。由于网络通路贡献了御泥坊96%的销售额，基本上放弃传统渠道的御泥坊开始全力打造网络通路，形成了官方商城、网上直营店、网上代理商和分销商的营销网络。其网络通路已经不仅仅局限于淘宝平台，开始全面涉足百度商城、拍拍网、阿里巴巴、麦考林等电子商务平台，打造出一个立体网络销售平台。

8.3　化妆品跨界营销

跨界营销就是指依据不同产业、不同产品、不同偏好的消费者之间所拥有的共性和联系，把一些原本没有任何联系的要素融合、延伸，彰显出一种与众不同的生活态度、审美情趣或者价值观念，以赢取目标消费者好感，从而实现跨界联合企业的市场最大化和利润最大化的新型营销模式。

"跨界"在营销界早已不是什么稀奇的事情，营销人士对于"跨界"营销的重视，已经远远超越了以往。越来越多的著名品牌，开始借助"跨界"营销，寻求强强联合的品牌协同效应。跨界代表一种新锐的生活态度和审美方式的融合。跨界合作对于品牌的最大益处，是让原本毫不相干的元素，相互渗透，相互融会，从而给品牌树立一种立体感和纵深感。

审视跨界现象的发生，不难发现，跨界的深层次原因在于，当一个文化符号还无法诠释一种生活方式或者再现一种综合消费体验时，就需要几种文化符号联合起来进行诠释和再现，而这些文化符号的载体，就是不同的品牌。每一个优秀的品牌，都能比较准确地体现目标消费者的某种特征，但因为特征单一，往往容易受外界因素的影响，尤其是当出现类似的竞争品牌时，这种外部因素的干扰更为明显。而一旦找到了一个互补性的品牌，那么，通过多个方面对目标群体特征的诠释，就可以形成整体的品牌印象，产生更具张力的品牌联想。

8.3.1　跨界营销的启示

【小思考】

化妆品适合和哪些产品进行跨界营销？

可以建立"跨界"关系的不同品牌，一定是互补性而非竞争性品牌。这里所说的互补，并非功能上的互补，而是用户体验上的互补。

西方经济学对于商品"互补性"的界定，通常是指在功能上互为补充关系的，比如相机和胶卷、计算机硬件与软件等。而跨界营销行为所需要界定的互补关系，不再是基于产品功能上的互补关系，而是基于用户体验的互补关系，在营销思维模式上实现了由产品中心向用户中心的转移，真正确保了以用户为中心的营销理念。

跨界营销逐渐被更多的品牌所采用，经过对众多跨界营销案例的分析，我们可以得到很多启示。

第一，跨界营销意味着需要打破传统的营销思维模式，避免单独作战，寻求非业内的合作伙伴，发挥不同类别品牌的协同效应。跨界营销的实质，是实现多个品牌从不同角度诠释同一个用户特征。

第二，跨界营销策略中对于合作伙伴寻找的依据，是用户体验的互补，而非简单的功能性互补。可以肯定，跨界营销和近年来逐渐盛行的以用户为中心的营销理念暗合，并非偶然。比如，植村秀几乎每年都会和新锐艺术家合作推出年度限量彩妆，造型梦幻可爱得让不少女粉丝尖叫。对美容品牌来说，跨界是件不怎么费力又很讨好粉丝的事情。

第三，跨界营销面向的是相同或类似的消费群体，因此企业在思考跨界营销活动时，需要对目标消费群体做详细深入的市场调研，深入分析其消费习惯和品牌使用习惯，作为营销和传播工作的依据。

第四，对相互合作的企业而言，跨界营销在营销能力上提出了很多挑战。以往企业的营销战略，只需要考虑如何使用好企业自身的资源，而由于联合，企业需要考虑如何通过战略上的修正，在与合作伙伴的互动中，获得资源利用上的协同效应。

第五，需要注意的是，当品牌成为目标消费者个性体现的一部分的时候，这一特性同样需要和目标消费者身上的其他特性相协调，避免重新注入的元素和消费者的其他特性产生冲突，造成品牌印象的混乱。

8.3.2 跨界营销的种类

化妆品的跨界营销包括跨界研发策划、跨界渠道拓展、跨界营销传播三种。

1. 跨界研发策划

防脱、排毒、醒脑洗发护发产品，以及减肥香皂、沐浴露是化妆品与药品行业的跨界；许多采用天然植物研发的抗衰老护肤品，是化妆品与保健行业的跨界；护肤辅酶Q10运用到护发用品、护肤面膜运用到护发用品等，是化妆品内部的跨界……如今，化妆品在“研发策划”上的跨界已经是随处可见。

为了使普通的洗发护发产品更具专业性，于是将中药概念“防脱、排毒、醒脑”等功能嫁植到洗发护发产品，在包装设计上也使尽“跨界”绝活：使产品看起来更像是一个“药感”十足的产品，而一旦洗发护发产品承担了中药的“防脱、排毒、醒脑”功能，产品的价值被跨界放大，营销战略跨界升级。

2. 跨界渠道拓展

以往的化妆品，一般是日化线与美容院线泾渭分明，但如今在跨界潮流的诱惑下，化妆品企业在“日化线、OTC线、美容院、专卖店、精品店”五大渠道跨界，同时扬帆并进。

薇姿（VICHY）无疑是将化妆品和药店结合起来的典范，它在中国的流行开始于1998年，引导了化妆品渠道跨界的潮流。化妆品销售借助OTC药店渠道，实施渠道跨界渗透，最大限度地实现了通路扁平化的建设，被业界公认为是一种“创新”。据调查资料显示，日本药房出售的护发产品占整个护发产品销售额的43.1%。在中国，OTC药店基本上是全国连锁，渠道数量非常庞大，而且进场费用比起KA卖场要便宜得多，因此一些“非凡功能化妆品”在OTC药店大有作为。

企业的多元化和产品的不断跨界，加上零售业态的多元化与高度分散，最终必然导致化妆品零售业变革。有资料显示，在市场大潮的冲击下，全国80%的小型美容院生存困难，约3万家小型美容院面临经营转型；多数零售化妆品专业店单体规模有限，已经难以参与竞争；而KA卖场化妆品零售业逐渐出现大品牌尤其是国际大品牌占尽优势，老品牌日子艰辛，小品牌夹缝求存，新品牌层出不穷的局面；而“屈臣氏、万宁、莎莎”等化妆品连锁专卖店在中国的开疆与成功，纷纷引来了国外大型化妆品连锁专卖店来到中国分疆分羹。凡此，都将引起多元化的化妆品零售业变革。随着女性消费行为趋向多样化、个性化，未来化妆品企业在“日化线、OTC线、美容院、专卖店、精品店”五大渠道跨界拓展将越来越出色。

3. 跨界营销传播

今天，我们随处都能看到一些瘦身美体、防脱洗发水、祛斑、美乳丰韵等非凡功能产品的跨界广告传播，一般人很难分辨是化妆品还是医疗用品，其迷惑度非常高。综观化妆品跨界营销传播，我们不难发现，与国内外闻名女装品牌“牵手”是最多的，也是非常受欢迎的、成功的；其次与传统的珠宝、手表等消费领域的高端品牌也是频频联合；也不少见与家具、窗帘、床单、餐盘等居家用品品牌间跨界；而瘦身美体产品更是经常情钟于运动、医疗、保健等行业……

一个企业、一个品牌、一个产品单打独斗的时代早已过去，跨界营销时代已经到来。由于产品策划研发与设计、销售渠道拓展的跨界，化妆品汇聚了药品、保健品和化妆品三大不同行业及其他众多行业的营销手段，不同产品不同行业的理念、方法、思路和手段不断跨界，突破原有营销的单一性、局限性，创新出更好更多的营销传播模式，给企业或产品寻找到更好更多的发展机会，获取更多的利润，同时实现“多赢”的大好局面。

8.3.3　跨界营销的原则

在现实的实施过程中，很多企业采取跨界营销并没有达到企业所想的结果，这其中存在的原因主要表现在两个方面：一是将跨界营销简单地理解为联合促销，单纯地认为任何两个不同行业品牌的联合采取互助的促销就是跨界营销。二是在实施的过程中忽视了双方各自品牌、产品、消费群体、资源等方面的研究，使跨界营销在实施的过程中无法实现预期的想法。因此，对企业来讲，实施跨界营销需要在对跨界营销正确的认识前提下，遵循以下原则。

1. 资源相匹配的原则

所谓资源相匹配指的是两个不同品牌的企业在进行跨界营销时，两个企业在品牌、实力、营销思路和能力、企业战略、消费群体、市场地位等方面应该有的共性和对等性。只有具备这种共性和对等性，跨界营销才能发挥协同效应，如同李光斗先生在南方报业传媒集团主办的“2007 年度中国十大营销盛典”上说的：“跨界营销最主要是要像婚姻一样门当户对，寻求强强联合这样才能使跨界营销‘1 +1 >2’获得双赢，否则会给双方带来无尽的痛苦。”

2. 品牌效应叠加的原则

品牌效应叠加就是说两个品牌在优、劣势上进行相互补充，将各自已经确立的市场人气和品牌内蕴互相转移到对方品牌身上或者使传播效应互相累加，从而丰富品牌的内涵和提升品牌整体的影响力。

对每一个品牌来讲，它都诠释着一种文化或者一种方式、理念，是目标消费群体个性体现的一个组成部分，但是这种特征单一，同时由于竞争品牌和外界因素的干扰，品牌对于文化或者方式、理念的诠释效果就会减弱，而通过跨界营销就可以避免这样的问题。如我们常说“英雄配好剑”这句话的道理一样，如果将“英雄”和“好剑”视为两个不同的品牌，那么“英雄”只有配上“好剑”才能体现“英雄”的英武，而“好剑”只有被“英雄”所用，“好剑”的威力才能得到淋漓尽致的发挥，两者的互补才能互相衬托，相得益彰，发挥各自的效果。反之则不会起到这样的效果，只是在浪费各自的价值。

3. 消费群体一致性的原则

每个品牌都有一定的消费群体，每个品牌都在准确地定位目标消费群体的特征。作为跨度营销的实施品牌或合作企业，由于所处行业的不同、品牌的不同、产品的不同，要想跨界营销得以实施，就要求双方企业或者品牌必须具备一致或者重复的消费群体，如著名汽车品牌东风雪铁龙 C2 与意大利知名时尚运动品牌 Kappa 的合作，就是基于 C2 这个品牌本来就象征一种时尚，或者是比较活跃、前卫的一种生活方式，Kappa 这个服装品牌也有这样的一种诉求，当然这些消费群体的一致性也可以表现为消费特性、消费理念上的相同。

4. 品牌非竞争性原则

跨界营销的目的在于通过合作丰富各自产品或品牌的内涵，实现双方在品牌或产品销售上的提升，达到双赢的结果，即参与跨界营销的企业或品牌应是互惠互利、互相借势增长的共生关系，而不是此消彼长的竞争关系。这就需要进行合作的企业在品牌上不具备竞争性，只有不具备竞争性，不同的企业才有合作的可能，否则跨度营销就成为行业联盟了。

5. 非产品功能互补原则

非产品功能互补原则指进行跨界相互合作的企业，在产品属性上两者要具备相对独立性。合作不是对各自产品在功能上进行相互的补充，如相机和胶卷、复印机与耗材，而是产品本身能够相互独立存在，各取所需，是基于一种共性和共同的特质，如基于产品本身以外的互补，像渠道、品牌内涵、产品人气或者消费群体。

6. 品牌理念一致性的原则

品牌作为一种文化的载体，其代表特定的消费群体，体现着消费群体的文化等诸多方面的特征，品牌理念的一致性就是指双方的品牌在内涵上有着一致或者相似的诉求点或有相同的消费群体、特征。只有品牌理念保持一致性，才能在跨界营销的实施过程中产生由A品牌联想到B品牌的作用，实现两个品牌的相关联或者在特定的时候在两个品牌之间画上等号。

7. 以用户为中心的原则

从4C到4P，现代营销的工作中心出现了一个巨大的转变，企业的一切营销行为都从过去围绕企业和企业产品为中心，向以消费者为中心的转变，从过去关注自身向关注消费者转移。解决销售只是一种手段，而关注消费者需求，提供消费者所需才是企业真正的目的，企业更多强调消费者的体验和感受，因此对跨界营销来讲，只有将所有的工作基于这一点才会发挥其作用。

最后，我们应该看到跨界营销作为一种营销方式，其本质的核心在于“创新”，目的在于通过创新解决新的营销环境中存在的问题，实现合作双方的共赢。作为企业在实际运用过程中需要把握实施的原则，避免步入“只缘身在此山中”，“不识庐山真面目”的误区，跳出“庐山”，即“跳出品牌看品牌、跳出行业看行业”，颠覆传统思维，实行“无边际”运作，大胆借鉴、嫁接其他产品、行业的思想、模式、资源和方法，为我所用，超越过去，获得突破，并实现多赢！

【引例8-4】

品牌跨界营销各显神通

AC尼尔森零售普查数据显示，2012年全年，大卖场新开门店126家，百货商场新开门店43家，屈臣氏新开门店450家，化妆品店全国新增门店约1 300家，这些是化妆品线下渠道的主战场。

近年来，电子商务的快速发展和各种新媒体的出现，充分扩张了化妆品的主战场，战火逐渐蔓延至线上渠道。

无论是线上还是线下，化妆品渠道风起云涌，竞争日渐激烈。

然而近日记者走访化妆品企业，发现了一些有趣的“另类”渠道。并非所有企业都在百货、卖场、专营店等主流渠道里“厮杀”，部分企业另辟蹊径。

终端不一定在地面上，婵真化妆品中国总部将渠道“搬”上天，以飞机为载体销售产品。

线上合作不一定非要选择天猫、聚美优品，觅丝米恩化妆品（上海）有限公司与国有四大银行的网上商城合作，精选消费群体。

品牌推广不一定要开订货会，上海可尚化妆品有限公司加入“异业联盟”，选择银行、政府、4S店等合作单位进行资源互换，为品牌的中高端定位造势……

梁静茹的歌词说，“如果爱对了人，情人节每天都过”；在终端制胜、渠道为王的今天，《化妆品财经在线》记者套用此句：如果选对了渠道，销售额每天都会涨。

1. 空中动销“霸气外露”

韩国婵真化妆品中国总部总经理马贵男告诉《化妆品财经在线》记者，婵真化妆品的多个单品及套装进驻了中国主要四大航空公司，“作为机内免税品，婵真把渠道搬上了天空。”

“与四大航空公司合作的契机来自于一次韩国大使馆的晚宴。”马贵男介绍，当时婵真的会长作为韩方应邀代表参会，来宾的礼品全部来自婵真公司。中国南方航空公司某高层使用了作为礼品的婵真护肤品，觉得质量很好，“他让香港所有免税店的总采购跟我们接洽，希望把婵真列入机内免税品目录。”

据悉，从1994年开始，韩国两大航空公司大韩航空和韩雅航空就以内部采购的形式购买婵真的护肤品放在头等舱和商务舱的洗手间内，供乘客使用。“所以婵真的产品在天空飞行已经有近20个年头了，只是此次是作为机内免税品亮相，正式开拓一个新的渠道。”马贵男说。

“飞机上放置免税品的空间有限，能进机内免税品系统的产品，必须有能够快速卖出的产品魅力。”马贵男表示，这在一定程度上肯定了婵真护肤品的质量和畅销程度。

随后，另外三大国内航空公司也陆续提出合作。记者了解到，10月8日，婵真护肤品全线进驻四大航空公司的国际航线，每天共86个班次。

据了解，婵真化妆品分别进驻中国国际航空、南方航空、东方航空以及海南航空，8种机内免税品分别为：蝉伊雪亮白修护霜、蝉伊雪防晒 & BB霜、普莱姿午夜安睡修护晚霜、美颜生机黄金营养霜 & 眼霜、信天翁白桦亮肤CC霜、蜗牛焕颜CC霜、信天翁白桦高倍水分修护霜套装以及男士专用的特别套装。

“一般情况下，机内免税店的婵真护肤品定价比韩国国内零售价优惠30%，并且还有相应的机内免税店定制礼品送给消费者。”马贵男很看好这一新兴渠道，甚至开玩笑说，“此举把LG和爱茉莉都得罪了。”

2. 搭伙银行网上商城“瞄准”核心消费群

觅丝米恩化妆品（上海）有限公司的“90后”总经理杨友谊虽然还很年轻，但他清楚地知道自己想经营出怎样的品牌。

“如今的化妆品行业，线下竞争非常激烈，建线下渠道的成本也越来越高。”杨友谊认为，与其在传统渠道上硬挤市场份额、开大型招商会压货给代理商，不如跟新兴渠道一起，寻求共同的消费群体和利益点，逐渐共同发展壮大。

“觅丝米恩刚进入销售期，不像自然堂、珀莱雅等品牌拥有成熟的团队和服务体系，大面积地扩张市场，其实是不适合品牌发展的。”杨友谊表示，目前品牌还不成熟，产品定位、渠道、销售方式、体验营销等方面都还在不断完善之中，所以暂时需要找一个契合的渠道，共同打好品牌的市场基础。

为何想到与银行合作？杨友谊告诉《化妆品财经在线》记者，银行的网上商城目前的发展比较弱，不像淘宝等电商那么主流和发达，很多消费者还没有关注到这一新兴渠道。“选择银行的网上商城，一是因为其发展势头很好，二是因为我们的消费群体基本重合。”

据介绍，觅丝米恩的产品定位在16～28岁的学生和白领群体，而使用信用卡的用户多为刚走入社会的大学毕业生和年轻白领。“而且在相互扶持、共同发展这一合作前提下，银行对我们的支持很大。”杨友谊说。

与银行网上商城的合作，体现在银行卡积分兑换、电子商城直接购买、活动宣传等形式上。

杨友谊并不急躁，有把品牌做大做强的野心，但也很清楚不可能“一口吃成胖子”，因而先聚焦在小众的“另类渠道”和核心消费人群上。

“利用小众渠道避开激烈竞争和厮杀，培育核心消费群体，对品牌的长期稳定发展百利无害。”杨友谊告诉记者，接下来觅丝米恩品牌的销售重点会转移到线上，以O2O的模式经营，线上做推广和销售，线下做体验和服务，逐渐让品牌深入人心，赢得消费者信任。

（资料来源：化妆品财经在线 http://www.cbo.cn，略有修改）

【小讨论】

化妆品另类渠道的开辟应考虑哪些重要因素？

毛戈平的创业故事

“可以将人从18岁化妆成80岁的魔术化妆师。”世人如此评价毛戈平。自《武则天》中将刘晓庆从清纯少女化妆成耄耋老人的精彩展现在世人面前后，毛戈平便因高超的化妆术在中国家喻户晓。

记者在香格里拉见到这位化妆大师，精神的短发、深邃的眼神、不羁的神采，让人过目不忘。

作为化妆大师的毛戈平，知名度很高，作为创业者的毛戈平，却鲜有人了解。在中国，毛戈平第一个推出了全国发行的化妆艺术教学VCD，第一个创办了自己的形象艺术设计学校，第一个推出了以个人名字命名的化妆品品牌，如今他已在全国4个城市开办了美容学校，自创的品牌进入了全国10多个城市30多个商场。晨报此次将向读者独家披露毛戈平的创业历程。

1. 被逼出来的生意

当年的《武则天》《火烧阿房宫》让全中国人认识了毛戈平。“很多人都在期待，毛戈平还能给大家带来什么样的惊奇。”毛戈平说，“对我来说确实是种压力。”

因此，两部风靡全国的作品之后，毛戈平开始到处学习各个门类的化妆技巧，给自己充电。1998年他创办了杭州毛戈平化妆艺术有限公司，将自己的化妆经验出版成书，并到全国60多个城市巡回讲学。所到之处很多人问毛戈平，能不能收弟子。当这样问的人多到让毛戈平记不清时，一个新想法就在他脑子里蹦出来，何不开个化妆学校？

于是，2000年毛戈平在杭州创建了浙江毛戈平形象设计艺术学校，“和白手起家的创业者不同，我是先出名再做商业，所以很多学校担心的生源问题没有遇到。”毛戈平说。

在讲授化妆课时他发现，学生们学化妆需要化妆品。那时市面上的化妆品并不适合学生使用，而且化妆课需要学生发挥想象力，大胆创新，市场上可以找到的生活化妆品色彩又不够饱和。“我了解每一种化妆品的材料，就想，何不利用自己的经验开发适合中国人肤质的产品？”十几岁就开始学化妆的毛戈平产生了自己做化妆品的念头。

“前面几步都是水到渠成，因为以前的经历为后来的创业打下了基础。但是开了学校有了自己的品牌后，我才知道做生意这么难。”毛戈平说，现在一些年轻人没有准备好，就急着创业，并不见得很好。

2. 试化妆品曾夏天穿羽绒服

曾经为了试制化妆品，毛戈平大热天穿起了厚厚的羽绒服，两个眼睛受睫毛膏刺激，肿得像桃子。

有一次，毛戈平找到了一家知名的化妆品研究机构合作开发产品，对方第一次交的样品有点不对，例如干湿两用的粉，远看漂亮，近看则能看出脸上涂着厚厚的粉。“中国人不喜欢这样，更喜欢白瓷一样的肌肤，显得透明光滑水润。”毛戈平对样品不满意，让研究机构重新研制。当这个问题解决后，为了试验这种粉在流汗和不流汗情况下的持久度，毛戈平将粉涂在自己脸上，35℃高温的房里关上空调，他穿上厚厚的羽绒服坐在里面。当这种粉膏最终成型时，已经过毛戈平100多次的亲身试验。

“每件化妆品，我都在自己脸上试验过。”毛戈平说，“这是我自己的化妆品，我不试谁来试？”

3. 为进商场饱受歧视

杭州是毛戈平的根据地，但当2003年他的品牌尝试走向商场专柜时，毛戈平却深切感受到一个“难”字。

他第一次约杭州一著名商场的负责人谈进驻问题，对方当面就拒绝了，理由是“引进这样的本土化妆品做不出业绩，很多人会指责”，没办法，毛戈平只好请一个有头面的人物帮忙，没奏效，毛戈平又请了更重量级的人物出面说情，对方连毛戈平的面也不愿意见了，说：“上海是中国时尚的风向标，你要能在那里闯出市场，我们这里就引进。”

无奈之下，毛戈平将阵地转移到了上海。跑了好几家商场没有效果后，2003年8月他终于遇到了一个“武则天”的粉丝——徐家汇附近一家商场的招商负责人。对方同意给毛戈平一个机会，“这样吧，电梯底下有个9平方米的隔间，原来的一个品牌一个月只有三四万的销量，你能保底月销售9万就试试吧。”

“管他地方好不好，怎么都要进去了再说。”毛戈平暗想。他挑选了专业的彩妆师代替普通的营业员，售卖的产品都是根据消费者的需求搭配，少有成套的成品售卖，第一个月，毛戈平的品牌销售了19万。

“当时大家都憋着一股劲，一定要争口气，另外消费者对质量认可，毛戈平的名气也有帮助。”毛戈平分析这次成功的原因。而彩妆师做专业导购的销售模式一直保留至今。

有了第一家商场的成功经验，以后的路就走得相对平坦多了。如今，毛戈平的化妆品牌打回了老家杭州，进入了当地最好的商场。去年，该品牌进入武汉广场，武汉广场一位负责人透露，的确没想到中国本土的化妆品有这么好的表现，自开柜以来，毛戈平的化妆品牌一直在二楼彩妆区销售排名第一。

“很多人都说中国消费者不喜欢中国本土的化妆品，其实并不是。”毛戈平说，他没有去国外注册品牌，在瓶身上大大方方打上“中国制造”的标志，“别找其他原因，老百姓认的还是品质。”他说。

4. 办公司关键是用对人

“企业最后拼的是人才。”这是毛戈平办公司的理念。为了留住一位高级管理人才，他曾在杭州买了房子让员工安置老母亲。

有一个来自黑龙江的高级员工，做经营非常厉害。毛戈平想，员工考虑什么？不外乎工资、平台以及后顾之忧。和那位员工深谈之后，他才知道，那个员工对工资和平台都没意见，就是有个70多岁的老母亲独自留在黑龙江老家，心里非常惦念。

仔细考虑之后，毛戈平在杭州出资为她买了一套房子。他把钥匙交给那位员工，对她说，“你可以把老母亲接过来住，只要在企业做满10年，房子就是你的。”现在这位员工为企业带来的效益远远超过了这个价值。

毛戈平说自己的专长是化妆和色彩，没什么特别的管理经验，就是一定要用好人。他用人首先看人品，其次是对品牌的忠诚度和才能。在他的学校和公司，有一套能上能下的用工机制。例如在学校教书的助教，如果在年终匿名考核中成绩优秀，第二年就会成为主教，待遇会大不相同。

现在说起公司的管理，毛戈平总会说，“不要问我，我不管这块。”他给自己的定位是，负责公司品牌Logo、产品研发、包装、柜台设计理念等元素，而将运营交给专业的管理团队。

“每个人的精力都是有限的，特别像我这样不是管理出身的人，更要学会用人。”毛戈平说。对于做企业，毛戈平认为自己还算是有悟性的人，“要用好人就要客观看待一切，不要任人唯亲。”

名人创业没有我们想象的简单，当我们看到他们人前风光的时候，不妨想想他们付出了多少努力。

（资料来源：3158美容网 http://meirong.3158.cn/，略有修改）

案例思考：

1. 毛戈平是如何从市场需求中找寻到创业商机的？
2. 毛戈平作为一个化妆师，成功经营自主品牌最重要的砝码是什么？

训练项目： 制定 A 品牌新产品微营销方案。

训练目的：

（1）运用微营销手段进行新产品推广。

（2）掌握化妆品微营销的技巧。

训练时间： 每组 45 分钟。

训练组织：

（1）学生分组成立团队，每个团队 6 ~7 人。

（2）根据角色扮演安排，设立微营销总监、文案、广告主管、平面设计、活动策划共 5 个职位。

（3）针对电商化妆品 A 品牌新推出的一款面膜产品，制定一份微营销策划方案。产品信息包括：人群，25 ~35 岁女性；价格，200 元/每盒（6PS）；功效，美白保湿。

（4）微营销方案应综合运用微信、微博、微视频、二维码等工具进行推广，包括内容创意、活动策划、执行计划等。

（5）各团队上台，以 PPT 形式演示方案。

（6）团队之间互评表现，最后由教师整体评价，并给予指导。

考核标准：

（1）微营销方案的创意性、互动性，对销售的促进性等。

（2）微营销各种手段的综合协调运用。

（3）PPT 方案的演示能力。

化妆品行业微信公众平台搭建解决方案

化妆品微信公众平台包括微网站、微应用、微活动、微会员卡、微客服等常规模块，以及针对各家不同的性格和特色的个性化定制模块，完美解决了化妆品行业所面临的各种难题。

一、化妆品微网站

化妆品行业的微网站建设，包括产品介绍、优惠活动、微预约、一键导航、一键拨号等全方位展示功能，将品牌信息、服务信息全面具体展示在微信端，为消费者提供有价值的资讯，消费者在微信上能了解到足够全的信息，满足消费者的需要。

二、化妆品微活动——刮刮卡、大转盘、优惠券

还在为传统的活动方式参与用户少而烦恼吗？刮刮卡、大转盘，新奇好玩，而且参与方式简单，能够快速地吸引新用户关注并且参与，定期举行微信活动还能促进消费者对店铺的好感度，最终将消费者吸引到店里来购买。通过定期的微信营销活动赠送给老顾客一些礼品，还可维系和老顾客之间的关系，增加老顾客对该店的忠诚度。

三、微应用——在线预约、一键导航、一键拨号

（1）在线预约。

针对线下会所预约客流量较大而会所接待能力有限的情况，点点客推出微信端在线预约功能，消费者在微信端提前预约，操作便捷，同时能省去大量等待排队的时间，也给商家提前准备、安排服务项目的时间，提供更周到的服务。

（2）一键导航。

一键导航功能，为您省掉了大量的人力客服，从以前十几个客服到现在只需要一个客服，为您省掉了人力客服的成本。

（3）一键拨号。

一键拨号功能的接入，把微信和联系方式融合在一起，通过移动门户的植入，直接拨打电话就成了一件极为简单的事情，何须再为记不住电话号码而发愁？一键拨号就帮您搞定了。

四、化妆品微会员——电子会员卡

微会员功能可收集会员信息，建立商家的消费者数据库，并方便管理，从而为会员提供专属服务。只需一个电子微会员卡就可以将全部的促销优惠、会员专享等服务信息直接显示在微会员页面，消费者可直接通过自己的会员卡查看自己的积分、可以享受的服务、优惠等。将商家已有的线上用户吸引至线下进行二次消费，直接促进商家的营业额提升，消费者到店里消费后只需要拿出手机出示自己的微会员卡，就可享受优惠服务，免去了携带多个实体卡的麻烦，既方便了顾客，也提升了服务质量，提升了消费者对商家服务的满意度，同时也为商家减少了实体卡的制作成本和信息发送成本。

五、化妆品微相册

随手拍下的美景即可展现到微相册中，与用户共享企业每一份精彩。

六、化妆品微商城

微商城是用手机购物的客户端，手指轻轻划一划即可购物，软件操作方便快捷。化妆品行业的微商城建设包括产品信息、订单查询、在线支付、客服等内容。消费者在微信上能了解到全面的信息，并完成购买，简单快捷。

七、化妆品微社区

化妆品微社区就是手机上的“BBS + SNS”，用户可以进入公众账号专属的“微社区”，发帖、回帖和分享。

八、微信微会议

这是一款强大的应用，将传统的线下互动与线上互动完美结合，并且通过技术手段将互动过程展现在大屏幕上，同时化妆品企业还能利用这款应用吸引粉丝。会议讨论、活动交流、头脑风暴微会议都可以搞定，并支持文字、图片、投票、抽奖等多种形式。

参 考 文 献

[1] 郭国庆. 市场营销学［M］. 北京：中国人民大学出版社，2011.
[2] 王友全. 市场营销学［M］. 北京：北京师范大学出版社，2006.
[3] 屈冠银. 市场营销理论与实训教程［M］. 2 版. 北京：机械工业出版社，2009.
[4] 韦弢勇，廖建国. 汽车营销实务［M］. 北京：机械工业出版社，2011.
[5] 赵培全，山云霄. 汽车营销理论与实务［M］. 北京：中国水利水电出版社，2010.
[6] 杨以雄. 服装市场营销［M］. 上海：东华大学出版社，2010.
[7] 王鸿霖. 服装市场营销［M］. 北京：北京理工大学出版社，2010.
[8] 肖晓春. 美妆王：美容化妆品销售第一书［M］. 北京：中国经济出版社，2013.
[9] 黄丽娃. 美容化妆品［M］. 北京：人民卫生出版社，2010.
[10] 销售与市场杂志社. 中国化妆品终端变革［M］. 北京：企业管理出版社，2008.
[11] 陈其福，余自力，孙沭燕，等. 现代美容 500 个为什么［M］. 上海：上海三联书店，2005.
[12] 北京大陆桥文化传媒. 世界品牌故事：化妆品卷［M］. 北京：中国青年出版社，2009.
[13] 美里美时尚研究中心. 卖化妆品应该这样说［M］. 广州：广东经济出版社，2011.
[14] 章苏宁. 化妆品工艺学［M］. 北京：中国轻工业出版社，2007.
[15] 王培义. 化妆品：原理·配方·生产工艺［M］. 3 版. 北京：化学工业出版社，2014.
[16] 中国化妆品网，http://www.zghzp.com/.
[17] 中国美容化妆品论坛，http://bbs.mrhzp.cn/forum.php.
[18] 国家级精品课程共享服务信息平台，http://www.jingpinke.com/.
[19] 精品开放课程共享系统，http://www.icourses.cn/home/.
[20] 中国大学 MOOC，http://www.icourses.cn/imooc/.